阎崇年作品

修订本

袁崇焕传

阎崇年 著

华文出版社
SINO-CULTURE PRESS

图书在版编目（CIP）数据

袁崇焕传 / 阎崇年著 . -- 修订本 . -- 北京：华文出版社，2022.5（2024.9 重印）

ISBN 978-7-5075-5524-0

Ⅰ.①袁… Ⅱ.①阎… Ⅲ.①袁崇焕（1584-1630）－传记 Ⅳ.① K825.2

中国版本图书馆 CIP 数据核字（2022）第 032954 号

袁崇焕传（修订本）

著　　者：	阎崇年
责任编辑：	袁　博
出版发行：	华文出版社
地　　址：	北京市西城区广外大街 305 号 8 区 2 号楼
邮政编码：	100055
网　　址：	http://www.hwcbs.cn
电　　话：	总编室 010-58336210　编辑部 010-58336191
	发行部 010-58336202　010-58336267
经　　销：	新华书店
制　　版：	北京禾风雅艺文化发展有限公司
印　　刷：	北京新华印刷有限公司
开　　本：	710×1000　1/16
印　　张：	17.5
字　　数：	250 千字
版　　次：	2022 年 5 月第 1 版
印　　次：	2024 年 9 月第 2 次印刷
标准书号：	ISBN 978-7-5075-5524-0
定　　价：	78.00 元

版权所有，侵权必究

阎崇年，北京社会科学院研究员，著名历史学家。获北京市有突出贡献专家称号、中国版权事业终生成就者奖，享受国务院颁发的特殊津贴。

研究清史、满学和北京史。论文集有《燕步集》《燕史集》《袁崇焕研究论集》《满学论集》《清史论集》等；专著有《努尔哈赤传》《清朝开国史》《森林帝国》《康熙大帝》《北京文化史》等。

原版序

明朝历史上有三位军事天才：早期的徐天德（徐达），中期的戚继光，晚期的袁崇焕。他们都能做到为官、为将、为帅的高修养、高境界：仁、智、勇、新、廉。徐天德和戚继光都算是善终，袁崇焕却吞下恶果。

袁崇焕既是一位悲剧的天才，也是一位天才的悲剧。

明朝后期为辽东边事，有两个人被错杀：一个是努尔哈赤的父亲塔克世，另一个是蓟辽督师袁崇焕。万历朝误杀了塔克世，崇祯朝错杀了袁崇焕，从而引发出一连串的历史事变：前者，努尔哈赤含恨起兵，成为明亡清兴的历史关节点；后者，朱由检自毁长城，加速了明朝的灭亡——"自崇焕死，边事益无人，明亡征决矣！"通俗地说，万历帝误杀了塔克世，大明皇朝自己制造了焚烧朱家皇朝大厦的纵火者；崇祯帝错杀了袁崇焕，大明皇朝又自己杀死了保护朱家皇朝大厦的救火者。

历史逻辑，值得深思：前因后果，因缘相报——袁崇焕是努尔哈赤的克星，皇太极又是袁崇焕的克星。

本书主要叙述袁崇焕的一生，写他如何打败后金天命汗努尔哈赤和天聪汗皇太极；又写崇祯帝如何中反间计、错杀袁崇焕而使皇太极成为袁崇焕的克星。本书重点叙述明朝兵部尚书、蓟辽督师袁崇焕登上历史舞台的最后十年——袁崇焕为辽事而投笔从戎，为辽事而忘家卫国，为辽事而施展才华，也为辽事而建树功勋；因辽事而得罪同僚，因辽事而召唤仇神，因辽事而惨遭冤杀，也因辽事而名垂千古。

袁崇焕留下了滴滴血、声声泪、字字金、句句玉的至理名言：

顾勇猛图敌，敌必仇；奋迅立功，众必忌。任劳则必召怨，蒙罪始可有功；怨不深则劳不著，罪不大则功不成。谤书盈箧，毁言日至，从古已然。

撰写袁崇焕的生平传记，使我想起《石灰吟》诗云：

千锤万击出深山，

烈火焚烧若等闲。

粉骨碎身全不惜，

要留清白在人间。

《石灰吟》形象地概括了英雄豪杰生命历程的四种精神境界，也形象地概括了袁崇焕生命历程的四种精神境界。

袁崇焕平生第一大历史功绩，就是夺取宁远大捷。袁崇焕夺取宁远大捷的原因，用他的话来说就是"凭坚城以用大炮"。这个历史经验概括得贴切，也很精辟。我认为，袁崇焕获得宁远大捷，自然有其政治的、军事的、思想的、策略的、经济的、地理的、民族的、文化的、指挥的、武器的原因；然而，袁崇焕取得宁远大捷的直接经验，可以概括为两句话、八个字，这就是"指挥正确"和"武器先进"。

袁崇焕夺取宁远大捷之后，又相继夺取了宁锦大捷和京师大捷。宁远、宁锦、京师三次大捷，奠定了袁崇焕的历史地位。袁崇焕感人之处，既是他的丰功伟绩，更是他的品格精神。

袁崇焕的性格，凸显一个"敢"字——敢走险路，敢担责任，敢犯上司，敢违圣颜。他为大明江山社稷，披荆斩棘，跋涉前进，竭尽所能，身心践行。袁崇焕的这种性格，既成就了他的丰功伟绩，也铸成了他的人生悲剧。

袁崇焕的精神，主要体现在爱国、智慧、勇敢、求新、清廉，简言之，就是仁、智、勇、新、廉。为官清廉，很不容易。《宋史·岳飞传》记载："或问天下何时太平，岳飞曰：'文臣不爱钱，武臣不惜死，天下太平矣！'"袁崇焕的确做到了——当文官不爱钱，做武官既不爱钱又不惜死。他能够爱国亲民，任劳任怨，知难而上，敢于创新。他居官十年，热血沸腾，智勇超群，勤恳敬业，俭朴清廉，坦坦荡荡，熠熠煌煌，其"父母不得以为子，妻孥不得以为夫，手足不得以为兄弟，交游不得以为朋友"。

袁崇焕留给后人的座右铭是：

> 杖策只因图雪耻，横戈原不为封侯。

袁崇焕的德言与功业、勤政与清廉、无私与无畏、冤死与风骨，动天地、泣鬼神、撼人心、贯古今。袁崇焕之死，不仅是他个人的悲剧，不仅是大明朝的悲剧，不仅是汉文化的一幕悲剧，更是中华文明的一场悲剧。这场历史悲剧，袁崇焕以陨星的光亮，划破君主专制黑暗的天庭，震撼世人的愚昧与心灵，激发人们的智慧与觉醒。

袁崇焕也有疏失——失言（如五年复辽）、失友（如同满桂关系）、失礼（如先斩毛文龙而后奏）。疏失之原，或则有三。其一，阅历：袁崇焕由七品知县在五年之间升为巡抚，不到一年又升为兵部尚书、蓟辽督师，历练少，见识浅，未能把握明朝、后金、蒙古、朝鲜四方关系之大局与走势，智慧不周，谋虑有隙，顾此失彼，留下后患；其二，性格：性情狷躁，急于求成，袁崇焕"复辽"的话说得过满，斩帅的事做得过莽；其三，修养：格局贵大，器量忌小，袁崇焕在处理高层人事关系上，缺乏胸怀、机谋、沉稳和气度。

然而，瑕不掩瑜，这些都不能掩盖袁崇焕的英雄光辉。

历史表明，世界上任何一个国家和民族，都需要有属于自己的天才和英雄。他们是国家和民族的伟岸脊梁、精神化身，是历史和人民的传承者、引路人。人们可以生动而通俗地讲述他们的故事，却不可以低俗、庸俗、媚俗、粗俗地扭曲历史事实，更不能玷污他们的才华、人格、贡献和牺牲。天才和英雄是人、不是神，他们身上也有欠缺和灰尘。不满的污水可以倒掉，但不能泼在他们身上以发泄愤情，因为，他们就是我们的光荣，玷污他们就是在玷污自己；而讲述他们的英雄故事，也就是讲述我们国家和民族优秀传统文化的辉煌历史。

历史人物，不胜枚举。研究袁崇焕个案历史，重要价值与意义在于：

第一，从历史观来说，有助于探讨英雄与群众在历史体系、历史事件中的相互作用，没有群众的英雄是好汉，没有英雄的群众是众生，英雄与群众结合，才会产生巨大的历史能量，翻江倒海，惊天动地，克敌制胜，天下守正。

第二，从国家观来说，有助于研究并认识明清交替历史的特殊性与普遍性，明朝"治也封藩、乱也封藩"，清朝"兴也八旗、亡也八旗"，前人创设典宪，后人率祖旧章，其兴其亡，血之教训，殷鉴不远，勿覆前辙。

第三，从方法论来说，有助于透过明清之际的十字路口，打开三个视窗：既从明亡看清兴，看到清朝崛起之文化专横；又从清兴看明亡，看到明末衰朽之吏治腐败；更从大历史走向，看到中华民族之融合强盛。

第四，从人生观来说，有助于从袁崇焕性格长短，考察历史人物性格的正负影响。《三国志》记述关羽和张飞言："羽善待卒伍而骄于士大夫，飞爱敬君子而不恤小人。"之后论道："羽刚而自矜，飞暴而无恩，以短取败，理数之常也。"历史是一面镜子——以长取胜，以短取败，人当自警，扬长制短。

第五，从世界观来说，有助于通过袁崇焕一生轨迹，来看人生四合即天合、地合、人合、己合。袁崇焕个案提供一个典型史例：人生的成败、得失、进退、荣辱——天、地、人、己，四合则泰；天、地、人、己，四不合则否（pǐ）。

早在1981年，我就打算写一本《袁崇焕传》。出版社为此发布了新书预告。文债久未偿还，心中甚为愧歉。其后，我研究袁崇焕写了五本书：一是《袁崇焕资料集录》（合作，广西民族出版社，1984年）；二是《袁崇焕研究论集》（文史哲出版社，1994年）；三是《袁崇焕》（吉林文史出版社，2003年）；四是《袁崇焕传》（中华书局，2005年）；五是《明亡清兴六十年》（其原名是《袁崇焕》），在中央电视台10频道《百家讲坛》播出，讲稿由中华书局于2006年出版。30多年来，我对袁崇焕的学习与研究，不断发现新资料，不断探索新问题，不断纵横新思考，不断取得新收获，值《袁崇焕传》出版10周年之际，再加修订，并做补充，战战兢兢，献给读者。

阎崇年

2015年2月19日

目录

原版序   I

第一章　青年时代
   一、读书科考　　　　002
   二、满洲兴起　　　　008

第二章　投笔从戎
   一、邵武清官　　　　018
   二、察视边防　　　　023

第三章　营筑宁远
   一、奏告首辅　　　　032
   二、营筑宁远　　　　038

第四章　宁远大捷
   一、独卧孤城　　　　046
   二、宁远告捷　　　　051

第五章　宁锦大捷
   一、吊丧修城　　　　062
   二、宁锦大捷　　　　071

第六章　因功遭嫉
一、胜败申说　　　082
二、遭谗去职　　　087

第七章　督师蓟辽
一、赴辽饯别　　　094
二、平台奏对　　　096
附录：《袁崇焕督辽饯别图咏卷》作者与诗　　　099

第八章　平息兵变
一、官逼兵反　　　108
二、平息兵变　　　115

第九章　议和受冤
一、天启议和　　　124
二、崇祯议和　　　134

第十章　斩毛文龙
一、毛帅跋扈　　　142
二、计斩毛帅　　　147
附录：蓟辽督师袁崇焕题本　　　154

第十一章　保卫京师
一、北京危急　　　　　160
二、两战告捷　　　　　163

第十二章　含冤磔死
一、反间毒计　　　　　172
二、惨遭杀害　　　　　179

第十三章　诗文著述
一、重要诗文　　　　　187
二、不同流传　　　　　193

第十四章　后人追念
一、丰功伟绩　　　　　196
二、千古凭吊　　　　　198

第十五章　崇焕精神
一、仁：仁爱亲民　　　207
二、智：以智求胜　　　209
三、勇：勇敢拼搏　　　210
四、新：求新进取　　　212
五、廉：清正廉洁　　　214

袁崇焕年谱	**217**
参考书目	**259**
原版后记	**266**

第一章 青年时代

当时形势：明廷皇位更迭，宦官专政，朝政混乱，军备废弛；满洲崛起，八旗建制，建立基地，拓土开疆，逐渐与明朝分庭抗礼。

大 事 件：萨尔浒之战。

主要人物：明万历帝、明军主帅杨镐；后金天命汗努尔哈赤。

结　　局：明军大败。

影　　响：军事上，明军由攻势转为守势，后金由守势转为攻势。

袁 崇 焕：

主要事迹：读书、中举、进士题名。

主要活动区域：广东东莞、广西藤县。

遗迹、文物：袁世祥墓、马槽、柱础。

袁崇焕是明末清初中国政治、军事舞台上，一位伟大的爱国者、杰出的军事统帅和著名的民族英雄。蓟辽督师袁崇焕的崇高精神、勇敢品格、顽强意志、求新态度、清廉作风、骄人业绩，不仅在中国文化史上，而且在人类文明史上，都是汗青留名，千古永垂。

一、读书科考

袁崇焕，字元素，号自如，生于明万历十二年四月二十八日（1584年6月6日），死于崇祯三年八月十六日（1630年9月22日），享年四十七岁。《明史·袁崇焕传》记载：

> 袁崇焕，字元素，东莞人。万历四十七年进士。授邵武知县。为人慷慨负胆略，好谈兵。遇老校退卒，辄与论塞上事，晓其厄塞情形，以边才自许。

这段话，对袁崇焕志向、品格的描述，说得好。

袁崇焕的祖父世祥、父亲子鹏，世居广东东莞水南袁屋坪，今广东省东莞市石碣镇水南村。石碣镇位于东莞市东北部，濒临东江，东接石龙镇，西临东莞市区，南距深圳78公里，西北离广州62公里。水南村在石碣镇北部，其北紧接石龙火车站，距广州市70公里、东莞市区12公里。水南村东临东江，山清水秀，林木葱茏，风光绮丽。袁崇焕的祖父从东莞乘船，顺溯两江——东江和西江，到广西梧州府（今梧州市）藤县、平南，从事木材、药材生意。后来开设店铺，盖房定居。袁崇焕的父亲子鹏，子承父业，落籍藤县。母亲叶氏。兄弟三人，伯崇灿、仲崇焕、季崇煜(yù)①。后来，他的祖父和祖母的坟墓都安置在那里。袁崇焕青少年时，经常随家人乘船往返西江，到广东东莞老家，求学探亲，游览风光。

---

① 袁崇焕兄弟的排行，在《三乞给假疏》中称"臣之嫡兄崇灿丧矣"；在《乐性堂读书示灿、煜二弟》诗中则称崇灿为弟，文献缺乏，尚待考证。

袁崇焕的青少年时代，在藤县的县学读书。他在《游雁洲》诗中回忆道：

雁信连宵至，洲边与往还。

阵遥鹏欲化，队整鹭同班。

烟水家何在？风云影未闲。

登科闻有兆，愧我独缘悭。（悭，音 qiān，缺欠）

原诗有一条小注："予居平南，初应童子试，被人讦，今改籍藤县，故云。"这首诗出自清朝广西学政梁章钜编纂的《三管英灵集》。对这首诗，学界有两点争论：

第一，《游雁洲》这首诗是否为袁崇焕所作，存疑。其理由是《袁督师事迹》里没有收录这首诗。当然，仅这条理由不能证明这首诗不是袁崇焕作的；同样，梁章钜收录此诗，也不能证明这首诗就是袁崇焕作的。

第二，袁崇焕的学籍，是平南，还是藤县？也有两种对立的见解。平南的学者认为：袁崇焕本来是平南籍，因被人讦告，而改藤县籍。藤县的学者则认为：袁崇焕学籍在藤县，听说平南的考生有登科吉兆，就到平南县学读书，借着吉兆，争取考中；但被人告发，又转回藤县读书。

从《游雁洲》诗的内容分析，似乎后一种解释更近乎诗的原意。总之，袁崇焕的县学，主要是在广西藤县上的，这一见解，似无异议。因为北京孔庙现存明朝万历四十七年（1619 年）己未科进士题名碑记上第三甲第四十名进士，刻着：

袁崇焕，广西藤县。

谈迁在《国榷》中说："崇焕，字自如，藤县人，万历己未进士。"这当然是根据进士题名碑的史料写的。张岱在《石匮书后集》中说："袁崇焕，广西藤县籍，东莞人。"

颜俊彦在《详袁崇焕家产并流徙地方》中说：

查看得袁崇焕，原籍广西，入仕后，始以东莞为一枝之托，浮沉宦
途，家无子息，所有财产尽经其弟崇煜掌管营运。

上文的作者颜俊彦，字开眉，又字开美，号雪臞（qú），浙江桐乡人，民籍，明

崇祯元年（1628年）戊辰科第三甲第二十三名进士，授广东省广州府推官。他在任广州府推官期间，恰值袁崇焕遭落狱、处死、抄家、流徙的厄运。因此，颜俊彦的上述材料，可谓袁崇焕其时、其地、其人的第一手资料，足资考鉴，极为珍贵。

从中可以看出，袁崇焕已经入籍广西梧州藤县。而从《袁崇焕督辽饯别图咏卷》中的士人、僧人来看，当时当地广州文人名流题咏，足见两粤人士，更为注重同袁崇焕的交谊。

《登贤书后回东莞（guǎn）县谒墓》诗云：

少小辞乡国，飘零二十年。

敢云名在榜，深愧祭无田。

丘陇棠梨在，衣冠手泽传。

夕阳回首处，林树郁苍烟。

由上诗可见，袁崇焕往来于广东东莞和广西藤县之间。袁崇焕下狱后，袁崇煜等前往藤县。看来，袁崇焕在广东东莞、广西藤县都有家产。所以，李济深撰《重修明督师袁崇焕祠墓碑》载："督师为广东东莞人，而以广西藤县通籍。两粤人士感今怀古，用纪其事于石，以谂（shěn）来者。"有诗云："县志至今传两地，田园犹在不须争。"就是说袁崇焕原籍是广东东莞，后落籍广西藤县，两广都是他的故乡，不须去争。明蓟辽督师袁崇焕是中华民族共同的先贤、共同的英雄。

前面已经说过，广东、广西相邻，有西江经过两广，水路交通，舟楫便利。袁崇焕在广东东莞与广西藤县都有亲人与朋友，顺溯江水，泛舟往返，两地读书，是很自然的事情。

袁崇焕出生于农民兼商人的家庭。农民的勤劳与朴实，商人的睿智与机变，两种文化，两种性格，两种养育，两种熏陶，都对袁崇焕的性格形成，产生了很大的影响。袁崇焕在家庭的影响下，既不想种地务农，也不愿奔走行商，而有志于读书上进，求得功名，光宗耀祖，为士做官，报效社稷。青少年时代的他，聪明伶俐，胆大果敢，身体矫健，读书刻苦。

明朝科举,先做童生。童生,要通过考试取得秀才资格。考前报名要填写籍贯、三代履历、同考五人联保,还要请一位廪(lǐn)生作保。而后要经过县考(知县主持)、府考(知府主持)、院考(省学政主持),考中者为秀才,才算有了资格成为县学或府学的生员,这实际上只是一种入学考试。袁崇焕于万历二十五年(1597年)补为弟子员,时年十四岁。

袁崇焕后在《乐性堂读书示灿、煜二弟》诗中云:

兹堂何以名?乐性乃吾志。

志苟得其真,忠孝无异事。

弟也当妙年,勿为世俗累。

百城南面中,旗鼓列队队。

驰骋古今人,志乃气之帅。

精神宜专精,勿以半途废。

此心不可欺,贵真不贵伪。

老大多伤悲,年华不能再。

三省吾此言,夙夜其无昧。

他教诲二弟要少年立志:"驰骋古今人,志乃气之帅。"要专心学习:"精神宜专精,勿以半途废。"要修养品德:"此心不可欺,贵真不贵伪。"要珍惜光阴:"老大徒伤悲,年华不能再。"

他有一番凌云之志,其《独秀山》五言绝句云:

玉笋瑶簪里,兹山独出群。

南天撑一柱,其上有青云。

袁崇焕胸怀高志,勤奋读书,准备参加乡试。乡试每三年一次,秋天举行,也称"秋闱(wéi)",在省城桂林考试,由主考官主持,考试三场,每场三天,考中为举人。万历三十四年(1606年),袁崇焕在广西桂林丙午科乡试中,考中举人。这年他二十三岁。对当时的全国生员来说,考中举人是一件大事。举人每科名额,各省数量不同，人数不多，读书之人，皓首穷经，很难得中。《儒林外史》中的范进，因考中举人，高兴得发了疯。这个例子说明：中举，既是科举考试的一件大事，也是科举考试的一件喜事。清朝《聊斋志异》作者蒲松龄，十九岁中秀才后，参加乡试，屡试屡败，"三年复三年，所望尽虚悬"，到老也没有考中举人。袁崇焕二十三岁中举，年龄不算太大，比较早地得到了功名。他的心情可从《秋闱赏月》诗中得到反映：

  战罢文场笔阵收，客途不觉遇中秋。

  月明银汉三千里，歌碎金风十二楼。

  竹叶喜添豪士志，桂花香插少年头。

  嫦娥必定知人意，不钥蟾宫任我游。

袁崇焕中举后，像其他举子一样，要参加会试。会试，每三年一次，在乡试的第二年春天举行，也称"春闱"，在北京，由礼部主办，皇帝特派高官主考。外省来京应试者给路费、驿马，踌躇满志，风光进京。考场叫贡院，考生入号，关门上锁。考试三场，每场三天。袁崇焕中举后，继续读书，参加会试，很不顺利，屡考不中。就是说，他从中举人到中进士，中间经过13年。袁崇焕连续12年，四次机会，都没有取得进士的功名。袁崇焕也有过落第的苦恼，《下第》诗云：

  遇主人多易，逢时我独难。

  八千怜客路，三十尚儒冠。

  出岫云应懒，还枝鸟亦安。

  故园泉石好，归去把渔竿。

他虽萌生归园钓鱼的闪念，但实际并未气馁，而是愈挫愈奋，更加努力，积极进取，一定要金榜题名。"苦心人，天不负"，袁崇焕终于会试考中，成为贡士。接着，再参加最高一级的考试——殿试。

明朝制度，每三年考一次进士，分为会试、殿试两次考试。会试在二月初九日开始，十五日结束。三月初一日殿试，因在宫廷考试，也称"廷试"。万历四十七年（1619年），袁崇焕在北京通过会试和殿试，考中万历己未科第三甲第四十名进士。这一科的状元是庄际昌，所以万历己未科进士又称"庄际昌榜"进士。

袁崇焕青少年时，便以豪士自许。他在《秋闱赏月》中的"竹叶喜添豪士志，桂花香插少年头"，就是诗证。他考进士多次落第，每次上北京赶考，总是沿途游历，足迹几乎踏遍了半个中国。他说："十四公车，强半在外，足迹几遍宇内。"他喜欢游历，在《募修罗浮诸名胜疏》中说："余生平有山水之癖，即一丘一壑，俱低徊不忍去。"他喜欢同好朋友谈天说地，纵论山川形胜、兵戈战阵之事。

袁崇焕中进士的这一年，中国历史上发生了一件大事情：明朝辽东经略杨镐（hào）率领号称四十七万大军，于二月誓师辽阳，兵分四路，分进合击，攻剿后金都城赫图阿拉。后金汗努尔哈赤集中兵力，五天之内，逐路击破明军。这就是明清之际在辽东大地上进行的萨尔浒大战，结果明军大败，后金军大胜。此事，《明史·神宗本纪二》记载：

（万历）四十七年春二月乙丑（十一日），经略杨镐誓师于辽阳，总兵官李如柏、杜松、刘𫄧（tīng）、马林分道出塞。三月甲申（初一日），杜松遇大清兵于吉林崖，战死。乙酉（初二日），马林兵败于飞芬山，兵备佥事潘宗颜战死。庚寅（初七日），刘𫄧兵深入阿布达里冈，战死。辛丑（十八日），赐庄际昌等进士及第、出身有差。

萨尔浒大战，从某种意义上说，既决定了明皇朝的历史命运，也决定了袁崇焕的个人命运。袁崇焕这个向来关心国事、边事的新进士一喜一忧，心情一定很复杂。他那时在北京，会听到不少辽东战事的消息。

其实，袁崇焕从求学时代起，就关心国家大事：虽身居岭表南国，却心念辽东失地。有一个民间故事，说在他上学的路上，有一座土地庙，庙里的土地神，坐享百姓香火。袁崇焕每当放学回家路经土地庙时，总要在庙前驻足，面对着土地神，念念有词地说：

土地公，土地公，为何不去守辽东！

这个故事，只是民间传说，没有史料根据。但这个故事说明：袁崇焕在读书的少年时代，便关心国家大事，并下定报国之心。

萨尔浒大战为什么会改变袁崇焕的命运？这要从满洲崛兴说起。

二、满洲兴起

满洲是女真的后裔。女真贵族曾建立金朝，与南宋对峙，占半壁山河。元太祖成吉思汗，兴起于蒙古草原，发展实力，骑兵强大，攻打金朝的都城——中都（今北京）。贞祐三年（1215年）五月，蒙古骑兵攻占中都后，纵火焚烧宫殿："可怜一片繁华地，空见春风长绿蒿。"三百年后，女真后裔崛起，成为明朝东北边患。

满洲族，简称为满族。满族先人女真，在明代分为四大支——建州女真、海西女真、东海女真和黑龙江女真。建州女真明初主要生息繁衍在牡丹江与松花江汇流处地域。永乐二年（1404年），明朝设立建州卫，封女真胡里改（火儿阿）城万户阿哈出为建州卫指挥使。这是建州女真名称的由来。永乐十年（1412年），明朝增设建州左卫，封建州女真另一首领斡朵里城万户猛哥帖木儿为建州左卫指挥使。正统七年（1442年），明朝分建州左卫，析置建州右卫，以猛哥帖木儿异父同母弟、都督凡察掌建州右卫事。于是，形成建州卫、建州左卫和建州右卫。建州三卫，经过转徙，先定居在今辽宁省桓仁满族自治县浑江（佟家江）地域，后定居在今辽宁省抚顺市新宾满族自治县浑河支流苏克素护河（苏子河）灶突山（烟筒山）赫图阿拉（永陵镇赫图阿拉村）地域。

赫图阿拉北临苏克素护河，四周环山，气候温和，雨水充沛，宜于农耕、牧猎、种植、采集、捕鱼。赫图阿拉地近辽阳、抚顺，又为群山阻隔。这里东隔鸭绿江、图们江通朝鲜，西接辽河平原，受东西两面农耕文化影响，农业发展较快。又与蒙古、朝鲜、明朝贸易，购进铁器、耕牛、布帛、器皿，卖出人参、马匹、皮张、蘑菇、木耳、松子、榛子，互通有无，取长补短。所以，赫图阿拉成为后金、满洲的发祥基地。

建州三卫相邻而居，部族兴盛，势力渐大，逐渐形成为两大部——建州部和长白山部。建州部又分为苏克素护河部、浑河部、完颜部、董鄂部和哲陈部；长白山部则分为讷殷部、珠舍里部和鸭绿江部。当时建州各部的形势，如《满洲实录》所载：

各部蜂起，皆称王争长，互相战杀。甚且骨肉相残，强凌弱，众暴寡。

明朝辽东总兵李成梁，利用蒙古与女真、海西女真与建州女真，以及建州女真内部的各种矛盾，纵横捭阖，分化瓦解，拉此打彼，利诱威胁，以实现明廷对辽东地区各少数民族的统治。女真首领不断到辽河平原"犯抢"，明军也不断反击。到万历十一年（1583年）二月，发生古勒寨事件。这件事成为明朝与女真关系史上的一个转折点。

其时在建州女真诸部中，以王杲（gǎo）势力最强。王杲为建州右卫指挥使，史称他"生而黠慧，通番、汉语言文字，尤精日者术"。他勇敢多谋，武艺超群，兼通女真语和汉语，成为当时建州女真的著名首领。王杲称雄诸部，辽东大震。明万历二年（1574年），王杲以明廷断绝贡市、部众坐困为借口，大举犯扰辽阳、沈阳。明李成梁督兵进剿王杲所在的古勒寨。但寨在山上，形势阻险，城高坚固，易守难攻。李成梁率领号称6万车骑，携带炮石、火器、弓矢、斧钺，分路围攻王杲寨。明军先挥斧砍断数重城栅，又用火器进攻。王杲督领守寨军兵，施放矢石，奋力据守。李成梁令军士冒矢石，攀险崖，登寨垣，强仰攻。王杲以300勇士守城堞，固御守，射明军。明军纵火，寨内房屋、粮秣焚毁，烟火蔽天，守军大溃。李成梁令明军纵击，"毁其巢穴，斩首一千余级"。王杲势穷，突围遁（dùn）走。明军车骑号称6万，杀掠人畜殆尽。翌年，王杲再出兵犯边，为明军所败。王杲兵败无依，逃到觉昌安六弟宝实之子阿哈纳寨隐匿。后明军得讯前来攻捕，阿哈纳穿戴王杲蟒褂红甲，掩护王杲出逃。王杲投奔海西女真哈达部首领王台。王台一向忠于明朝，缚王杲，献朝廷。明万历三年（1575年）八月，万历帝御午门城楼，受辽东守臣献俘王杲，命将其"磔（zhé）尸剖腹"。这就是史籍记载的建州女真首领王杲被"槛车致阙下，磔于市"。王杲为努尔哈赤的外祖父，王杲之死在少年努尔哈赤心灵里，埋下了对明朝不满的种子。王杲之子阿台，在危难中逃脱而去。努尔哈赤父亲塔克世、祖父觉昌安，曾参与此事，暗通于明辽东总兵李成梁，忠顺于明朝。

　　王杲死后，其子阿台驻古勒寨，另一头人阿海驻莽子寨，两寨相依，互为犄角。万历十一年（1583年）正月，李成梁以"阿台未擒，终为祸本"，督兵攻阿台驻地古勒寨与阿海驻地莽子寨。寨势陡峻，三面壁立。李成梁麾军火攻两昼夜，攻而不克；其别将破阿海寨，诛阿海。时建州女真苏克素护河部图伦城的城主尼堪外兰，受到明朝的扶植。李成梁利用尼堪外兰为傀儡，企图通过他加强对建州女真各部的控制。尼堪外兰为讨好李成梁，引导明军到古勒寨，攻打阿台。阿台之妻是觉昌安的孙女（努尔哈赤伯父礼敦之女）。觉昌安见古勒寨被围日久，想救出孙女免遭兵火，又想劝说阿台归降，就同努尔哈赤的父亲塔克世到了古勒寨。塔克世留在外面等候，觉昌安孤身进入寨里。因等候时间较长，塔克世也进到寨里探查实情。明军攻城益急，双方交战激烈，觉昌安和塔克世父子都被围在寨内。

　　明宁远伯、辽东总兵李成梁，攻城不克，颇为恼怒，要绑缚尼堪外兰，问他师老兵折之罪。尼堪外兰很害怕，愿亲往城下招抚。他到古勒寨下，高声喊话骗道："天朝大兵既来，岂有释汝班师之理！汝等不如杀阿台归顺。太师有令，若能杀阿台者，即令为此城之主！"太师就是辽东总兵李成梁。阿台部下有人听信尼堪外兰的话，杀死阿台，打开寨门，投降明军。古勒寨与莽子寨都被攻破，阿台与阿海并死。此役，明军共斩杀2222级，并此前曹子谷之战，总共为3000余级。明廷以此功，告捷于郊庙。

　　李成梁虽然占领古勒寨，但因攻城损兵折将，极为生气，以杀泄愤。他在古勒寨兵民降顺之后，下令"诱城内人出，不分男妇老幼，尽屠之"。古勒寨内，男女老幼，均遭屠戮！全寨兵民，几无幸免，尸横寨巷，血流成渠。努尔哈赤的祖父觉昌安和父亲塔克世，也都在混乱中被攻陷古勒寨的明军所杀。

努尔哈赤惊闻父、祖蒙难的噩耗，捶胸顿足，悲痛欲绝。他往诘明朝边吏道：

我祖、父何故被害？汝等乃我不共戴天之仇也！汝何为辞？

明朝遣使谢罪称："非有意也，误耳！"明朝归还努尔哈赤祖、父遗体，并给他"敕书三十道，马三十匹，复给都督敕书"。努尔哈赤得到了明朝赐给的朝贡敕书 30 道、马 30 匹和都督职衔。

大明皇朝万历帝，辽东总兵李成梁，破一座边塞小城，杀若干女真草民，易如反掌，如耍儿戏。但是，人心不可欺，民志不可辱。怨，可散不可聚；仇，可解不可结。明朝万历帝、总兵李成梁，一次一次地焚掠女真屯寨，一次一次地屠杀女真部民，同女真各部，结下民族冤仇。女真与明朝，边民与明军，其怨其仇，其愤其恨，集中表现在其未来的首领努尔哈赤身上。努尔哈赤同大明皇朝结下四重仇恨——外祖父王杲、舅父阿台、祖父觉昌安、父亲塔克世，都死于明朝官军之手。从此，努尔哈赤与大明皇朝，积下不可化解之怨，结下不共戴天之仇。万历帝、李成梁错杀了觉昌安、塔克世，在他们子孙努尔哈赤心里，点燃复仇星火，挖掘溃堤蚁穴。努尔哈赤对明朝极为不满，纠合部众，利用遗甲，椎牛祭天，起兵复仇。

清朝的兴起，明朝的灭亡，从中国辽东建州女真古勒寨揭开了历史的帷幕。一座高楼大厦被大火焚毁，往往是由一点火星引发的；一个庞大王朝被民众推翻，往往是从一件小事开始的。星火燎原，蚁穴溃堤，古今中西，概莫能外。这点火星，这个蚁穴，在萌发时，细如秋毫，对立的双方，都没注意到。然而，它燃烧成为熊熊烈火，汇合成为滔滔洪水，可将大厦吞噬，能将王朝冲垮。这个小小的火星，这个小小的蚁穴，就发生在明朝辽东建州女真一个普通的屯寨——古勒寨。古勒寨既是清朝焚烧明朝熊熊烈焰大厦的火星，也是清朝毁掉明朝滚滚江河堤坝的蚁穴。努尔哈赤成为女真焚毁明朝大厦的点火者，成为满洲埋葬大明皇朝的掘墓人。

努尔哈赤（1559—1626），明嘉靖三十八年（1559 年）生于建州女真苏克素护河部的赫图阿拉。他兄弟五人，努尔哈赤居长。他十岁丧母，继母对他刻薄寡恩，十九岁分家，自立门户。努尔哈赤青少年时期，经常到山林里，挖人参、采蘑菇、拾松子、摘木耳、捡榛子，运到抚顺马市（集市）贸易，换回一些生产和生活用品。他体格健壮，精于骑射，广交朋友，聪睿能干。明万历十一年（1583年）五月，因父亲、祖父被杀而含恨起兵，时年二十五岁。经过10年时间，统一了建州女真，随后逐渐统一了海西女真，他的儿子皇太极，又统一了东海女真和黑龙江女真。也就是说，努尔哈赤、皇太极父子两代，经过60年征战与抚绥，基本接受了明朝奴儿干都司和辽东都司的版图。后来皇太极说：

> 自东北海滨，迄西北海滨，其间使犬、使鹿之邦，及产黑狐、黑貂之地，不事耕种、渔猎为生之俗，厄鲁特部落，以至斡难河源，远迩诸国，在在臣服。

就是说，东起鄂霍次克海，西北到贝加尔湖，西至青海，南濒日本海，北跨外兴安岭，东北到库页岛的地域，实际辖境大约有300万平方公里，和明朝实际控制面积大致相等。东北地区的重新统一，结束了长期相互杀伐，"介胄生虮虱""黎民遭涂炭"的悲惨局面。这就为后来康熙二十八年（1689年）中俄《尼布楚条约》的签订奠定了基础。

努尔哈赤在统一女真各部的过程中，先后在文化与军事上做了三件大事。

第一件，创制满文。先是，金朝女真文到明朝中期已经逐渐失传。满语属于阿尔泰语系满－通古斯语族。满洲没有文字，同语族的其他诸民族也没有文字。努尔哈赤兴起后，在向女真人发布军令、政令时，则用蒙古文，一般女真人既看不懂，又听不懂。万历二十七年（1599年），努尔哈赤命巴克什额尔德尼和扎尔固齐噶盖，用蒙古字母拼写满语，创制满文，这就是无圈点满文（老满文）。皇太极时改进成为有圈点满文（新满文）。满文是拼音文字，有6个元音字母、22个辅音字母、10个特定字母。满语和满文成为清朝官方语言和文字。其时，东北亚满－通古斯语族的诸民族，除满洲外都没有文字。满文记录下东北亚地区文化人类学的珍贵资料。满文通行后成为满汉、中西文化交流的重要桥梁。后来耶稣会士通过满文将"四书""五经"翻译到西方。所以，努尔哈赤主持创制满文，是满族发展史上的一块里程碑，是中华文化史上、也是东北亚文明史上的一件大事。现存满文图书 1000 余种，满文档案 200 余万件，是人类重要的文化财富。

第二件，创建八旗。努尔哈赤利用女真原有狩猎组织形式——牛录，创建八旗制度。每旗分为三级组织，即牛录、甲喇、固山。按规定：每 300 人为一牛录，设牛录额真，后称佐领；5 个牛录为一甲喇，设甲喇额真，后称参领；每 5 个甲喇为一固山（就是旗），设固山额真，后称都统。初设四旗，分别以黄、白、红、蓝为标志；明万历四十三年（1615 年），在原有四旗基础上增加四旗，将原来旗帜周围镶边，黄、白、蓝三色旗帜镶红边，红色旗帜镶白边。这样，共有 8 种不同颜色的旗帜，称为八旗，即满洲八旗。尔后逐渐增设蒙古八旗和汉军八旗，共二十四旗，但统称为八旗。八旗制度"以旗统军，以旗统民"，出则为兵，入则为民。努尔哈赤和皇太极所统领的八旗军队，是当时世界上最强大的骑兵部队。努尔哈赤以八旗为纽带，将全社会的军事、政治、经济、行政、司法、文化、社会和宗族统制起来，联结成为一个组织严密、生气蓬勃的社会机体。八旗制度是努尔哈赤的一个创造，是清朝的一个核心社会制度，也是清朝定鼎燕京、入主中原、统一华夏、稳定政权的一个关键。

第三，建立基地。努尔哈赤以父亲、祖父的"十三副遗甲"起兵，先后统一建州女真、海西女真，基本统一东海女真和黑龙江女真。并对漠南蒙古采取联姻、封赏、会盟、编旗、重教（喇嘛教）等政策，势力逐渐强大。努尔哈赤于明万历四十四年即天命元年（1616 年），在赫图阿拉建立金政权，又称"后金"，年号天命。努尔哈赤被尊为聪睿汗，又称"天命汗"。

万历四十六年即天命三年（1618 年），天命汗努尔哈赤发布"七大恨"，告天布民，进兵抚顺。从此，后金与明朝在辽东地区，展开正面的军事冲突。明朝所谓"辽事"，就是从抚顺之役开始的。明朝万历皇帝为回击努尔哈赤的进攻，于万历四十七年即天命四年（1619年）三月，派经略杨镐统帅12万大军，号称47万，兵分四路，分进合击，犁庭扫穴，直取核心，进剿后金的政治与军事中心——赫图阿拉。努尔哈赤则采取"凭你几路来，我只一路去"的兵略，就是采取"集中优势兵力，各个歼灭敌人"的谋略，作出回应。杨镐统帅的四路大军，三路覆没，一路败退。这次战役，明军损失：文武将吏死亡310余员，军丁死亡45,870余人，阵失马、骡、驼共28,600余头匹。后金兵民死伤不超过3000人，其中并无贝勒大臣。

萨尔浒大战的结果，明军大败，后金军大胜。萨尔浒之战使明朝和后金在军事上互换了位置：明朝由进攻转为防御，后金由防御转为进攻。所以，萨尔浒之战成为明清兴衰史上的一个转折点。后来，乾隆帝在《萨尔浒山之战书事》共3442字的碑文中说：萨尔浒一战，使"明之国势益削，我之武烈益扬，遂乃克辽东，取沈阳，王基开，帝业定"。由此，"我大清亿万年丕丕基，实肇乎此"。这段话说明萨尔浒大战对于明清兴亡的重大历史意义。

总之，万历四十七年（1619年），对努尔哈赤来说，是人生喜剧高潮的开始；对袁崇焕来说，却是人生壮丽戏剧的序幕。当努尔哈赤兴起之时，明朝宫廷，极为腐败。著名的"三案"——"梃击案""红丸案""移宫案"，就是明朝宫廷黑暗腐败的一个缩影。万历帝晚年，立太子事，非常烦恼。他在犹豫之下，立朱常洛（光宗）为皇太子。而备受宠爱的郑贵妃不愿意立朱常洛为太子，想立自己生的儿子为太子。于是发生了"梃击案"——万历四十三年（1615年），一男子张差手执木棍，闯进太子（朱常洛）居住的慈庆宫，打伤守门太监，被捉拿后供出系由郑贵妃手下太监引进。时人怀疑郑贵妃欲谋害太子。万历帝与皇太子朱常洛不愿深究此事，就以疯癫奸徒的罪名杀张差于市。这就是"梃击案"。万历四十八年即天命五年（1620年），万历皇帝病死，太子朱常洛继位，改年号为泰昌，就是明光宗或称"泰昌帝"。但是，泰昌帝继位刚一个月，吞下红丸而死。这就是"红丸案"。紫禁城内，一月之间，梓宫两哭，前后大丧，接连发生。泰昌帝死后，天启帝当立。抚养他的李选侍（时宫中有二位李选侍，此人称为西李）与心腹宦官魏忠贤，想利用天启帝年少之机，居乾清宫，把持政权。大学士刘一燝（zhǔ）、吏部尚书周嘉谟、兵科都给事中杨涟、御史左光斗等疏请李选侍不能与天启帝同住一宫，迫使她迁居，寻李选侍移居仁寿殿哕（huì）鸾宫。而后，天启帝举行即位仪式。此事后来引发复杂的宫廷斗争，这就是"移宫案"。"梃击案""红丸案""移宫案"三案，闹得宫廷内外，朝野上下，相互厮杀，乌烟瘴气。

天启元年即天命六年（1621年），十六岁的朱由校继位，年号天启，即明熹宗。

天启皇帝，是明光宗泰昌帝朱常洛的长子，生于明万历三十三年（1605年）十一月十四日。母亲王氏，为选侍，进才人。他的祖父万历皇帝以元孙诞生，十分高兴，昭告天下。朱由校十六岁继位。其时，他的生母王才人已故。天启帝朱由校面临的局势，外有满洲兴起，内有宫廷纷争。《明史·光宗本纪》论曰：

> 论者谓：明之亡，实亡于神宗，岂不谅欤！光宗潜德久彰，海内属望，而嗣服一月，天不假年，措施未展，三案搆（gòu）争，党祸益炽，可哀也夫！

天启帝继位后，宠信太监魏忠贤，封乳保客氏为奉圣夫人。魏忠贤不识字，以客氏缘故，升任司礼监秉笔太监。天启帝朱由校是一位优秀的木匠，不是一位称职的皇帝。《明史·魏忠贤传》记载：

> 帝性机巧，好亲斧锯髹（xiū）漆之事，积岁不倦。每引绳削墨时，忠贤辈辄奏事。帝厌之，谬（miù）曰："朕已悉矣！汝辈好为之。"忠贤以是恣威福惟己意。

魏忠贤逐渐专擅朝政，结成阉党，出现"内外大权，一归忠贤"的政治局面。

努尔哈赤借明朝皇权更替、军备废弛之机，乘萨尔浒大捷之势，攻破开原，夺占铁岭。尔后，发倾国之师，进军沈阳、辽阳。九天之内，明朝先失陷沈阳，接着又失陷辽东政治与军事中心——辽阳。努尔哈赤随即将都城从赫图阿拉迁到辽阳。败报传京，举朝震惊。京城九门，白天关闭。一些朝廷官员，密嘱家眷，收拾细软，准备车辆，回老家去。

天启二年即天命七年（1622年）正月，努尔哈赤进兵辽西，夺占明朝在辽西的镇城——广宁（今辽宁省北镇市）。就在明朝社稷危难之时，袁崇焕到京师朝觐（考核）。不久，到兵部任职，走上辽东前线。

袁崇焕登上辽东军事舞台，成为清太祖天命汗——努尔哈赤的克星。

第二章 投笔从戎

当时形势： 明朝先后失陷沈阳、辽东首府辽阳、辽西军政中心广宁，关外危急更加严重；努尔哈赤迁都辽阳后，后金由辽东山区进入辽河平原。

大 事 件： 后金军进攻广宁。

主要人物： 明辽东经略熊廷弼、辽东巡抚王化贞；后金天命汗努尔哈赤。

结　　局： 明军兵败，弃守广宁。

影　　响： 明军广宁兵败，京师震动，对关外形势普遍持悲观论调，辽东经略王在晋甚至认为辽东已经无局可守。

袁 崇 焕：

主要事迹： 任福建邵武知县、赴京述职、单骑出关巡察辽东形势、任职辽东。

主要活动区域： 福建邵武、北京、山海关。

遗迹、文物： 聚奎塔。

袁崇焕本是南国的一介书生，在明朝社稷危难之时，愤然立志，投笔从戎，走上边疆，捍卫坚城，救民水火，报效朝廷。

一、邵武清官

袁崇焕于万历四十七年即天命四年（1619年）中进士后，没有立即被朝廷分派做官。在家里等待一段时间，有了知县官缺，受到朝廷的委任，为福建邵武知县。

邵武（今福建省邵武市），位于福建西北部，武夷山南麓，濒临闽江支流富屯溪，为"八闽屏障"。

万历四十八年即天命五年（1620年），三十七岁的袁崇焕，被朝廷任命为福建邵武知县。他走马上任，《三管英灵集》中载述他的《至闽谒大府》诗云：

侵晨持手版，逐队入军门。

衙鼓三声急，官仪一面尊。

人情今未熟，政事昔曾论。

私谒吾何敢，归来夜未昏。

这说他是平生第一次做官，规规矩矩，敬敬慎慎。

天启二年即天命七年（1622年），袁崇焕在邵武知县任上，虽然为官时间很短，却居官清廉，尽心为民。《三管英灵集》中载述他的《初至邵武》诗云：

为政原非易，亲民慎厥初。

山川今若此，风俗更何如。

讼少容调鹤，身闲即读书。

催科与抚字，二者我安居。

袁崇焕在邵武知县任上，做了五件重要事情：

第一，为民救火。袁崇焕在知县任上，体察小民疾苦，救民水火之急。《乾隆邵武府志》记载：袁崇焕"素趫（qiáo）捷有力，尝出救火，着靴上墙屋，如履平地"。这说明身为知县的袁崇焕,不摆官架子,不搞特殊化,视同布衣,救火为民。在皇朝时代,作为一县的父母官,能亲自上房,为百姓救火,这确实是难能可贵的。

第二,平反冤狱。在袁崇焕接任知县之前,前任知县留下积案、冤案。袁崇焕到任之后,有冤屈县民,到县衙申诉。袁崇焕接到诉状后,微服私访,仔细查证,秉公办事,折狱公断,平反错案,为民申冤。为此,《乾隆邵武府志》记载袁崇焕为民申冤平反:

明决有胆略,尽心民事,冤抑无不伸。

第三,关心辽事。袁崇焕中进士那年,明军在萨尔浒之战中四路大军两双败北;任邵武知县那年,明军丢掉辽东重镇沈阳和辽东首府辽阳。其时,明廷朝野震惊,京师九门紧闭。这就使得忠于社稷、胸怀大志、满腔热血、图复失地的袁崇焕,公务之暇,了解边事,偃文习武,志图报国。明朝辽军的败报,不断传到福建邵武。袁崇焕虽身在"八闽",却心系辽东。他为人机敏,气正,肝肠热,喜交友;胆壮,勇敢,善骑艺,好谈兵。夏允彝《幸存录》记载:袁崇焕"为闽中县令,分校闱中,日呼一老兵习辽事者,与之谈兵,绝不阅卷"。袁崇焕了解辽东边事,为后来军旅生涯,做了初步的准备。

第四,聚会奎英。袁崇焕企盼做一番大事业,就要联络、组织志同道合者,为共同理想而奋斗。他在走上仕途的第一站——任邵武知县,便为尔后要迈越的征途铺垫基石。袁崇焕在邵武招纳的军人如罗立,后在固守宁远之战中发挥了很大的作用。天启六年即天命十一年(1626年)正月二十三日,天命汗努尔哈赤率军首攻宁远城,袁崇焕命家人罗立等向城北后金军大营燃放西洋大炮,一炮发中,"歼虏数百"。这个勇士炮手罗立,就是袁崇焕从闽北邵武招募的,被其视为心腹,辗转跟到宁远,参与宁远之战,获得极大战功。

第五,题辞高塔。袁崇焕在邵武为民救火、平反冤狱、关心辽事、聚会奎英的文物标志,是他题写塔名的聚奎塔。在邵武县西南42公里处的和平里(今邵武市和平镇），镇西南 1.5 公里处有座天符山，聚奎塔就建在天符山上，为六角五层高塔，建于天启元年即天命六年（1621 年）。塔为砖木石混合结构，底层塔门镶嵌黑砚石门额，上面书写"聚奎塔"三个大字。其上款题为"天启元年秋月吉旦"；下款题为"赐进士第知邵武县事袁崇焕立"。塔额中题"聚奎塔"三个字，阴文，颜体，行楷，舒朗，苍劲，刚挺，圆浑，流畅。这方题刻，字迹清晰，完好无损，是至今袁崇焕留下的唯一可信的极为珍贵的墨迹与文物。

福建邵武的聚奎塔，对于了解袁崇焕的功业与思想，非常之重要，故多着笔墨，不厌其烦，加以介绍①。

塔座：石砌，三层，高为 85 厘米，平面呈六角形，每边长 380 厘米，其上层每边长为 445 厘米，下层每边长为 425 厘米。

塔身：面北，塔体以砖筑为主，共五层，每层有券（xuàn）门，其朝向各异。券门中有砖雕佛像，雕像细腻、凝重，其上部雕像较为完好。每座券门或券窗上面，有一组（三块）镂空花纹砖雕。每层塔檐，分作六层，自下而上，第一层为方砖，第二层为立砖，第三层又为方砖，第四层为尖砖，第五层为圆木椽，第六层为石板，构成斗栱状。塔身外部每层均辟有券门，券门横额第一层北向，上部有黑砚石塔额一方，长 106 厘米，宽 46 厘米，额镌阴文"聚奎塔"三个行楷大字，并有上、下题款。第二层券窗额题"昼锦锁钥"，第三层券窗额题"二涧玄朝"，第四层券窗额题"雄峙中区"，第五层券窗额题"层峦耸翠"。塔身底边每边长 380 厘米，佛龛高 151 厘米、宽 67 厘米、距底座 143 厘米。塔高逐层递减，第一层高 450 厘米，第二层高 420 厘米，第三层高 400 厘米，第四层高 370 厘米，第五层高 350 厘米。总计塔高为 21.25 米。塔内中空。塔内沿壁嵌砌石蹬旋梯，第一层 15 级，其余

---

① 笔者值参加"武夷山专家休假团"在武夷山市休假之机，于 1996 年 7 月 5 日，专程到邵武市和平镇察看聚奎塔。蒙邵武市博物馆副馆长傅唤民先生陪同考察了聚奎塔。1999 年 3 月 31 日，值赴香港中文大学历史系讲学返程之机，又专程到和平镇考察聚奎塔。时和平镇地区连续阴天或下雨一个月，是日晴空万里、阳光灿烂，蒙镇党委宣传委员曾献伟先生、镇党委办公室黄承坤主任、镇文化站廖孝德站长和镇干部陈国明先生陪同，再次考察了聚奎塔。此外，笔者得到张俭东（铁文）先生赠送"聚奎塔"塔额文字拓片。谨此致谢。

每层14级，可攀达顶层。楼板及桁（héng）条，均为木质，塔券窗高229厘米。内壁亦每层辟有朝向各异的窗龛。

窗龛横额均系四个砖雕大字：第一层为"一柱擎天"，第二层为"慈悲普度"，第三层为"三元昭应"，第四层为"文昌拱照"，第五层为"玉铉上映"。聚奎塔的塔座、塔身和塔刹，总塔高为21.25米。塔的内边，依层递收。其内边长第一层为185厘米，第二层为176厘米，第三层为172厘米，第四层为170厘米，第五层为165厘米。该层内壁镶嵌四块碑石，其中长方、横方各二。塔内每层有佛龛，内龛高150厘米、宽100厘米，各供石雕佛像三尊，历经漫毁，残多整少。其第四层佛像保存完好，左尊座狮，右尊座象，中尊座莲花，雕工细腻，造型拙朴。

塔刹：原塔刹已毁，其高度无据可查。新修塔刹，呈宝珠状，高约50厘米。

"聚奎塔"三个字是否为袁崇焕所题书？邵武市所立《聚奎塔修缮记》撰者认为，塔名系"袁崇焕于天启初任邵武知县时书题"。《邵武市第三批文物保护单位聚奎塔》撰者也认为，"天启元年知县袁崇焕题塔名"。我认为，聚奎塔塔额上的塔名——"聚奎塔"三个字，是邵武县知县袁崇焕题书的。根据是：第一，袁崇焕时任邵武知县，为当地最高行政长官；第二，袁崇焕支持修建聚奎塔，自愿应请题写塔名；第三，塔额系袁崇焕所立，有下款题记为证；第四，邵武是闽北文化繁盛之区，曾出名臣李纲、文学家严羽，宋代就出了251名进士，袁崇焕系进士出身，题书塔名为士望所归；第五，袁崇焕以知县的身份、进士的名望，理应由其题书塔名；第六，袁崇焕为当地父母官，如由官位、声望出其右者题书塔名，定会在塔额下款志记；第七，袁崇焕以"聚奎"名塔，同其聚会奎英、报效社稷的志趣相符；第八，袁崇焕为人谦恭，如果是由他人题书的塔名而不落款题记，似有掠美之嫌。据上八点，整合分析，我认为：福建邵武"聚奎塔"之塔名，是由时任邵武知县的袁崇焕所题书。

聚奎塔有重要价值。

一是历史价值。袁崇焕作为中华五千年文明史上惊天地、泣鬼神的伟烈英杰，由于死得惨烈，加上专制淫威，至今没有见到一件关于他的确无争议的书法真迹。中国有造假文物的传统，连儒家经典《古文尚书》都敢伪造，遑论其他！但是，聚奎塔耸立于闽北偏乡僻壤，在1990年修缮前，塔额字迹已漫漶不清，近世以来无人知其由袁崇焕题书塔名。在这次修缮时，邵武文物专家傅唤民先生等见由袁崇焕题书塔名，著文介绍，并在塔南的《聚奎塔修缮记》碑及文物保护碑上作了文字说明。这是20世纪关于袁崇焕文物最重要的发现，对于研究袁督师的性格、思想、功业、书法及与之相关的历史问题，有着广泛的意义。

二是思想价值。"聚奎塔"的"聚"字，许慎《说文》："聚，会也。"《史记·天官书》："五星皆从而聚于一舍。""聚奎塔"的"奎"字，奎宿为天庭二十八宿之一，其一说主文运，故学人拜天之楼为奎星楼（又作魁星楼）；其另一说主库兵，《后汉书·苏竟传》载"奎为毒螫（shì），主库兵"，李贤注曰："奎主武库之兵也。"袁崇焕以"聚奎"二字名塔，其含义可诠释为会聚天下之文武英才。此塔没有以"报国""报恩"为名，而以"聚奎"为名，这充分说明袁崇焕有着朴素的民本思想。这是他关怀民瘼、救民水火，进而投笔从戎、图复辽疆的思想火花。

三是文物价值。明代的塔，现存不少。北方的塔，砖石结构为多；南方的塔，木结构的不少。但像聚奎塔那样砖、木、石相混合结构的塔，并不多见。聚奎塔以其砖、木、石相混合的结构，为明塔的研究多提供了一个范型。

四是艺术价值。塔中的题字，尤以"聚奎塔"三字为佳，是一份明代书法艺术珍品。塔中券门、券窗之砖雕，简洁疏朗，技艺纯熟；龛内的佛像，造型典雅，质朴慈祥；龛顶花卉，雕朴无华，图案清晰——是明代闽北民间工艺的精品，也是明代南方民间工艺的佳作。

综上，袁崇焕与聚奎塔之历史关系的重新展现，既充实了袁崇焕宦迹研究的新资料，又丰富了明清之际历史研究的新内容。

邵武知县袁崇焕任职不久，就到北京朝觐。他利用在京的时机，察视边塞，了解形势，为弃文从武，在进行准备。

二、察视边防

袁崇焕遵照朝廷的规定，于天启二年即天命七年（1622年），千里迢迢，到达北京。这次到京，是来朝觐，主要是接受朝廷的政绩考核。他在北京的日子，无心升官发财，只念社稷安危。他在北京的居所里，食不甘味，夜不安寝，要到塞外，了解边情。

辽东形势，更加严重。天启元年即天命六年（1621年），天命汗努尔哈赤率领八旗军，进入明朝辽河流域的核心地带，将兵锋指向明朝辽东重镇沈阳和辽东首府辽阳。

沈阳是明朝在辽东的重镇。三月初十日，努尔哈赤亲率诸贝勒大臣，统领八旗大军，将板木、云梯、盾牌、楯车，顺浑河而下，水陆并进，向沈阳进发。明军闻警，举燧传报。沈阳守将总兵官贺世贤、尤世功得警报后，连夜率领1万兵丁守城。沈阳城坚濠深，外围木栅，布设火炮，防守严密。十二日，八旗军兵临沈阳城下。明朝武举出身的总兵尤世功，带领家丁，勇猛冲出，杀死四人，略获小胜。努尔哈赤命官兵用战车冲锋，马步继之，将沈阳城围困。十三日清晨，努尔哈赤再派骑兵挑战。明朝行伍出身的总兵官贺世贤勇而无谋，日日饮酒，贪功冒险，出城迎战。据《明熹宗实录》记载："世贤故嗜酒，次日取酒引满，率家丁千余出城击奴，曰：'尽敌而反！'"努尔哈赤以羸（léi）卒诈败，引诱明军。贺世贤乘锐轻进，离城野战。后金军精骑四合，世贤且战且却，从东门退到西门，身中数十矢，坠马而死。总兵尤世功出西门营救，士卒哄散，马仆身死。八旗兵乘机蜂拥过濠，急攻东门。此时，城中溃乱，暗藏奸细，从中内应，八旗军里应外合，进占沈阳城。明沈阳城兵民被杀死者，有记载说7万人。努尔哈赤攻陷沈阳后的第五天（十八日），集中兵力，乘势长驱，一鼓作气，进攻辽阳。

辽阳是明朝辽东首府、辽东经略驻地，是东北政治、经济、军事和文化的中心。辽阳为繁华之区，尝有"辽阳春似洛阳春，紫陌花飞不见尘"之诗誉。辽阳城高池深，四隅角楼，防卫森严。明辽东经略袁应泰得到沈阳失陷败报后，急檄撤回各路兵马，集中守卫辽阳。

十九日，后金军包围辽阳。经略袁应泰督五总兵侯世禄、李秉诚、梁仲善、姜弼、朱万良，率军出城五里处结阵，与后金军对垒。后金军火器齐放，拥众冲杀，明军营乱，开始溃散。后金军乘胜追击60里，至鞍山胜利返回。同时，辽阳西关出援的明军，也被后金军击败。是夜，明兵在城外扎营，经略袁应泰宿在营中。努尔哈赤也在包围辽阳的八旗军中过夜。

二十日，八旗军两面攻城：右翼四旗兵攻打东门，左翼四旗兵攻打小西门。明军发火箭抗击，后金兵稍受挫折。努尔哈赤命右翼分兵堵塞城东入水口，左翼分兵挖开小西门闸口以泄濠水。后金兵呼喊而进，明骑兵先行动摇。后金兵发动了强攻，明军步兵受挫败退。明总兵梁仲善、朱万良战死，步骑大溃，望城而奔，被杀及溺死者甚众。袁应泰退入城内，与巡按御史张铨分陴（pí）固守。左翼军派骑向努尔哈赤驰报：小西门桥能夺下来！努尔哈赤命令道："你们试夺桥入！"莽古尔泰贝勒、阿敏贝勒遂率兵冒炮火夺桥。扬古利奋勇陷阵，夺桥渡河，近城强攻。城守军万矢下射，后金兵奋死前进。傍晚，后金左翼军竖云梯，列楯车，登城而上，同城垛守军展开肉搏战。明军提灯夜战，直至天亮。明监司高出、道员牛维曜、胡嘉栋及督饷郎中傅国等乘乱缒（zhuì）城而逃，城内军民，人心涣散。

二十一日，努尔哈赤督率左右翼军发起总攻。袁应泰列盾大战，奋死抵御。傍晚，小西门火药起火，守城的官兵溃乱。城外后金军冒死夺门，城内谍工巨族作内应。后金破城，官兵攻入，城里民家多开门张灯，沿街妇女也盛饰迎门。袁应泰见城陷，佩剑印，自缢死。其仆唐世明，伏尸大哭，焚楼亦殉。辽东巡按御史张铨被俘，李永芳劝降，不服；努尔哈赤诱以高爵，也拒，被缢死。努尔哈赤攻占辽阳，下令汉民剃发，以示归顺。他利用已降顺的通判黄衣，剃去头发，披红蟒衣，骑着骡子，沿街游说，但受到拒绝降金汉人的唾弃。

辽阳既下，辽河以东的三河、东胜、长静、长宁、长定、长安、长胜、长勇、长营、静远、上榆林、十方寺、丁字泊、宋家泊、曾迟、镇西、殷家庄、平定、定远、庆云、古城、永宁、镇夷、清阳、镇北、威远、静安、孤山、洒马吉、嫒阳、新安、新奠、宽奠、大奠、永奠、长奠、镇江、汤站、凤凰、镇东、甜水站、草河、威宁营、奉集、穆家、武靖营、平房、虎皮、蒲河、懿路、汎河、中固、鞍山、海州、东昌、耀州、盖州、熊岳、五十寨、复州、永宁监、栾古、石河、金州、盐场、望海埚、红嘴、归服、黄骨岛、岫岩、青台峪等大小70余城堡官民，都剃发投降。

后金军连下沈阳、辽阳后，将都城由赫图阿拉（今辽宁抚顺新宾永陵镇赫图阿拉村）迁到辽阳。努尔哈赤迁都辽阳，表明后金由辽东山区，进入辽河平原。接着，后金在辽阳兴建新城，就是东京城。

天启二年即天命七年（1622年）正月，努尔哈赤统领军队，进攻明朝在辽河以西的重镇——广宁。按明朝的制度，辽阳是辽东的首府，也是辽东总兵的驻地。辽东巡抚则驻广宁。所以，广宁是当时辽西的军事与行政中心。明军失陷沈阳、辽阳后，便加强对广宁的防守。

原明朝辽东经略袁应泰，失守辽阳，自缢而死。明廷起用熊廷弼任辽东经略。

熊廷弼（1569—1625），字飞百，江夏（今湖北武昌）人，万历二十六年（1598年）进士。熊廷弼先后三次为官辽东。

第一次，万历三十六年（1608年）巡按辽东。当时辽东大旱，熊廷弼巡行途经金州（今大连市金州区），在城隍庙求雨，"约七日雨，不雨毁其庙"。过期三天，没有下雨。他"大书白牌，封剑，使使往斩之"，就是派使臣前往城隍庙，斩城隍庙神。使臣"未至，风雷大作，雨如注，辽人以为神"。这个故事，属于巧合，但说明熊廷弼敢于同天神搏斗的胆量与气概。他巡按辽东的政绩，《明史·熊廷弼传》记载："在辽数年，杜馈遗，核军实，按劾将吏，不事姑息，风纪大振。"熊廷弼拒绝送礼，整顿粮饷，严肃军纪，雷厉风行，收到实效。

第二次，万历四十七年即天命四年（1619年），杨镐萨尔浒丧师之后，熊廷弼代杨镐为辽东经略。熊经略接受任命后，未出京，开原失；刚出关，铁岭陷；关外防线，一片混乱。他派佥事韩原善前往沈阳招抚流民，原善害怕不肯行；又派佥事阎鸣泰去，鸣泰刚到虎皮驿，吓得大哭而返。熊廷弼亲自巡历，自虎皮驿，抵沈阳，乘雪夜，赴抚顺。他整顿辽东防务，大见成效。天命汗努尔哈赤很怵"熊蛮子"，未敢轻举妄动。

但是，熊廷弼遭到廷臣的嫉妒、阉党的诽谤，被迫离职，"回乡听勘"。努尔哈赤得到熊廷弼去职的消息，又利用明朝皇帝更迭的时机，举兵攻下沈阳、辽阳。阁臣刘一燝奏称："使廷弼在辽，当不至此。"于是，朝廷又想起熊廷弼，再次起用他为辽东经略，同时以王化贞为辽东巡抚。

第三次，天启元年即天命六年（1621年）六月，熊廷弼为辽东经略。明朝辽东经略熊廷弼与巡抚王化贞不和，朝廷内部矛盾激化，前方兵略意见抵牾（wǔ）。后金军统帅努尔哈赤统领八旗大军，乘己方的锐气、彼方的弱势，渡过辽河，进兵西平。经过激战，西平失守。后金进军广宁。广宁游击孙得功内应，王化贞狼狈出逃。后金军没有发一矢、挥一刀，占领广宁。努尔哈赤的军队，继续南进，攻入义州，逼近宁远。明辽东经略熊廷弼、巡抚王化贞，带领逃将溃兵、大量难民，以10万计，向山海关，全面溃退，饥民哀号，哭声震野。后金占领广宁，并接连攻陷义州、平阳桥、西兴堡、锦州、铁场、大凌河、锦安、右屯卫、团山、镇宁、镇远、镇安、镇静、镇边、大清堡、大康堡、镇武堡、壮镇堡、闾阳驿、十三山驿、小凌河、松山、杏山、牵马岭、戚家堡、正安、锦昌、中安、镇彝、大静、大宁、大平、大安、大定、大茂、大胜、大镇、大福、大兴、盘山驿、鄂拓堡、白土厂、塔山堡、中安堡、双台堡等40余座城堡。后金军将广宁等地数百万饷帑（tǎng）、粮食、军器、火药、马牛、布帛等，车推驴驮，运回辽阳。努尔哈赤还下令把辽河以西的人民，驱赶到辽河以东。以右屯卫为例，被驱赶的人口有14,728人，被掠走的牲畜为6197头，被运走的粮食有503,681石7斗7升。后来，明朝天启帝以辽东经略熊廷弼"失陷广宁罪"，于天启五年即天命十年（1625年）八月，将他柴市处斩，传首九边——辽东、蓟州、宣府、太原、大同、延绥（榆林）、固原、宁夏、甘肃9个边镇。

广宁兵败，北京大震。关外局势，更趋恶化，社会危机，更为深重。明朝弃守广宁之后，辽东形势，为之一变。明朝任命王在晋为辽东经略。辽东经略王在晋分析当时关外形势道：

> 东事离披，一坏于清、抚，再坏于开、铁，三坏于辽、沈，四坏于广宁。初坏为危局，再坏为败局，三坏为残局，至于四坏——捐弃全辽，则无局之可布矣！逐步退缩至于山海，此后再无一步可退。（《三朝辽事实录》）

王在晋的意思是：明朝先失陷抚顺、清河、开原、铁岭、沈阳、辽阳，又失陷广宁、义州，丢弃全辽，无局可守。明失守广宁，其严重性，正在于此。《明史》记载，自努尔哈赤攻陷抚顺以来，明朝在辽东的总兵官，死亡者共16人：抚顺则张承胤，萨尔浒之战则杜松、刘𬘩、王宣、赵梦麟，开原则马林，沈阳则贺世贤、尤世功，浑河则童仲揆（kuí）、陈策，辽阳则杨宗业、梁仲善、朱万良，广宁则刘渠、祁秉忠，还有因败自裁的总兵李如柏。京师朝野官员，可谓谈敌色变。

袁崇焕就是在明朝关外局势空前严重的态势下，单骑出关，巡视形势。于此，《明史·袁崇焕传》写道：

> 天启二年正月，朝觐在都。御史侯恂请破格用之，遂擢兵部职方主事。无何，广宁师溃，廷议扼山海关，崇焕即单骑出阅关内外。部中失袁主事，讶之，家人亦莫知所往。已，还朝，具言关上形势。曰："予我军马钱谷，我一人足守此！"廷臣益称其才，遂超擢佥事，监关外军，发帑金二十万，俾（bǐ）招募。

上文中的职方司主事，是兵部的一个官称。明朝官制，兵部下设武选、职方、车驾、武库四个司。职方司有郎中一人、员外郎一人、主事二人。

时广宁已失，廷臣惶惧，崇焕请一人守关的豪言壮语，对收拾珍宝准备南逃的朝臣，是一剂安神良药。但这也表明了袁崇焕的任事和任性，颇有胆识和几分狂气。张岱在《石匮书后集》中说："时广宁失陷，王化贞与熊廷弼逃归，画山海关为守。京师各官，言及辽事，皆缩朒（nǜ）不敢任。崇焕独攘臂请行。"同僚们赞叹他的勇敢与胆略。在失陷广宁的第四天，御史侯恂慧眼识人，不泥成规，提请破格擢用袁崇焕，具疏奏言：

　　　　见在朝觐邵武县知县袁崇焕，英风伟略，不妨破格留用。

明天启帝采纳侯恂等的建议，授袁崇焕为兵部职方司主事，旋升为山东按察司佥事、山海关监军。

　　袁崇焕单骑出阅山海关内外的时间，一说是在他朝觐时等待职务变动期间，另一说是在他任兵部职方司主事之后。不管是前者或是后者，其共同之点是都确认袁崇焕到山海关一带察看关内外形势。袁崇焕同当时文武官员惧怕出关、畏敌如虎相反，敢于冒险、敢挑重担，的确其见识与胆略过人。袁崇焕任职后，上《擢佥事监军奏方略疏》。他在奏疏中一扫文臣武将中普遍存在的悲观、恐惧情绪，力请练兵选将，整械造船，固守山海，远图恢复。他疏言："不但巩固山海，即已失之封疆，行将复之。"袁崇焕赴任前，往见革职听勘在京的熊廷弼。"廷弼问：'操何策以往？'曰：'主守而后战。'廷弼跃然喜。"袁、熊二人为图先守后战，恢复辽东方略，诚恳交谈，商酌竟日。袁崇焕辞别熊廷弼，策骑驰往山海关，会同经略，商度战守。不久，袁崇焕出关就职。

　　后他在《边中送别》诗中抒发出京赴辽的雄心与抱负：

　　　　五载离家别路悠，送君寒浸宝刀头。
　　　　欲知肺腑同生死，何用安危问去留。
　　　　杖策只因图雪耻，横戈原不为封侯。
　　　　故园亲侣如相问，愧我边尘尚未收。

　　袁崇焕赴任后，先驻山海关，不久移驻中前所。当时山海关外广大地域，为漠南蒙古喀喇沁等部占据，袁崇焕便驻守关内。朝廷采纳蓟辽总督王象乾的奏议，对边外蒙古部落实行"抚赏"政策，就是颁发赏银，争取他们同明朝结盟，共同抵御后金。一些蒙古部落首领接受了"抚赏",辽东经略王在晋令袁崇焕移到山海关外中前所(今辽宁省绥中县前所镇)。王在晋又令袁崇焕往前屯(今辽宁绥中前屯),安置辽民流亡、失业者。袁崇焕受命之后,连夜赶路,丛林荒野,虎豹出没,天明入城,将士都赞叹他的勇敢与胆量。王在晋更加信任、器重袁崇焕,于七月初提请任命他为宁前兵备佥事。

袁崇焕分管募兵期间,从家乡招募了一批兵员。他推荐叔父袁玉佩负责招募广东兵,又从广西调集狼兵,由他的亲戚、慷慨且善武艺的林翔凤带领。他们中包括袁崇焕生平所结纳的死士谢尚政、洪安澜等人。由朝廷一一批准。

然而,兵备佥事袁崇焕对辽东经略王在晋,轻薄其无胆略,对于他的指令,并不言听计从。

王在晋提出在山海关外八里铺地方,再建一座城,设官兵4万,护卫山海关城。袁崇焕认为:不应当在八里铺筑城,而应当在宁远卫筑城。两人意见不合,发生尖锐争论。

第三章 营筑宁远

当时形势： 广宁兵败后，明朝内部对辽西布局出现重大分歧，王在晋主张在八里铺筑城，孙承宗、袁崇焕主张营筑宁远城。

大 事 件： 营筑宁远城。

主要人物： 孙承宗、袁崇焕、王在晋。

结　　局： 宁远城历时两年修筑完成。

影　　响： 宁远城成为直至明亡八旗军长期难以逾越的屏障，和明军进图恢复的基地。

袁 崇 焕：

主要事迹： 营筑宁远城；闻父丧离任奔丧，至丰润奉旨回任。

主要活动区域： 宁远。

遗迹、文物： 宁远城。

广宁失守，明军大败，辽西之局，如何部署？明朝辽东经略王在晋等主张在山海关外八里的地方即八里铺，再筑一座重城，御山海，保京师。佥事袁崇焕等则主张在山海关外200里的地方即宁远卫，修筑坚城，捍山海，卫京师。

王在晋，江苏太仓人，万历二十年（1592年）进士，初授中书舍人，后历官江西布政使、山东巡抚、兵部侍郎，天启二年即天命七年（1622年）署兵部事。当年三月，熊廷弼、王化贞丢失广宁后，以王在晋代熊廷弼为兵部尚书兼右副都御史，经略辽东、蓟镇、天津、登、莱，后著《三朝辽事实录》。王在晋主张消极防御的策略，即在山海关外，筑重城，捍关门，卫京师。王在晋的消极防御策略，受到袁崇焕的挑战。

袁崇焕进士出身，他性格特点是"敢走险路，敢担责任，敢犯上司，敢违圣颜"。袁崇焕对上司辽东经略王在晋，虽薄其无远略，却人微言轻，争辩不得，便将自己的意见奏告首辅叶向高。袁崇焕越级呈报犯了官场大忌，这既表现了他的勇敢，又反映了他的蛮劲。叶向高未明情况，不能决断；由天启帝的老师、大学士孙承宗出关巡边，了解边情，决策方略。王在晋主张尽弃山海关外城池、台堡、土地、军民，退守山海关的消极防御兵略，遭到了巡边大学士孙承宗的批评。王在晋虽经孙承宗"推心告语，凡七昼夜"的规劝，仍固执己见，冥顽不化。孙承宗只好上奏朝廷，免王在晋辽东经略的职务，奏经旨准，自任督师。孙承宗上任后，采纳袁崇焕等人的建议，奏报关外防守方略——修宁远卫城，建山海关—宁远—锦州防线。孙承宗、袁崇焕等在辽西建立山海关至锦州的关宁锦军事防线，阻遏后金军渡河西进，卫守关门，以固京师。

袁崇焕到山海关外，同兵部尚书、经略王在晋发生了军事防御方略的意见分歧。这件事情，不仅显示袁崇焕超人的胆略，而且影响袁崇焕人生的荣辱。事情由袁崇焕向首辅叶向高奏告经略王在晋开始。

一、奏告首辅

明朝在辽河以东连失沈阳、辽阳后，在辽河以西又连失广宁、义州。广宁、义州兵溃报至明廷，风鹤一惊，举朝魂震，京师戒严，官民惶惧。天启帝惊慌失措，抓住首辅叶向高"衣袂而泣"。京师的官宦们：借差出京，望眼欲穿，"苟出春明一步，即为放生之场"。在这里，"春明"是指京城。就是说，只要迈出京城一步，即是逃生活命之地。不顾国难，只求苟生。会试的举子们："上公车者，但得马首回南，胜似春风得意；点闱中者，一闻燕台选骥，不觉泣对牛衣。"在这里，"公车"是指赴京科试者，"点闱"是指金榜题名者，"牛衣"是"编草使暖，以被牛体"，即穷困的意思。就是说，赴京应试举子，但愿调转马头南回乡里，比金榜题名更春风得意；侥幸考中进士，一听被选在京师里做官，还不如披草衣过穷日子。上述记载，可以看出：明朝局势，极为严重。

天启帝任命王在晋为兵部尚书、辽东经略，驻镇山海关。王在晋还未离京，就上奏章，声称："奴之煽惑，攻无坚城，战无劲敌"，山海之防，亦艰难矣！他还认为山海关之兵、民、地都不可恃："恃兵力，而兵力不可恃；恃人心，而人心不可恃；恃地险，又不可恃。"他在另一份奏疏中，力贬山海关的战略价值，说："山海一关，不过防军民之出入，稽商旅之往来，左为山，而右为海，所以名山海，究竟则犹郡邑之城郭也。彼辽、沈、开、铁、广宁，皆东方之重镇，且望风瓦解，岂一关所能独御哉！"王在晋错误地估计山海关的战略地位与重要作用，就必然产生抚赏蒙古与再筑重城的主张。

天启二年即天命七年（1622年）三月十八日，王在晋将起程赴山海关，天启帝特赐蟒玉、衣带和尚方剑，勉励他建树功勋。

后金军又进犯河西，占领广宁。明辽东经略王在晋对自失陷抚顺三年以来的辽东形势，是如何分析的呢？他说：

> 东事一坏于清、抚，再坏于开、铁，三坏于辽、沈，四坏于广宁。初坏为危局，再坏为败局，三坏为残局，至于四坏——则弃全辽而无局，退缩山海，再无可退。（《明熹宗实录》卷二十）

就是说明军失陷广宁，丢掉全辽，退缩山海，无局可守。那么，王在晋到山海关莅任后如何部署辽西的防守呢？

王在晋到达山海关后不久，便提出"拒奴抚虏、堵隘守关"的防守兵略。这个防守兵略，要在两点：

其一是"抚虏"，就是由朝廷以金银笼络、羁縻漠南蒙古诸部。他认为"今日东事，惟抚赏西虏为第一紧要著数"。他说：待抚赏事完成，督臣可以还政，枢臣可以还朝。其实，王化贞用此策，"抚虏"蒙古，守卫广宁，结果失败。王在晋不从前车之覆吸取教训，仍坚持"抚虏"。

其二是"设关"，就是在山海关外再修一座重关，守御山海关城。蓟辽总督王象乾告诉王在晋：利用蒙古，袭取广宁，即使"得广宁，不能守也，获罪滋大。不如重关设险，卫山海，以卫京师"。于是，辽东经略王在晋就以"抚虏、设关"作为守御山海关的疏报方略。

五月，辽东经略王在晋提出山海关守御方略。他认为关门形势是：山海关南为海，虏如舍骑乘舟，乘风破浪，瞬息可达；北为角山，设有逶迤边墙，峰峦高于墙垣，如敌人据高扼险，成凭高搏击之势，山海关便不能守；中为关城，欢喜岭紧抱关门，岭高于城，斗城如锅底，由上击下，则无守地。王在晋既无远略、又无胆识，既无兵略、又无智慧。他主张在山海关外，再筑边城、兴修重城。

其一，再筑边城。从芝麻湾（止锚湾）或八里铺起，再筑一边墙，约长30余里，北绕山，南至海，把关外一片石、角山及欢喜岭等包罗在内。使之关外有关，墙外有墙，以4万人守卫，成为关门捍蔽。用人夫数万，花纹银百万。疏上，谕旨："封疆事重，还悉心筹画，以计万全。"王在晋的《三朝辽事实录》对"圣旨"的记载，却为"着该部议行"。以上两者，颇有出入。事实上，王在晋的这条奏疏，既未谕准，也未实施。王在晋见"再筑边城"之议不能实现，又提出"兴筑重城"之议。

其二，兴修重城。王在晋疏请在山海关城外八里，就是在地名为八里铺的地方，新修筑一座重城，也就是在山海关外距城八里之处再修建一座城，用以护卫山海关城。他在《题关门形势疏》中写道："画地筑墙，建台结寨，造营房，设公馆，分兵列燧，守望相助。"这项巨大工程，估算用银93万两。他并提出兴筑八里铺重城，可以"钟篪（chí）不惊，宸居永奠"，就是庙社安宁，江山永固，因此辽事"最急莫尚于此"！天启帝谕准，先发帑金20万两。

其时，山海关完全暴露在后金军事进攻面前。所以，山海关之门，系天下安危。明朝抵御后金，保卫京师，其当务之最急，在于守山海关。王在晋上任之后，对于辽东形势，估计过于悲观。他认为：第一，已经失去的土地，不能够再恢复；第二，关城以外土地，不必加以防卫；第三，要保卫京师，必先保山海关。然而，如何防守山海关？在明朝官员中发生了一场大争论——有两种意见：一种是消极防御，就是在山海关外八里处的八里铺筑城，增设重关，驻军4万，紧缩保守，以关守关；另一种是积极防御，就是在山海关外200里处的宁远，重筑坚城，驻兵固守，向外开拓，以进守关。

王在晋的山海关外八里铺筑重城之议，是一个只图苟安、无所作为的消极防御方略。他筑重城的主张，遭到宁前兵备佥事袁崇焕、主事沈棨（qǐ）、赞画孙元化等人的反对，王在晋不听。袁崇焕力主积极防御，坚守关外，屏障关内，营筑宁远，以图大举。他虽深受王在晋倚重，被题为宁前兵备佥事，但他以关外八里筑重城为非策，极力陈谏。因人微言轻，而不被采纳。袁崇焕想方设法，先后两次直接将意见报告给首辅（相当于宰相）叶向高。叶向高看到袁崇焕的报告后，不能肯定哪种意见正确。大学士管兵部事孙承宗自请行边，亲赴山海关实地考察，然后再定大计。叶向高很赞成，天启帝也大喜，特加孙承宗太子太保，赐蟒玉、银币，以示隆礼。六月十五日，孙承宗受命后，前往山海关巡视。

孙承宗（1563—1638），字稚绳，高阳（今河北省高阳县）人，相貌奇伟，声音洪亮，喜欢谈兵，晓畅边事。万历三十二年（1604年）甲辰科殿试，孙承宗得中第一甲第二名榜眼。天启皇帝即位后，充任日讲官（皇帝老师）。明失陷广宁后，孙承宗为东阁大学士、兵部尚书。时孙承宗受命往山海关巡视。六月二十六日，孙承宗由兵部主事鹿善继等陪同，抵山海关。孙承宗巡察边关形势，并就关城防御问题，同辽东经略王在晋进行了辩论。《明史·孙承宗传》记载这场辩论如下：

孙承宗问：新城建成后，是调旧城4万军队驻守吗？

王在晋答：不，要另设新兵。

孙承宗问：旧城外为新城，旧城外的品坑地雷为敌人设，还是为自己设？新城如守不住，4万新兵怎么办？

王在晋答：将在山上建三个寨，以待溃卒！

孙承宗问：兵未溃而筑寨以待之，不是教他们溃败吗？

孙承宗说：今不为恢复计，画关而守，将尽撤藩篱，日哄（hòng）堂奥，畿（jī）东其有宁宇乎！

王在晋虽然无言以对，却坚持修筑重城的主张。孙承宗出示袁崇焕给朝廷的奏疏，王在晋"始丧失色"。孙承宗对他"推心告语，凡七昼夜"，王在晋仍坚持己见，终不悔悟。

孙承宗召集将吏讨论防守山海关的策略。监军阎鸣泰主守觉华岛（今辽宁省兴城市菊花岛乡），佥事袁崇焕主守宁远卫（今辽宁省兴城市），王在晋都反对。旧监司邢慎言、张应吾等因兵败而逃遁在山海关，都随声附和王在晋的意见。孙承宗以事关重大，意见分歧，没有立即作出决断，便带着袁崇焕等人，策骑出关，察看形势。王在晋哭求孙承宗不要冒险出关，怕出意外。孙承宗重任在身，还是坚持前往关外巡视。时山海关至宁远之间的五座重要城堡——中前所、前屯卫、中后所、中右所和宁远卫，满目凄凉，腥膻扑人。

孙承宗在《又启叶首揆》书中言："门生苦令抚官，初移之中前为四十里，再移之前屯为七十里，又再移之中后为百里，又再移之宁远为二百里。"后孙承宗巡视关外形势，略谓：失辽左，必不能守榆关；失觉华、宁远，必不能守辽左。其疏陈守关大略言：

盖前屯备而关城安，宁远备而前屯益安。倘不以此计，而以一步不出关为守关，遂以安插辽人为强迎，遂以经营宁远为冒险。夫无辽土何以护辽城，舍辽人谁与守辽土，无宁前何所置辽人，不修筑何以有宁前？

而修筑之事不一劳，何以贻永逸而维万世之安！

孙承宗等到中前所，满目所见，一片凄凉，城内仅存两间破屋，井臼依然，潸然泪下。他登上城楼，向东北眺望，遥见宁远形势，"天设重关，以护神京"；又见宁远东南，而"觉华孤峙海中，与宁远如左右腋，可阸敌之用"。他看中宁远是山海关的天然"重关"，认为宁远与觉华"必不可不守"。他支持袁崇焕筑守宁远的意见，希望王在晋能赞成袁崇焕的建议，但王在晋"终不应"，就是不同意。孙承宗知王在晋意不可夺，只能回京，别图良策。

孙承宗回京后，上奏疏。他主张重筑宁远城与守卫觉华岛，使宁远城与觉华岛，互为犄角，彼此应援。即便没有战事，也可以收复200里疆土。孙承宗认为：不破庸人之论，辽事终不可为！几天后，他趁给天启帝侍讲的机会，面奏王在晋不足任。他并奏王在晋"笔舌更自迅利，然沉雄博大之未能"。天启帝命免去王在晋辽东经略，改任南京兵部尚书。八里铺修筑重城之议，随王在晋去职而作罢。同年八月，王在晋既去职，孙承宗自请督师，获允。天启帝赐孙承宗尚方剑；孙启行时，阁臣送出崇文门外。孙承宗抵关，重用袁崇焕，整饬（chì）辽西边务。

王在晋在山海关任职半年，毫无作为，兵未合营，将未束伍，议墙议城，化为泡影。王在晋一走，山海关外防务，落在孙承宗与袁崇焕的肩上。孙承宗与袁崇焕主守山海关外的兵略，建成一道坚固的关（山海关）宁（远）锦（州）防线，成为后金骑兵不可逾越的障碍。

孙承宗的奏疏，"得旨：览卿奏关外情形及区画防守，甚为明晰，依议"。这说明：孙承宗、袁崇焕守宁护关、筑城固御、相机进取、徐图恢复的大计，得到朝廷的旨准。天启三年即天命八年（1623年）九月，袁崇焕在孙承宗的督导与支持下，同满桂开始营筑宁远城。这是袁崇焕领军守城的开始。

二、营筑宁远

天启二年即天命七年（1622年）八月，孙承宗以原官督山海关及蓟、辽、天津、登、莱诸处军务。经他推荐，阎鸣泰被任命为辽东巡抚。九月初二日，孙承宗到山海关正式视事，调整指挥系统，命将任职：以总兵官江应诏定兵制、监军袁崇焕修营房、总兵官李秉诚练火器、广宁道佥事万有孚主采木、司务孙元化筑炮台、游击祖大寿驻觉华岛并负责粮饷与器械。孙承宗一到任，就把防务部署得井然有序。时辽东巡抚阎鸣泰主张守关内，与承宗意见相左。明以张凤翼代阎鸣泰为辽东巡抚。孙承宗坚持守关外，于天启三年即天命八年（1623年）九月初八日，出山海关东巡，达于宁远以东。他奏报道："若失辽左，必不能守榆关，失觉华、宁远，必不能守辽左。"孙承宗的战略意图是，山海关外以宁远为重点，将沿线原有各城都恢复起来，派驻军队，层层设防。因而把山海关至宁远200里之间，镇堡收为内镇，建成关宁防线。对于山海关的防御，具有战略意义的是，孙承宗与袁崇焕布置了一条把山海关至宁远联结成一体的关宁防线。

天启三年即天命八年（1623年）春，袁崇焕受孙承宗命，往抚蒙古喀喇沁部。先是，明失广宁后，宁远以西五城72堡尽为喀喇沁诸部占据。明军前哨不出关外八里铺。袁崇焕亲抚喀喇沁诸部，收复自八里铺至宁远200里；又拊（fǔ）循军民，整饬边备，成绩卓著。秋，孙承宗从袁崇焕议，排除巡抚张凤翼、佥事万有孚等力阻，决计戍守宁远。

宁远，位于山海关外200里，居辽西走廊中部，在锦州与山海关之间，扼辽西走廊咽喉之地，三面环山，南临大海。它"内拱岩关，南临大海，居表里之间，屹为形胜"。宁远城背山面海，居山海要冲，扼边关锁钥。城外山海之间有一条通道，北达沈阳，南通榆关。宁远城以东有首山，以其形似"人首"而得名。首山与螺峰山（窟窿山）相对，两山之间仅有百米宽的通道。海中有觉华岛，可设舟师，囤贮粮秣。

明初，宁远属广宁前屯、中屯二卫地。宣德三年（1428年），置宁远卫；五年（1430年），始修卫城。内城周长六里八步，高二丈五尺；池深一丈、宽二丈，周长七里八步。呈方形，有四门——东为春和、南为延辉、西为永宁、北为威远。外城周长经测遗址为4319米。其城门四——东为安远、南为永清、西为迎恩、北为大定。景泰中指挥韩斌重修。嘉靖四十三年（1564年）副使陈绛再修。时额定城内驻军1250余名。在明朝前期，辽西军政重点为广宁；明朝后期失陷沈阳、辽阳、广宁、义州，宁远处于关宁防线的前锋。后金攻破广宁后，山海关成为明朝阻挡后金进军的关门，宁远的战略地位才尤为凸显。但此时明朝战略家们没有认识到宁远的重要战略地位。随着明朝与后金的形势变化，其重要地位才开始为具有远见卓识的战略家们所认识。袁崇焕首先发现宁远的战略价值，展现出其卓越的军事谋略。

孙承宗采纳袁崇焕议守御宁远，命游击祖大寿兴工营筑，袁崇焕与满桂驻守。但祖大寿臆度朝廷不能远守，便草率从事，工程颇为疏薄，仅筑十分之一。袁崇焕手定规制，亲自督责，军民合力，营筑宁远。《明史·袁崇焕传》记载：

> 崇焕乃定规制：高三丈二尺，雉高六尺，址广三丈，上二丈四尺。大寿与参将高见、贺谦分督之。明年迄工，遂为关外重镇。桂，良将，而崇焕勤职，誓与城存亡；又善抚，将士乐为尽力。由是商旅辐辏，流移骈集，远近望为乐土。

宁远城于天启四年即天命九年（1624年）完工，成为关外一座重镇。明朝关宁防线的后劲为山海关，前锋则为宁远城。孙承宗支持袁崇焕营筑宁远城，并部署防御兵力，标志着关宁防线的初建。后在构建关宁防线过程中，袁崇焕雷厉风行，纪律严明，发现一名校官虚报兵额，吞没粮饷，脾气发作，越权将其杀了。孙承宗大怒，袁崇焕叩头谢罪。

孙承宗、袁崇焕等为构筑关宁防线，采取诸多措施：一是修筑城堡，二是驻扎军队，三是召回辽人，四是垦荒屯田，五是贸易货物，六是抚绥蒙古。中前所兵民已近 5000 人，前屯军民有 6 万余人，中后所兵民不下万余人。宁远兵民则达 5 万余。总计已恢复五城十三堡，垦田 5000 余顷，兵民已达 10 余万。宁远经过袁崇焕亲率军民经营，由原先"城中郭外，一望丘墟"，极度荒凉凋敝，变为"商旅辐辏，流移骈集，远近望为乐土"。宁远成为明朝抵御后金南犯的关外重镇。明朝调集秦、晋、川、湖、齐、梁、燕、赵等军兵驻扎山海关，到天启五年即天命十年（1625 年），已达官兵 117,086 人，马 59,500 匹。关外形势，顿为改观。关宁防线，初步建成。后金天命汗努尔哈赤与崇德帝皇太极，始终没能打破关宁防线。就是这道关宁防线，不仅保卫山海关免受攻击，而且在此后 20 年间，基本上稳定了辽西走廊的局势。后来，李自成进京，明朝灭亡，多尔衮率军入山海关，还是绕过宁远而至关的。袁崇焕在孙承宗支持下，为建立关宁防线发挥了重大的作用，建立了不朽的功勋。

在"以辽人守辽土，以辽土养辽人"的战略思想下，天启四年即天命九年（1624 年）九月，孙承宗派总兵马世龙"偕巡抚喻安性及袁崇焕东巡广宁"，水陆马步军 12,000 人，历十三山，经右屯，又由水路抵三岔河，以都司杨朝文探盖州。袁崇焕等东巡三州、两河，相度形势，察访虚实，训练士卒，增长胆气，实为熊廷弼雪夜巡边后的又一壮举。袁崇焕《偕诸将游海岛》诗曰：

战守逶迤不自由，偏因胜地重深愁。

荣华我已知庄梦，忠愤人将谓杞忧。

边衅久开终是定，室戈方操几时休。

片云孤月应肠断，椿树凋零又一秋。

金庸先生认为：《偕诸将游海岛》一诗，不说率诸将而说偕诸将，不说巡海岛而说游海岛，颇有儒将的雅量高致。诗中抒发袁崇焕的见识：边事的纷争总能平定，但朝廷中的斗争不知几时能休。

孙承宗督师以来，为建关宁防线，定军制，建营垒，治火器，备军储，缮甲仗，筑炮台，买马匹，采木石，练骑卒，汰逃将，"层层布置，节节安排，边亭有相望之旌旗，岛屿有相连之舸舰，分合俱备，水陆兼施"。由是，辽东形势，为之一变。不久，袁崇焕晋升为兵备副使，又被吏部列为预储（后备）巡抚。

《孙文正公年谱》记载关宁前后变化云："往还绝塞，道旁多敌骑足迹。士卒皆恐，宿寨儿山，藉草而卧。风雨饥饿，与从行士共之。凡战守之具，自关门渐移前屯，自前屯渐移宁远。袁崇焕领三参将，经营宁远。而公令马世龙等三大将，更番练兵于二百里内外。简阅宁前以西，可屯之田五千余顷，官屯其米。身督将吏分买牛、种，治耕具。诸部将轮防边堡，以护屯。辽人出关者又十余万。车牛属途，轮蹄相续，城堡辐辏，如承平时。行采青之法，不复仰给于关东，省度支巨万。因煤以铸钱，因海以煮盐，因舟以贸易货物，而军需广矣。"

天启五年即天命十年（1625年）夏，孙承宗与袁崇焕计议，遣将分据锦州、松山、杏山、右屯及大、小凌河各城，修缮城郭，派军驻守。自宁远向前，推进200里，宁远则成为"内地"。宁远至山海关200里，宁远至锦州又200里，共为400里，形成了以山海关为后劲、宁远为中心、锦州为前矛的关宁锦防御体系。《三朝野纪》记载："自承宗出镇，关门息警，中朝宴然，不复以边事为虑矣。"正当孙承宗与袁崇焕组建宁锦防线、进图恢复大计之际，朝中政局，发生变化，阉党势力，甚为猖獗。

明朝高层内部的党争，直接牵系着辽东的军事形势。魏忠贤自窃夺权柄之后，贬斥东林，控制阁部，提督东厂，广布特务，恣意拷掠，刀锯忠良，祸及封疆，败坏辽事。客、魏擅权，内结宫闱以图自固，外纳朝臣而施淫威。天启帝则成了他们的傀儡。他们恐妃嫔申白其罪孽，矫旨赐泰昌帝选侍赵氏自尽，幽禁并谮(zèn)杀怀有身孕的天启帝裕妃张氏，设计堕皇后张氏胎，又杀冯嫔、禁成妃，以及谋害宫嫔冯贵人等，将天启帝妃嫔女侍尽为控制，以擅权柄，残害东林。他们为使"内外大权，一归忠贤"，安插率先附己的顾秉谦和魏广微等入阁，又将东林党的阁臣、六部尚书、卿贰及科道次第罢黜。天启四年即天命九年（1624年）六月，正当孙承宗、袁崇焕营筑宁远、日复辽土的时候，左副都御史杨涟劾魏忠贤罪疏奏上。阉党凶焰更嚣，中官聚围首辅叶向高府第。东林党首辅叶向高、次辅韩爌（kuàng

或 huǎng）等先后罢去，阉党顾秉谦、魏广微柄政。魏忠贤夺取了朝廷内外大权。

皇帝怠政，宦官专权。《明史·黄尊素传》载："时帝在位数年，未尝一召见大臣。"魏忠贤专权后，因孙承宗功高权重，德劭资深，声誉满朝野，欲使其附己，令太监刘应坤等申明意图，嘱送金银。孙承宗刚直不阿，拒之不纳。魏忠贤见孙承宗不附己，对他衔恨。孙承宗疾恶如仇，杨涟疏劾魏忠贤二十四大罪，孙承宗诗赞其"大心杨副宪，抗志万言书"。御史李应昇奏疏弹劾阉竖，魏忠贤恚（huì）其与孙承宗同党。十一月，魏忠贤尽逐左副都御史杨涟、吏部尚书赵南星、左都御史高攀龙、左佥都御史左光斗等。孙承宗正西巡蓟、昌，欲抗疏阉党，请以"贺圣寿"入朝，面奏机宜，疏论魏忠贤罪端。魏广微得报，奔告魏忠贤："承宗拥兵数万，将清君侧，兵部侍郎李邦华为内主，公立齑（jī）粉矣！"魏忠贤惶惧，到天启帝前，绕御床哭。天启帝为之心动，命内阁拟旨。次辅顾秉谦奋笔书曰："无旨离信地，非祖宗法，违者不宥（yòu）！"午夜，开大明门，召兵部尚书入，命以三道飞骑，阻止孙承宗入觐。又矫旨命守九门宦官："承宗若至齐化门，反接以入！"孙承宗抵通州后，闻命而返。孙承宗在《高阳集》中记载请入觐不果时写道："要人欲并杀予，曰杨、左辈将以谋清君侧。"

孙承宗返回之后，天启五年即天命十年（1625年）五月，高第为兵部尚书，阉党控制枢部。七月，魏忠贤诬杀杨涟、左光斗等于狱。时东林"累累相接，骈首就诛"。正值魏忠贤要借机削夺孙承宗兵权时，八月，发生马世龙柳河之败。

马世龙，宁夏人，由世职举武会试，历游击、副总兵。世龙貌伟，承宗奇其人，荐充总兵官。承宗出镇，又荐世龙为山海总兵。世龙感恩承宗知遇，颇为效力，与承宗定计出守关外诸城。天启四年即天命九年（1624年），马世龙偕巡抚喻安性及袁崇焕东巡广宁，又与袁崇焕、王世钦航海抵盖州海滨，相度形势，扬帆而还。其时，孙承宗统兵马十余万，拥将校数百人。马世龙自信势强，遣师轻袭，兵败柳河：总兵马世龙遣前锋副将鲁之甲、参将李承先，率小股军队，从娘娘宫渡口过河，夜袭后金耀州（今辽宁省营口市岳州村），败于柳河，鲁、李战殁，死士400人，丢马

670匹，弃甲600余副。言官交章劾奏，抨劾马世龙，并及孙承宗，参劾章疏，达数十道。圣旨严厉切责，令其戴罪立功。承宗气急，连上二疏，进行自辩，并请罢官。魏忠贤拟由阉党高第代孙承宗。高第性情懦弱，不敢接受，"叩头乞免"，忠贤不听。十月，孙承宗不安其位而去。孙离职前，袁崇焕深感"边事不可为"，见承宗时，痛哭流涕。明以兵部尚书高第代孙承宗为辽东经略。孙承宗罢去，阉党分子兵部尚书高第代为经略，辽东形势，急剧逆转。

明廷不信任贤臣、廉臣、名臣、能臣孙承宗，而信任阉臣、懦臣、庸臣、昏臣高第，这就给天命汗努尔哈赤进攻宁远提供了机会。天命汗努尔哈赤探知明朝辽东经略易人，便准备亲率大军，西渡辽河，进攻宁远。

第四章 宁远大捷

当时形势：后金军大兵压境，明军主力部队撤入山海关内。袁崇焕前有劲敌，后无援军，独守宁远孤城。

大 事 件：宁远之战。

主要人物：袁崇焕、努尔哈赤。

结　　局：努尔哈赤兵败撤军。

影　　响：使明朝军民重新树立了战胜后金军的信心。

袁 崇 焕：

主要事迹：指挥宁远之战。

主要活动区域：宁远。

遗迹、文物：宁远城。

明朝失去辽河以东土地之后，后金与明朝继续在辽西进行军事争局：第一局是广宁之战，第二局是宁远之战，第三局是宁锦之战，第四局是大凌河之战，第五局是松锦之战，第六局是山海关之战。其中山海关之战发生于顺治朝，主要是同李自成争战。宁远之战是明朝自有辽事以来，明军对后金军的第一个大胜仗，明人称之为"宁远大捷"。但是，宁远战前，形势对袁崇焕极为不利。袁崇焕是在后金兵锋强盛、宁远孤城无援的态势下，取得"宁远大捷"的。

一、独卧孤城

袁崇焕修建宁远城完工不久，后金发动对宁远的进攻。袁崇焕顶住辽东经略高第的巨大压力，独守孤城宁远，进行保卫血战。

高第以兵部尚书经略蓟镇、辽东，驻山海关。高第，字登之，滦州人，万历十七年（1589年）中进士，天启三年（1623年）任兵部侍郎，四年去官。他宦业不显，素不知兵，胆怯无能，以谄附阉党得受封疆重任。高第曾力扼孙承宗守关外以捍关内、先固守以图恢复的积极防御方略。他到达山海关之后，借柳河兵败为由，下檄山海总兵马世龙，令弃关外城堡，尽撤关外戍兵。经略高第的守关方略是：枢辅抚镇，"各率重兵驻关，共图防守之策"。就是弃守关外疆土，退保山海关。高第采取的是不谋进取、只图守关的消极防御策略。

先是，孙承宗和袁崇焕等督率军民，在关外辛勤经营四年，缮城修堡，造炮制械，设营练兵，拓地开屯，劳绩显著，大见成效。据《明史·孙承宗传》记载：

> 承宗在关四年，前后修复大城九、堡四十五，练兵十一万，立车营十二、水营五、火营二、前锋后劲营八，造甲胄、器械、弓矢、炮石、渠答、卤楯具合数百万，拓地四百里，开屯五千顷，岁入十五万（石）。

孙承宗虽身为大学士、天启帝师、辽东经略，且功绩显著，但因为得罪魏忠贤，微有疏失，而遭到阉党排挤，因无法在辽任事，便借病辞职回乡。他的辽东经略职务，由高第替代。然而，高第同孙承宗相左，色厉内荏，畏敌如虎，折辱将士，撤防弃地。他命尽撤锦州、右屯、大凌河、宁前诸城守军，将器械、枪炮、弹药、粮料移到关内，放弃关外土地400里。锦州、右屯、大凌河三城，为辽东明军的前锋要塞，如仓皇撤防，使兴工修筑的城堡弃毁，布置戍守的官兵撤退，安顿垦耕的辽民重迁，收复200里的封疆丢失。

一些官员对高第的盲目撤退不满，纷纷上书抗争。管锦右粮屯通判金启倧（zōng）呈照："锦、右、大凌三城，皆前锋要地。倘收兵退，既安之民庶复播迁，已得之封疆再沦没，关内外堪几次退守耶！"袁崇焕力争：兵不可撤，城不可弃，民不可移，田不可荒。他引据金启倧的《呈照》，向辽东经略高第具揭道：

> 兵法有进无退。锦、右一带，既安设兵将，藏卸粮料，部署厅官，安有不守而撤之（理）？万万无是理。脱一动移，示敌以弱，非但东奴，即西虏亦轻中国。前柳河之失，皆缘若辈贪功，自为送死。乃因此而撤城堡、动居民，锦、右摇动，宁、前震惊，关门失障，非本道之所敢任者矣。

袁崇焕在揭言中坚信：锦州、右屯、大凌河"三城屹立，死守不移，且守且前，恢复可必"。就是说坚决防守，边守边进，已失土地，必定恢复。

经略高第凭借御"赐尚方剑、坐蟒、玉带"的势焰，又有阉党作后台，不但执意要撤锦州、右屯、大凌河三城，而且传檄撤防宁（远）前（屯）路防备。宁前道袁崇焕决心身卧宁远，保卫孤城，他斩钉截铁地表示：

> 宁前道当与宁、前为存亡！如撤宁、前兵，宁前道必不入，独卧孤城，以当虏耳！

袁崇焕只是一个"宁前道"的小官，朝中没有后台，居然敢于违抗兵部尚书、辽东经略高第的旨意，既实属大胆，更难能可贵！

高第无可奈何，只撤锦州、右屯、大凌河及松山、杏山、塔山守具，尽驱屯兵、屯民入关，抛弃粮谷十余万石。这次不战而退，闹得军心不振，民怨沸腾，背乡离井，扶老携幼，死亡塞路，哭声震野。

宁前道袁崇焕既得不到兵部尚书、辽东经略高第的支持，又失去其座师大学士韩爌和师长大学士孙承宗的奥援，在关外城堡撤防、兵民入关极为不利的情势下，率领一万余名官兵孤守宁远，以抵御后金军的进犯。

天命汗努尔哈赤在占领广宁后的四年间，做了一件大事，就是迁都沈阳。天启五年即天命十年（1625年），努尔哈赤将都城由辽阳迁到沈阳。后金都城的迁移，表明努尔哈赤要进一步巩固在辽沈地区的统治，进而对明朝做出更大的举动。但是，天命汗虽派兵攻夺旅顺，并未大举进攻明朝。这固然因天命汗忙于巩固其对辽沈地区的治理——整顿内部，移民运粮，训练军队，发展生产，实行社会改革，镇压汉民反抗。同时，更由于孙承宗、袁崇焕等防务工作井然有序，无懈可击，没有太大把握，不敢轻举妄动。因此，努尔哈赤蛰伏不动，整顿内部，积蓄粮械，等待时机。善于待机而动的努尔哈赤，曾趁熊廷弼下台之机，夺占沈、辽；这次又得到孙承宗罢去、高第撤军向关内、宁远孤守的哨报，决定兵锋直指宁远城。正处于事业顶峰的天命汗努尔哈赤，向一位疆场新手、文弱书生、孤城无援、年轻气盛的宁前道袁崇焕挑战，要发动一场倾国之师的军事进攻。

后金军要大举渡河的军情被明军探得。天启六年即天命十一年（1626年）正月初六日，经略高第奏报："奴贼希觊右屯粮食，约于正月十五前后渡河。"果然，后金大军渡辽河，向西扑来。此后，初十日，努尔哈赤从十方堡出边，前至广宁附近地方打围。十二日，回到沈阳。努尔哈赤当即吩咐各牛录并降将，每官预备牛车30辆、爬犁30张，每人要备靴鞡3双，还要各炒米3斗。就是要官兵预备牛车、爬犁、鞋子、干粮等。他做好准备，便率师出征。

天启六年即天命十一年（1626年）正月十四日，天命汗努尔哈赤亲率诸王大臣，统领6万大军，号称20万，往攻宁远。十七日，西渡辽河。八旗军布满辽西平原，清官书称其前后络绎，首尾莫测，旌旗如潮，剑戟似林。八旗劲旅，雄伟壮观，军容强盛，扑向宁远。

后金兵渡辽河，警报驰传明朝，举国汹汹，人心惶惶。兵部尚书王永光"集廷臣议战守，无善策"。明经略高第和总兵杨麒，闻警丧胆，计无所出，龟缩山海关，拥兵不救。道臣刘诏等要统兵2000出关应援，高第令已发出的兵马撤回；李卑援兵蜷缩在中后所，顿兵不进；李平胡的援兵不满700人，又退到中前所。所以在宁远紧急关头，"关门援兵，并无一至"。袁崇焕既后无援军，又前临强敌：八旗军连陷右屯、大凌河、锦州、小凌河、松山、杏山、塔山、连山等八座城堡。原驻守军早已撤到关内，后金兵未遇抵抗，直奔宁远。

袁崇焕驻守孤城宁远，城中士卒不满2万人。但城中兵民，"死中求生，必生无死"，誓与城共存亡。他面临紧急态势，上奏疏，表决心："本道身在前冲，奋其智力，自料可以当奴。"他采纳诸将的议请，做了如下守城准备：

第一，制定兵略，凭城固守。宁远战前，彼己态势，强弱悬殊。袁崇焕前临强敌，后无援兵，西翼蒙古不力，东翼朝鲜无助，关外辽西，宁远孤城，只有扬长避短，凭坚城以固守。他尝言："守为正著，战为奇著，款为旁著；以实不以虚，以渐不以骤。"他汲取抚（顺）、清（河）、开（原）、铁（岭）、沈（阳）、辽（阳）、西（平）、广（宁）失守的惨痛教训，不出城外野战，决意凭城坚守，拼死固守。敌诱不出城，敌激不出战。袁崇焕守卫宁远的要略是：孤守、坚守、死守、固守。

第二，激励士气，画地分守。袁崇焕偕总兵满桂，副将左辅、朱梅，参将祖大寿，守备何可纲①，通判金启倧等，集将士誓死守御宁远。他"刺血为书，激以忠义，为之下拜，将士咸请效死"。又部署官兵，分城防守，划定责任：总兵满桂守东面，副将左辅守西面，参将祖大寿守南面，副总兵朱梅守北面；满桂提督全城，分将画守，相互援应。袁崇焕则坐镇于城中鼓楼，统帅全局，督军固守。

第三，修台护铳（chòng），布设大炮。袁崇焕在宁远城上，实施"以台护铳，以铳护城，以城护民"的部署。他在宁远城设置红夷大炮（红衣大炮）即西洋大炮。红夷大炮为葡萄牙制造的早期加农炮，具有炮身长、管壁厚、射程远、威力

---

① 纲，《明史·何可纲传》作"纲"，《明史·庄烈帝纪》《明史·丘禾嘉传》《明史·刘光祚传》《明史·马世龙传》等均作"纲"；《明史·袁崇焕传》作"刚"。

大的特点，是击杀密集骑兵的强力火炮。先是，明廷从澳门先后购进红夷大炮4门，又购进26门，共30门，其中留都城18门、炸毁1门、解往山海11门。敌兵逼临，袁崇焕采用茅元仪、王喇嘛等建议，将西洋大炮11门入城，制作炮车，挽设城上，备足弹药，训练炮手。由在京营中受过葡萄牙人训练的孙元化、彭簪古等官员，培训炮手，加以使用。这11门西洋大炮架设在宁远城上，成为袁崇焕凭城用炮退敌的最新式的强大武器。

第四，坚壁清野，严防奸细。袁崇焕令尽焚城外房舍、积刍，转移城厢商民入城，转运粮料藏觉华岛。又以同知程维楧率员稽查奸细，"纵街民搜奸细，片时而尽"；派诸生巡守街巷路口。在宁远城中，没有"叛夷"，也没有奸细。先是，在辽东的诸城——抚顺、清河、开原、铁岭、沈阳、辽阳、广宁，都是由于"里应外合"才失陷的。而"宁远独无夺门之叛民、内应之奸细"。

第五，兵民联防，送食运弹。袁崇焕令通判金启倧按城四隅，编派民夫，供给守城将士饮食。又派卫官裴国珍带领城内商民，运矢石，送弹药。在宁远城的防卫过程中，袁崇焕能使军民一体，相互合作，同命运，共生死，整个宁远军民同心协力，共同守卫宁远城、抗御后金进犯。

第六，整肃军纪，以静待动。袁崇焕严明军纪，派官员巡视全城，命对官兵擅自行动和城上兵下城者即杀。官兵上下，一心守城，"以必一之法，则心无不一，此则崇焕励将士死守之法。其所以完城者，亦在此"。他又从后金细作处，获取谍报。一切准备就绪之后，偃旗息鼓，以静待敌。

第七，重金赏勇，鼓励士气。他一向重视对官兵的奖赏，特别在战况紧急之时，命将库银11,100余两，从库中取出，放在城上。袁崇焕宣布：官兵有能中敌与不避艰险者，即时赏银一锭，奖励勇敢退敌者。

第八，防止逃兵，预先布置。他下令前屯守将赵率教、山海关守将杨麒，凡是宁远有兵将逃向前屯、山海关者，抓住斩首，以肃军纪。当时，山海关由辽东经略高第镇守，山海关总兵杨麒也是不归袁崇焕管。他的职权本来只能管到宁远和前屯。军情紧急,他就越权。

袁崇焕在紧张而有序地防御宁远,天命汗则在驱骑急驰而整肃地奔向宁远——一场大战迫在眉睫。

二、宁远告捷

努尔哈赤统率八旗军西渡辽河之后,长驱直入,指向四虚无援的孤城宁远。

正月二十二日,袁崇焕守城部署刚刚就绪。他与几个幕僚至鼓楼,同朝鲜使臣翻译韩瑗等谈古论今,镇静如常。他先令兵民"偃旗息鼓待之,城中若无人",静待后金,兵近城池。

二十三日,八旗军穿过宁远城东五里处的首山与螺峰山(窟窿山)之间隘口,兵薄宁远城郊。努尔哈赤命离城五里,横截山海大路,安营布阵,并在城北扎设统帅大营。努尔哈赤在发起攻城之前,释放被俘汉人回宁远城,传汗旨,劝投降;但遭到袁崇焕的严词拒绝。《清太祖武皇帝实录》记载:

> 放捉获汉人,入宁远往告:"吾以二十万兵攻此城,破之必矣!尔众官若降,即封以高爵。"宁远道袁崇焕答曰:"汗何故遽加兵耶?宁、锦二城,乃汗所弃之地,吾恢复之,义当死守,岂有降理!乃谓来兵二十万,虚也,吾已知十三万,岂其以尔为寡乎!"

袁崇焕断然拒绝努尔哈赤诱降之后,命家人罗立等向城北后金军大营,放西洋大炮,"遂一炮歼虏数百"。后金军不敢留此驻营,将大营移到城西。努尔哈赤见袁崇焕拒不投降,又发炮轰击大营,命准备战具,次日再攻城。

二十四日,后金兵推楯车,运钩梯,步骑蜂拥进攻,万矢齐射城上。在城堞上,箭镞如雨注,悬牌似猬皮。明军凭坚城护卫,既不怕城下骑兵猛冲,又能够躲避箭矢射击。后金集中兵力,攻打城西南角。左辅领兵坚守,祖大寿率军应援。明军用矢石、铁铳和西洋大炮下击。后金兵死伤累累,又移攻南城。后金军在城门角两台间火力薄弱处凿城。守城军"则门角两台，攒对横击"。明军以城护炮，以炮卫城。都司金书彭簪古指挥东、北二面大炮，罗立指挥西、南二面大炮，"从城上击，周而不停，每炮所中，糜烂可数里"。后金兵顶着炮火，用楯车撞城；冒着严寒，用大斧凿城。明军发矢镞，掷礧石，飞火球，投药罐；后金兵前仆后继，冒死不退，前锋挖凿冻土城，凿开高二丈余的大洞三、四处，宁远城受到严重威胁。袁崇焕在严重危急关头，身先士卒，不幸负伤，"自裂战袍，裹左伤处，战益力；将卒愧，厉奋争先，相翼蔽城"。在城危之时，袁崇焕命官兵用芦花、棉被装裹火药，号"万人敌"；又以"缚柴浇油，并搀火药，用铁绳系下烧之"；并选50名健丁縋下，用棉花火药等物烧杀挖城墙的后金军勇士——"火星所及，无不糜烂"。据明方塘报记载："贼遂凿城高二丈余者三四处，于是火毬（qiú）、火把争乱发下，更以铁索垂火烧之，牌始焚，穴城之人始毙，贼稍却。而金通判手放大炮，竟以此殒。城下贼尸堆积。"这一天，后金军攻城，自清晨至深夜，尸积城下，几乎陷城。

二十五日，后金兵再倾力攻城。城上放炮火，"炮过处，打死北骑无算"。后金兵惧怕利炮，畏葸（xǐ）不前，"其酋长持刀驱兵，仅至城下而返"。后金兵士一面抢走城下尸体，运到城西门外砖窑焚化；一面继续攻城。但攻不能克，乃下令收兵。后金军两日攻城，共折游击二员、备御二员、兵五百，攻具焚弃，丧失殆尽。努尔哈赤被迫停止攻城，退到西南侧离城五里的龙宫寺扎营。

二十六日，后金兵继续围城，明兵不断发射西洋大炮轰击。努尔哈赤无计可施，便改变进攻策略，命武讷格率军履冰渡海，进攻明军储存粮料基地——觉华岛（见后文）。

袁崇焕刚击退后金军进攻，又派景松和马有功，将他们从城上系下，疾驰山海关，报告经略高第战况。高第派人急驰奏报朝廷："奴贼攻宁远，炮毙一大头目，用红布包裹，众贼抬去，放声大哭。分兵一枝，攻觉华岛，焚掠粮货。"

宁远之役，后金某重要人物为明炮弹击伤。各书记载略异，现在征引如下：

明辽东经略高第奏报:"奴贼攻宁远,炮毙一大头目,用红布包裹,众贼抬去,放声大哭。"

张岱在《石匮书后集》中记载:"炮过处,打死北骑无算,并及黄龙幕,伤一裨王。北骑谓出兵不利,以皮革裹尸,号哭奔去。"

朝鲜李星龄在《春坡堂日月录》中载述宁远之役,现抄录于后:"我国译官韩瑗,随使命入朝。适见崇焕,崇焕悦之,请借于使臣,带入其镇,瑗目见其战。军事节制,虽不可知,而军中甚静。崇焕与数三幕僚,相与闲谈而已。及贼报至,崇焕轿到敌楼,又与瑗等论古谈文,略无忧色。俄顷放一炮,声动天地,瑗怕不能举头。崇焕笑曰:'贼至矣!'乃开窗,俯见贼兵,满野而进,城中了无人声。是夜,贼入外城,盖崇焕预空外城,以为诱入之地矣。贼因并力(攻)城,又放大炮,城上一时举火,明烛天地,矢石俱下。战方酣,自城中每于堞间,推出木櫃(guì)子,甚大且长,半在堞内,半出城外,中实伏甲士,立于上,俯下矢石。如是层(屡)次,自城上投枯草油物及棉花,嘛嘛无数。须臾,地炮大发,自城外遍内外,土石俱扬,火光中见胡人,俱人马腾空,乱堕者无数,贼大挫而退。翌朝,见贼拥聚于大野一边,状若一叶。崇焕即送一使,备物谢曰:'老将横行天下久矣,日见败于小子,岂其数耶!'奴儿哈赤先已重伤,及是具礼物及名马回谢,请借再战之期,因懑(mèn)恚而毙云。"

宁远之役,就总体而言,就战术而论,历史的结论是:努尔哈赤兵败宁远。明朝与后金的宁远之战,以明朝的胜利和后金的失败而结束。明朝由"宁远被围,举国汹汹",到闻报宁远捷音,京师士庶,空巷相庆。宁远大捷是明朝从抚顺失陷以来的第一个大胜仗;是自"辽左发难,各城望风奔溃,八年来贼始一挫"的一个大胜仗;也是"遏十余万之强虏,振八九年之积颓"的一个大胜仗。明天启帝旨称:"此七八年来所绝无,深足为封疆吐气!"因之,宁远与宁远大捷,对于明朝有着特殊的地位与意义:宁远,为山海之藩篱,关京师之安危,系天下之存亡。与明相反,努尔哈赤原议师略宁远城,夺取山海关,不料败在袁崇焕手下。时袁崇焕四十三岁，初历战阵；努尔哈赤已六十八岁，久戎沙场。努尔哈赤在宁远遭到用兵44年来最严重的惨败。宁远之战明军获得大捷，兵部尚书王永光向皇帝盛赞袁崇焕的功绩言：

> 辽左发难，各城望风奔溃，八年来贼始一挫，乃知中国有人矣！盖缘道臣袁崇焕平日之恩威有以慑之维之也！不然，何宁远独无夺门之叛民、内应之奸细乎？本官智勇兼全，宜优其职级，一切关外事权，悉以委之。

宁远之战对于天命大汗、军事统帅努尔哈赤而言，最大的痛苦莫过于指挥失败。《清太祖武皇帝实录》记载努尔哈赤宁远之败时说：

> 帝自二十五岁征伐以来，战无不胜，攻无不克，惟宁远一城不下，遂大怀忿恨而回。

天命汗努尔哈赤虽在宁远城下失败，却将骑兵进攻的打击点，由宁远城移向觉华岛。觉华岛成为宁远之战的分战场。

觉华岛具有重要的价值。

第一，位置冲要。觉华岛悬于渤海辽东湾中，距岸18里，离宁远30里，居东西海陆中途，扼辽西水陆两津。觉华岛早在唐代，已被开发，港口著名，其北边海港，称为靺鞨（mò hé）口，已为岛上要港，出入海岛咽喉。明朝军用粮料，储之海岛，觉华岛成为明军的一个囤积粮料的基地。孙承宗既经营宁远城之筑城与戍守，又经营觉华岛之囤粮与舟师。

第二，囤积粮料。芝麻湾（止锚湾）、笔架山、觉华岛为明军辽西海上囤积粮料的重要基地。明广宁失陷后，御守重在宁远城，粮储则重在觉华岛。觉华岛有一主岛和三小岛——今称磨盘岛、张山岛、阎山岛，共13.5平方公里，其中主岛12.5平方公里。主岛"呈两头宽，中间狭，不规则的葫芦状，孤悬海中"。这座囤粮城，依据踏勘，简述如下："觉华岛明囤粮城，今存遗址，清晰可见。城呈矩形，南北长约500米，东西宽约250米，墙高约10米、底宽约6米。北墙设一门,通城外港口,是为粮料、器械运输之通道;南墙设二门,与'龙脖'相通,便于岛上往来;东、西墙无门,利于防守。城中有粮囤、料堆及守城官兵营房遗迹,还有一条纵贯南北的排水沟。"

第三,设置水师。明朝于觉华岛,在广宁失陷前,"独金冠之水兵运艘在"。孙承宗出关前,即令龙、武两营,分哨觉华岛的防卫。不久,以国宁督发水兵,在觉华岛守卫。明觉华岛的水师,仍由游击金冠统领。其作用:一是守卫岛上的粮料、器械;二是配合陆师进图恢复辽东失地;三是策应宁远之城守——正如文献记载:"以筑八里者筑宁远之要害,更以守八里之四万当宁远之冲,与觉华岛相犄角。而寇窥城,则岛上之兵,旁出三岔,烧其浮桥,而绕其后,以横击之。"

由上,觉华岛成为明辽军与后金军的必据必争之地。觉华岛激战的爆发点,是在天命汗努尔哈赤兵败宁远之后,而衍化成的一场残酷的争战。

努尔哈赤一向刚毅自恃,屡战屡胜,难以忍受宁远兵折之耻,他决心以攻泄愤,以焚消恨,以胜掩败,以戮震威。

正月二十五日夜,后金一面派军队彻夜攻城,一面将主力转移到城西南五里龙宫寺一带扎营。其目的:一则是龙宫寺距觉华岛最近,便于登岛;二则是龙宫寺囤储粮料,佯装劫粮。此计确实迷惑了明军,高第塘报可以为证:"今奴贼见在西南上离城五里龙官(宫)寺一带扎营,约有5万余骑。……讫近岛海岸,冰俱凿开,达贼不能过海。"

时值隆冬,海面冰封,从岸边履冰,可直达岛上。姚抚民等守军,为加强防御,沿岛凿开一道长达15里的冰濠,以阻挡后金骑兵的突入。然而,天气严寒,冰濠凿开,穿而复合。姚抚民等率领官兵,"日夜穿冰,兵皆堕指"。

二十六日,后金一面派少部分兵力继续攻打宁远城;一面命大部分骑兵突然进攻觉华岛。后金军由骁将武讷格率领蒙古骑兵及满洲骑兵,约数万人,由冰上驰攻觉华岛。明军凿冰15里为濠,列阵以车楯卫之。辰时,武讷格统领的后金骑兵,分列12队,武讷格居中,扑向位于岛"龙头"上的囤粮城。岛上明军,"凿冰寒苦，既无盔甲、兵械，又系水手、不能耐战，且以寡不敌众"；不料大雪纷飞，冰濠重新冻合。后金骑兵，履冰驰进，从鞑鞨口登岸，攻入囤粮城北门，猛烈厮杀，冲进城中。后金骑兵驰突乱斫（zhuó），岛上水兵阵脚遂乱。后金军火焚城中积粮料，浓烟蔽岛，火光冲天。旋即转攻东山，万骑驰冲；巳时，并攻西山，一路涌杀。后金军的驰突攻杀，受到明守岛官兵的拼死抵抗："且岛中诸将，金冠先死，而姚与贤等皆力战而死。视前此奔溃逃窜之夫，尚有生气。金冠之子，会武举金士麒，以迎父丧出关。闻警赴岛，遣其弟奉木主以西，而率义男三百余人力战，三百人无生者。其忠孝全矣！"

觉华争战的结局是明军覆没而后金军全胜。此战，明军损失惨重。经略高第塘报：觉华岛"四营尽溃，都司王锡斧、季士登、吴国勋、姚与贤，舻总王朝臣、张士奇、吴惟进及前、左、后营舻百总俱已阵亡"。总督王之臣查报："觉华兵将俱死以殉。粮料八万二千余及营房、民舍俱被焚。"同知程维模报："虏骑既至，逢人立碎，可怜七八千之将卒，七八千之商民，无一不颠越糜烂者。王鳌，新到之将，骨碎身分；金冠，既死之樑，俱经剖割。囤积粮料，实已尽焚。"《清太祖高皇帝实录》载："我军夺壕口入，击之，遂败其兵，尽斩之。又有二营兵，立岛中山巅。我军冲入，败其兵，亦尽歼之。焚其船二千余，并所积粮刍，高与屋等者千余所。"总之，觉华岛上明军7000余员和商民7000余口都被后金军杀戮；粮料8万余石和船2000余艘都被后金军焚烧；主岛作为明朝关外的后勤基地也被后金军摧毁。同时，后金军也付出代价，明统计其死亡官兵为269员。袁崇焕作了《祭觉华岛阵亡兵将文》，文曰：

慨自战守乖方，屡失疆土。天子赫然震怒，调南北水陆舟师。谓尔乘船如马，遂调之来，为进取也。据尔等间关远至，岂不欲灭此朝食，一帆而金、复归，再帆而黄龙扫哉！奈未尽其用而敌即来。沍（hù）寒之月，冰结舟胶。窘尔之所长，乌得不及于难。说者谓谋之不臧。不臧固不臧矣，然排山倒海之势，以十八万而临数千之水卒，即臧可奈何？

而尔等计无复之，愤然以死，略无芥蒂，视当年之弃曳倒奔者加一等也。人之罪，至死而免；人之品，至死而定。今将略尔罪而嘉乃忠，请命于天子，谅为之恤，所以不没汝等者，良有在也。

吁嗟！巨浪茫茫，空山寂寂，皆汝等忠灵之所洒荡也。望故乡以何日，即转劫而无期，苒苒游魂，何不相结为厉，歼仇泄愤？在生之志，藉死以伸，则虽死之日，犹生之年也。尔其勉之！不腆之奠，涕与俱之。尚飨！

上述祭文，声泪俱下，感动天地，激愤人心。"苒苒游魂，何不相结为厉，歼仇泄愤？在生之志，藉死以伸，则虽死之日，犹生之年也。"生死同忾，虽死犹生，歼灭仇敌，伸报积愤！

明朝与后金的宁远之战，明军在主战场——宁远城获胜，而在分战场——觉华岛失利，但总的说来胜利是主要的，所以明朝称这场胜仗为"宁远大捷"。

宁远之战，明朝之所以大捷，后金之所以大败，其原因方面诸多而又错综复杂。

在政治方面，后金进攻宁远的战争，已由统一女真各部、反抗民族压迫的正义战争，变为掠夺土地人民、争夺统治权力的不义战争，因而遭到辽东汉民的强烈反对。尤其是努尔哈赤对辽沈地区汉民的错误政策，引起后金与明朝两方面辖区汉民的不满和恐惧，从而促使宁远军民拼死抵御后金军的进犯。人心向背是袁崇焕获胜与努尔哈赤失败的一个基本因素。

在军事方面，三年之间，后金兵没有大的野战，额真怠惰，兵无斗志，器械不利；忙于整顿内务，未做军事准备。明朝袁崇焕却在积极备战，修筑坚城，整械备炮，训练兵马——组成关宁防线。后金打了一场最为兵家所忌的无准备之仗。

在策略方面，以往后金向明进行攻坚战，在坚城深堑之前，炮火矢石之下，多以诱敌出城、铁骑驰突，或以智取力攻、里应外合而获胜。明军于沈阳和辽阳两城的失陷，都是犯了上述两个同样的错误。这次袁崇焕坚壁清野、婴城固守，又"纵街民搜奸细"。在宁远城里，"无夺门之叛民、内应之奸细"。努尔哈赤以劳赴逸，以主为客，以骑攻城，以箭制炮，引诱而明军不出城，派谍而城中不内应。

后金军以短击长，终至败北。

在思想方面，后金军居于劣势，努尔哈赤思想僵化，骄傲轻敌；明军处于优势，袁崇焕群策群力，小心谨慎。后金刘学成在奏陈中分析道："汗自取广宁以来，马步之兵，三年未战，主将怠惰，兵无战心也，兼之车梯、藤牌朽坏，器械无锋，及汗视宁远甚易，故天降劳苦于汗也。"（《满文老档·太祖朝》卷七十一）努尔哈赤犯了骄兵必败的错误。明军则正如天启皇帝谕旨所言："袁崇焕血书誓众，将士协心，运筹师中，调度有法，满桂等捍卫孤城，矢心奋勇"，故能"首挫凶锋"。明军官兵同心，上下一致，众志成城，夺得胜利。

在指挥方面，天命汗在宁远的对手已然不是庸拙无能的统帅杨镐，也不是纸上谈兵的经略袁应泰，更不是浪言求宠的巡抚王化贞，而是杰出的将领袁崇焕。袁崇焕在宁远之役中，"委任专，事权一"。但这不是经略高第委任的，而是袁崇焕拼死争得的。在宁远之战中，袁崇焕婴城固守，凭城用炮，调度得体，指挥有方，确实胜过老谋深算的后金军统帅努尔哈赤一筹。

在武器方面，明军已然使用最新式的武器——红夷大炮，而八旗兵照旧袭用弓箭刀戈。后金兵的进攻，被袁崇焕凭坚城、用洋炮所击败。在两军争战中，人的因素固然重要，武器的因素也很重要。在一定条件下，武器成为两军决战胜负的关键因素。袁崇焕说："虏利野战，惟有凭坚城以用大炮一着。"宁远获捷，使红夷火炮声名大噪。明廷封一门红夷大炮为"安边靖虏镇国大将军"。

当然，上述诸因素中任何孤立的一项，都不是后金宁远之败的必然因素。天命汗努尔哈赤的悲剧在于，他对上述条件的整合及其变化，尤其是对明军的指挥与武器这两个重要因素的变化，没有起码的认识，结果以己之短击彼之长，铸下了历史性的错误。

可以说，明军之所以获得宁远大捷，以上六项因素，都相当重要，但最关键的因素有两条——指挥正确与武器先进。这个先进武器就是红夷大炮。

红夷大炮是中国明朝时期军事上使用的一种最新武器，也是明军装备中的最新因素。明军首次在宁远之战中使用红夷大炮，并获得成功。明军宁远之战的胜利，是袁崇焕凭坚城、用洋炮的胜利。这里有两个因素：一是用红夷大炮，二是使城炮结合。通过宁远之战，袁崇焕认识到红夷大炮的重要价值。他说："辽左之坏，虽人心不固，亦缘失有形之险，无以固人心。兵不利野战，只有凭坚城用大炮一策。"他从抚顺、清河、开原、铁岭、沈阳、辽阳、西平、广宁诸城失陷中认识到：旷野厮杀，明军所短；凭城用炮，明军所长。所以，"凭坚城、用大炮"是明军以长击短、克敌制胜的法宝。应当说，徐光启、孙元化等人提出"以城护炮、以炮卫城"的战术思想，而袁崇焕将这一战术思想应用于作战实践，并取得完全的成功。由是袁崇焕形成了"凭坚城、用大炮"的守城战术。

相反，天命汗努尔哈赤的悲剧在于，根本没有认识到宁远运用新式武器红夷大炮，也没有认识到袁崇焕"凭坚城、用大炮"的守城战术。后金军队毫无顾忌，蜂拥攻城，遭到城上红夷大炮轰击，死伤惨重。后金在军事上犯了以己之短、攻彼之长的错误。后金军的长处是平原野战，铁骑驰突，弓马取胜。朝鲜人李民寏（huán）在《建州闻见录》中论述道：后金"铁骑奔驰，冲突蹂躏，无不溃败"。这个论述抓住了后金战术的要害。然而，努尔哈赤没有认识到明军战术武器和战术思想的重大变化，继续使用旧的武器和旧的战术。出乎天命汗努尔哈赤意料之外，铁骑冲到城下，遇上红夷大炮，遭到轰击，溃败而退。明兵坚守城池、使用大炮，改变了守城战术，以对付后金骑兵。努尔哈赤却没有看到这个新的变化，仍用旧的武器、旧的战术，进攻宁远，吃了大亏，兵败城下，死伤惨重。

宁远大捷具有重大的意义，在政治上对官心、军心与民心有着巨大的振奋作用，打破了后金军不可战胜的"神话"。在军事上使刚建立的关宁防线初步经受住了考验。它证明明军坚守城池，使用大炮，城炮结合，依靠坚城屏障，发挥洋炮威力，是阻止后金军强大攻势的有效手段。明朝方面所使用的武器与战术的改变，已经带有近代战争的特点，它反映了军事技术和战术的新的进步。

总之，袁崇焕取得宁远大捷的主要原因是两句话、八个字：指挥正确，武器先进。袁崇焕运用正确指挥和先进武器这两大法宝，后又夺取了宁锦大捷。

当年三月初九日，明廷升袁崇焕为右佥都御史，巡抚辽东、山海等处，简称辽东巡抚；并铸巡抚辽东、山海等处提督军务官防。四月初五日，辽东巡抚袁崇焕上《谢守城有功赏赐疏》。

辽东巡抚袁崇焕虽取得宁远大捷，但还要进行迎接新挑战的准备。一场宁锦大战，又在酝酿之中。

第五章 宁锦大捷

当时形势： 袁崇焕重建关宁锦防线，积极备战；努尔哈赤去世，皇太极即位，佯与明朝议和，实则征抚蒙古、朝鲜，以集中力量对付明朝。

大事件： 宁锦之战。

主要人物： 袁崇焕、皇太极。

结　　局： 皇太极兵败撤军。

影　　响： 明关宁锦防线经受战火考验，得到朝廷认可，加以修缮固防。

袁崇焕：

主要事迹： 指挥宁锦之战。

主要活动区域： 山海关、宁远、锦州地区。

遗迹、文物： 锦州城遗迹。

宁锦之战是皇太极继位后指挥的第一场大战，也是明清辽西争局中承前启后一场关键性的大战。宁锦之战是袁崇焕指挥的对后金的第二场大战，取得胜利。明人称之为"宁锦大捷"。

一、吊丧修城

袁崇焕取得宁远大捷后，主要做了两件事：第一件是派人到沈阳为努尔哈赤吊丧，兼贺皇太极继位，探察后金内部虚实，并进行"议和"活动；第二件是修建坚城，建设关宁锦防线。

天命汗努尔哈赤在宁远城下，遭到失败。这是他起兵44年以来，在军事上第一次重大的失败。还有一说，努尔哈赤在宁远城下，被西洋大炮击伤。同年七月，努尔哈赤到清河汤泉疗养。八月十一日，天命汗努尔哈赤病重返回沈阳途中，死于离沈阳四十里的叆鸡堡。后金经过四大贝勒——大贝勒代善、二贝勒阿敏、三贝勒莽古尔泰、四贝勒皇太极等八旗贵族会议，决定由努尔哈赤第八子皇太极继承汗位。翌年，改年号为天聪。努尔哈赤发丧后，葬于沈阳福陵，又称"沈阳东陵"。努尔哈赤与皇太极的汗位交接，虽出现一些小的波折，但没有发生大的震荡。大妃阿巴亥的殉葬，是这场政治波折的一曲悲歌。后金八旗贵族集团仍然团聚力量，共同对付大明皇朝。

袁崇焕得到努尔哈赤死讯后，立即奏报朝廷。并经请准，派遣人员，前往沈阳，进行吊丧，兼贺新汗皇太极继位；同时打探后金内部的虚实。这是明朝官员第一次正式到后金都城进行政治活动。皇太极派官接待袁崇焕的来使，又派使臣前往宁远。明朝与后金，使节往来，书信传递，这在明朝与后金关系史上，打破隔绝，实属首次。袁崇焕同后金"议和"，想了解后金的实情，又想拖住后金而修城备战，建立关宁锦军事防线。皇太极同明朝"议和"，想巩固新汗的地位，又想拖住明朝而乘机出兵朝鲜。

明朝获得宁远大捷后，升袁崇焕为辽东巡抚，仍驻宁远。辽东巡抚袁崇焕集中力量，争取时间，建立关宁锦防线。

明军建立的关宁锦防线，是一个复杂的辽西军事防御系统。先是，明朝在辽东陆路设镇、路、卫、所、堡防御体系。明朝辽东都司共设有两个镇，辽河以东为辽阳镇，辽河以西为广宁镇。明失陷辽阳镇和广宁镇之后，其陆路防御体系被后金军打破。明朝为阻遏后金军南犯，需在关外辽西走廊建立一道从山海关、经宁远、到锦州的防御系统，这就是关宁锦防线。关宁锦防线分为南北两段：南段，从山海关到宁远，约200里；北段，从宁远经松山、锦州至大凌河，也约200里。关宁锦防线是以山海关为后盾总枢、宁远为中坚关城、锦州为先锋要塞，诸城堡台结成为联防据点的串珠式防线。早在宁远之战以前，当时的明辽东经略高第主动撤离锦州、右屯、大凌河、小凌河、松山、杏山、塔山、连山等城堡，使得关宁锦防线的北段即宁远到锦州的防线未能巩固，且遭破坏。幸赖袁崇焕坚守宁远，取得宁远大捷，保住了关宁锦防线南段的关宁防线。袁崇焕在取得宁远大捷后，奏报旨准，集中力量，建立关宁锦防线的北段——宁远到锦州的防线，防御后金进攻。

明军重建关宁锦防线，始于天启六年即天命十一年（1626年）四月。关宁锦防线，南北两段，为抢时间，同时用工，分别进行。先修建其南段即山海关到宁远的关宁防线。辽东巡抚袁崇焕在同月疏陈战守布置大局中，奏报修缮山海四城——榆关、前屯、中后、中右为始。此四城为关宁锦防线的南段，分作两期整修。第一期，为同年四月至七月中，刚缮修之城，被豪雨冲毁："淫雨为灾，山海关内外，城垣倒塌，兵马压伤。宁远、前屯、中后等城修筑者，既成复坏。"于是又进行第二期修缮，自雨季过后至同年末，山海四城，缮筑完工。

关宁锦防线北段即宁锦防线，在宁远之战前，或被后撤的明辽军自毁，或遭败退的后金军焚毁。关宁锦防线北段四城——宁远、中左、锦州、大凌河，自同年九月进行酝酿，袁崇焕奏报此事言："适内臣刘应坤、纪用至宁远，遂与镇臣赵率教四人，并马历锦（州）、右（屯）、义（州）、广（宁）而东。其诸城堡向臣经灰烬之余，尚见颓垣剩栋，今止白骨累累，残冢依稀而已。"锦州、右屯、义州、广宁等地，断城残垣，白骨蔽野，亟须修城，戍兵聚民。自天启七年即天聪元年（1627年）正月至五月，即后金军进攻宁远、锦州之前，宁远、锦州两城，修缮基本完工。其他大凌河城、小凌河城等及诸堡城多未修完。在此期间，袁崇焕遣使持书，前往后金议和，以和缓彼，借机修城。及彼探知，城已缮竣，负山阻海，固若金汤。袁崇焕在修城的同时，又遣将、练军、治械、备粮、购马、屯民，进行备战。经过紧张而有序的部署，重建的关宁锦防线北段——宁锦防线基本完成，为宁锦之战胜利准备了条件。

关宁锦防线北段的宁锦防线，南起宁远，北至锦州，以宁远为后劲、锦州为中坚、大凌河城为前锋，又以所城、台堡作联络，负山阻海，势踞险要；配以步营、骑营、车营、锋营、劲营、水营诸兵种，置以红夷大炮、诸火炮等守具，备以粮饷、马料、兵械、火药；并屯田聚民，亦屯亦筑，且守且战，相机进取，从而形成沿关外辽西走廊，纵深400里，以宁远为中坚、榆关为后盾、锦州为前锋，其间中前、前屯、中后、中右、中左、右屯、大凌河、小凌河诸城，形同肩臂，势如联珠，新旧城堡，选将设兵，从而建成一道军事防御体系，遏制后金军南进，保卫辽西，驻防宁远，御守关门，以固京师。

关宁锦防线的内涵，以宁锦战前为例，略析如下：

第一，指挥。明获宁远大捷后，辽西指挥，发生变动。时魏忠贤窃权，内监势焰嚣张。天启帝以"率循旧制、断在必行"，于天启六年即天命十一年（1626年）三月初四日决定，特命内臣镇守：设立镇守山海关等处太监一员，由司礼监秉笔太监、总督忠勇营兼掌御马监印务刘应坤担任；设左右镇守太监二员，由乾清宫管事提督、忠勇营御马监太监陶文、纪用担任；设分守中军太监三员，由乾清宫打卯牌子、忠勇营中军、御马监太监孙茂霖、武俊、王莅朝担任，仍旧都驻山海关城。监军太监的任务，虽明为清查粮食器械数目、官兵马匹强弱，却奉旨将军中"声息缓急、进止机宜,务要据实直写密封,不时星驰来奏"。魏忠贤用意在于:内监出镇,收揽兵柄。

群臣闻旨后,廷议纷纷,人心惶惶,内外百官,纷上驳疏。兵部尚书王永光疏称:"迩者宁远一捷,中外稍稍吐气。当事者且议裁经略、裁总兵,专任袁崇焕,以一事权。而随以六内臣拥聚斗大一关,事权不愈棼(fén)乎?万一袁崇焕瞻回顾望,致误封疆,则此罪崇焕任之乎?内臣任之乎?"又上疏:"此六臣者,与崇焕等为同乎,为异乎?将为同,则无用往也;使为异,则害有不可言者!"袁崇焕也具疏言:"兵,阴谋而诡道也,从来无数人谈兵之理。臣故疏裁总兵,心苦矣。战守之总兵且恐其多,况内臣而六员乎!"

其结果是:君命难违,圣旨必遵。袁崇焕抗疏不允,便善处同内监之关系,曾同内臣刘应坤、纪用及总兵赵率教,并马巡历锦州、右屯地带,所见各城,灰烬之余,颓垣剩栋,白骨遍野,残冢依稀,"内臣见所未见,感倍于臣。遂邀镇臣与祝于北镇山神,誓图所以恢复者"。后袁崇焕奏请内监纪用等"移巡阅关外,与袁崇焕料理边事"。袁崇焕同监军太监周旋,得到了他们的一些理解。镇守内监奏报袁崇焕重建的宁锦防线,城势更高,堡垒更固,设备更严,军力更强,"著著皆实,毫无粉饰"。袁崇焕在极力协调与内监关系的同时,还调整同督师、将领的关系。

明军辽西诸城官将做出调整,遣将分守。于山海关,由满桂任征虏将军,统兵镇守。于前屯,以其系辽东南路前屯路城,合宁远卫城,而称为宁前路,由总兵赵率教带关内兵马,出壁前屯,以捍关门,并援宁远,后改任左辅镇守前屯。于宁远,袁崇焕在《战守布置大局疏》中,做出周详而切实的部署,甚至对城上设置西洋炮及司炮官员、对街道牌甲的守兵饮食等都做了安排,并将中右所画入宁远防守信地,还将觉华岛水师策应做出安排。袁崇焕则驻守宁远,并率总兵满桂(后移镇关门)、副总兵王牧民、左辅、刘永昌、朱梅,参将祖大寿,中军何可纲等分信协守。于锦州,由太监纪用和总兵赵率教(后移镇于此)镇守。后袁崇焕擢祖大寿为前锋总兵官,"挂征辽前锋将军印,驻锦州"。天启七年即天聪元年（1627年）四月，命原宁夏总兵杜文焕为总兵，调赴宁远。总兵尤世禄驻锦州，总兵侯世禄驻前屯，左辅加总兵衔驻大凌河城；满桂照旧驻关门，节制四镇及燕河、建昌四路，赐尚方剑，以重事权。当后金兵渡辽河的警报传来时，明朝迅速调整各将防地，重新部署兵力：命满桂移镇前屯，原驻此地侯世禄同三屯总兵孙祖寿移驻山海，宣府总兵黑云龙移驻一片石，蓟辽总督阎鸣泰移镇山海关城。临战前，总兵赵率教尚在锦州负责筑城，责令他与总兵左辅、副总兵朱梅、监军太监纪用等"婴城固守"。袁崇焕奉命驻宁远，"居中调度，战守兼筹"。这些将领久历战阵，作战勇敢，富有经验。如满桂、赵率教、左辅、祖大寿等都经历宁远血战，立下军功。天启帝称赞"左辅、祖大寿、朱梅俱久在塞垣，将略素著，兵民倚赖"。

以上诸将，所守之城，即为信地，专责其成。战则一城援一城，守则一节顶一节，信守不渝，死生与共。袁崇焕将年迈母亲和妻子从南国接到危地宁远，赵率教也把自己的妻儿迁来居住。他们誓言："土地破，则家与之俱亡！"

第二，筑城。后金与明朝的战史表明，后金骑兵长于野战，明朝步兵凭借坚城。袁崇焕总结辽事以来血的教训说："虏利野战，惟有凭坚城以用大炮一着。"大炮，需要架设在城上；坚城，成为大炮的凭借。故辽东巡抚袁崇焕将缮筑城垣，作为建立宁锦防线的重要一着。在宁远和宁锦两次战役期间，辽军进行紧张的修城工程。天启六年即天命十一年（1626年）春，在宁远之捷后，袁崇焕即着手修缮被战火毁坏的宁远、毁于火灾的中后所及前已毁损的前屯卫、中右所、中前所五座城垣。调用班军，责期完工，有违制者，分别处治。

修城工程尚未告竣，关内外遭到雨灾："山海内外，官舍民居，倒塌无算；军马露处，死病相连；中前禾黍，狼藉波涛。前屯、中、后、右复然。粮草三军命脉，皆飘荡如洗。阶苔积滑，灶已产蛙。"淫雨为灾严重，城垣修而复坏，前屯、中前所、中所、后所、右所等都遭受严重水灾。宁远、前屯、中后等城，新葺之垣，遭雨倒塌。同年秋，又调秋班军复行修葺城池。至本年末，山海诸城，未完者完之，覆圮者补之，浚濠筑垣，扼险置器，壁垒一新，固若金汤。

兵部尚书冯嘉会题覆辽东巡抚袁崇焕疏，总结秋季修城工程成绩称："山海四城，业已鼎新，诚所谓重关累塞矣。"次年春季，进行宁远以北诸城的修缮。时自高第将其尽撤去，宁远外无城障。袁崇焕奏请："修松山等处扼要城池，以四百里金汤，为千万年屏翰，所用班军四万，缺一不可。"明廷决定调派去年秋班与今年春班，共合4万班军，修缮中左、锦州、大凌河诸城。4万班军，分班筑城，合计工时，按期责成。督令班军，期限一年，"并力修举，通期竣工"。锦州城工刚竣，后金骑兵进围；其他二城，未及完工。

此期三季（秋、冬、春），修治八城。其军事价值，袁崇焕题云：

慨自河西失陷，缩守关门。无论失地示弱，即关门亦控扼山溪耳，何能屯养十三万兵马？虽进而宁前，四城金汤，长二百里，但北负山，南负海，狭不三四十里，屯兵六万、马三万、商民数十万于中，地隘人稠，犹之屯十万兵于山海也。地不广则无以为耕，资生少，具一靠于内地供给。贫瘠而士马不强，且人畜错杂，灾沴（lì）易生。故筑锦州、中左、大凌三城，而拓地一百七十里之不可以已也。自中左所以东渐宽，锦州、大凌，南北而东西相方，四城完固，屯兵民于中，且耕且练。贼来我坐而胜，贼不来彼坐而困。此三城之必筑者也。业已移兵民于三城之间，广开屯种。……是三城之完不完，天下之安危系之。此三城不得不筑，筑而立刻当完者也。锦州三城若成，有进无退，全辽即在目中。乘彼有事东江，且以款之说缓之。而刻日修筑，令彼掩耳不及。待其警觉，而我险已成。三城成，战守又在关门四百里外，重障万全。

上引题疏，重在阐明：在关宁锦防线，既要缮修南四城，以加强其南段——关宁防线；更要缮治北四城，以加强其北段——宁锦防线，屯兵屯民，恃城耕练，开疆拓地，凭城御守，战守北推200里，坐操制敌之胜券。

第三，整军。袁崇焕曾任关外监军而掌练兵事，又经历战阵，故熟知辽兵之弊。袁崇焕又熟悉历史，了解南宋岳飞的"岳家军"、明朝戚继光的"戚家军"，均选兵有法，训练有素，作战勇敢，纪律严明。他借鉴历史经验，在建立关宁锦防线过程中，以辽人守辽土，重建一支辽军。先是，熊廷弼认为"辽人必不可用"，用兵应征于外省。经略孙承宗疏议，用辽人以守辽土。孙去职后，袁崇焕坚持"以辽人守辽土"为"聚兵"之计，大力推行，收到实效。他说，自辽事以来，外省调募之兵，皆为市井乌合，御敌不足，鼓噪有余，靡费金钱，不得一用，不能援辽，反而扰辽。他破除以往办法，将外兵撤回，招辽人填充。袁崇焕说："南兵脆弱，西兵善逃。"袁崇焕奏言："远求难致之兵，何如近取回乡之众？"袁崇焕对"以辽人守辽土"，从理论上论述，从军事上实证，从舆情上宣传，从行动上落实。他着重对辽军进行了整顿与建设——裁冗、选将、编制、治械和备饷等。

于裁冗，袁崇焕疏请撤回调兵，招补辽人。明的辽军，多从关内调募，"兵非贪猾者不应，将非废闲者不就"。袁崇焕奏请以新募辽兵取代部分调兵："意欲稍破成议，撤回调兵，即招辽人以填之。"兵部议覆：此议"卓识深谋，迥出流辈，且选辽兵实辽伍，养辽人守辽地，智者无以易此"。经朝廷批准，裁汰调募冗兵4000余员，以辽民精壮者补充。客军官疲兵猾，困扰辽军多年，朝廷内外，未得良策。袁崇焕的上述办法，破除旧弊，切实可行。

于选将，袁崇焕先前重血缘关系，疏荐其叔袁玉佩、其亲戚林翔凤等，但此构想，未能实现。时袁崇焕荐选官将，由远选而为近取——"将则近取"，就是从在战火中并肩战斗过的军官中选拔。遴选"猷略渊远、著数平实"的赵率教，"辽人复辽、此其首选"的祖大寿，以及不受私馈、韬钤善谋的何可纲等为股肱大将。宁远大战后的五、六月间，袁崇焕疏准营伍调补将领共26员，就是一例。

于编制，整顿关上与关外、南兵与北兵、招募与家丁等编制混乱、互不相属的状况。经过整编，核实为92,231员，其序列：分战兵与守兵——战兵为机动作战部队，分为步营、骑营、锋营、劲营、水营，含步兵、骑兵、车兵、水兵等兵种；守兵为戍城守堡部队，按其所戍城堡大小，分为屯守、马援、台烽等不同编制；另有镇军、驿骡、拨马，以警卫、驿传和哨探。辽军整编后，明章程，严法度，分屯束伍，齐肃训练。

于治械，袁崇焕奏称："关外不苦无兵，只苦无盔甲、器械、马匹。"他奏请添置火炮，整修器械，查盔甲，点守具，辽军武器装备，得到极大改善。

于备饷，屡疏户部，催运粮饷；并奏准"于关外另设饷司，与关内分收分发"。后锦州被围近月，城内粮食，尚且盈余。

经过招募、训练、整顿的辽军，战有良将，守有精兵，上下协调，彼此呼应，严格训练，整肃纪律，提升了辽军整体的战斗力，成为一支同"岳家军""戚家军"一样享有盛誉的"袁家军"。

第四，屯田。建立关宁锦防线有两个相关的难题：辽军粮饷难驰解，辽东流民难安置。筹措粮饷，安置流民，以辽土养辽人，以辽人守辽土，办法之一，就是屯田。用兵之道：进则因粮于敌，退则寓兵于农。辽事以来，熊廷弼、孙承宗亦主屯田，但人去而屯废。时宁远战火刚熄，袁崇焕急请银45万两，但不够用。袁崇焕奏请屯田，天启帝以军情急迫，严加防御，"屯田事从容酌议"。粮饷供给不上，战争形势紧迫。袁崇焕再上《请屯田疏》，极言不屯有"七害"，而屯田有"七利"。疏再上，获旨许。袁崇焕将屯田、御守、争战相结合，使民安、兵强、镇富相联系，从而促进了关宁锦防线的重建及其巩固。

第五，抚蒙。漠南蒙古东部诸部，靠近关宁锦防线。明朝对蒙古，用抚赏之策，联蒙诸部，对抗后金。抚赏分作关内、关外进行，王象乾管关内，袁崇焕管关外。作为辽东巡抚的袁崇焕，对察哈尔林丹汗与喀喇沁三十六家，赏酒食，颁额赏，进行笼络，联手蒙古，以"一意防奴"。他对受后金攻逼纷投明边的漠南蒙古内喀尔喀部民，给予安置。他利用矛盾，后金灭叶赫，叶赫贝勒金台石的孙女是林丹汗的苏泰汗后，以此联结她抗金。林丹汗也扬言"助明朝"。他重联合，约察哈尔部林丹汗遣其领兵台吉桑昂寨将十万众东行，并约内喀尔喀"亦西来合营"。他重宣谕，锦州有事即遣人令察哈尔部领赏，贵英恰"率拱兔、乃蛮各家从北入援"。以上举措，力求使"西不与东合"，就是不使西部蒙古同东部后金联合，为巩固关宁锦防线、抗御后金军西犯增强了力量。

明辽东巡抚袁崇焕重建关宁锦防线，以精明之指挥，坚固之城池，勇劲之军旅，有效之屯田，"守为正著，战为奇著，款为旁著"之战略，凭城用炮、以炮护城之战术——关宁锦防线在宁锦激战中，成为坚不可摧的长城。

宁远鏖（áo）战结束之日，便是宁锦激战准备之始。袁崇焕在重建关宁锦防线、准备未来大战之时，皇太极也在进行战争准备。宁远之战是宁锦之战的前因，宁锦之战则是宁远之战的后续。从宁远之战结束，到宁锦之战以前，有一年零四个月的时间。在这段时间里，后金发生了四件军政大事：第一件是努尔哈赤病死，皇太极继承汗位。第二件是明朝与后金进行议和活动。明廷的意图是借议和使臣往来，察探后金内部实情，争取时间，抢修城垣，巩固关宁锦防线；后金的意图则是借谈判拖延时间，防止明军利用"大丧"北进，东向进攻朝鲜，巩固新汗权位。第三件是征抚右翼漠南蒙古。第四件是用兵左翼朝鲜。努尔哈赤兵败宁远后，皇太极心有余悸，虽未敢轻举，却愤懑胸臆、贪心不死。

后金进攻明朝，需做两项准备：剪弱明军两翼——征抚蒙古，降服朝鲜。正如袁崇焕所分析："我欲合西虏而厚其与，彼即攻西虏而伐我之交；我借鲜为牵，彼即攻鲜而空我之据。"后金征抚蒙古，破坏明朝"抚西虏以拒东夷"策略的实现。后金进攻朝鲜，破坏明朝夹击后金的藩属。天启七年即天聪元年（1627年）正月初八日，后金天聪汗皇太极命二大贝勒阿敏等统帅大军出师朝鲜。二月，阿敏率军过鸭绿江，下义州，占平壤。朝鲜国王李倧逃出王京，避居江华岛。朝鲜国王李倧与后金二大贝勒阿敏订立"兄弟之盟"。天聪汗皇太极此举，一石四鸟：巩固汗权，降服朝鲜，获取粮布，孤立东江——解除攻明后顾之忧。

所以，后金与明朝的战争，如箭在弦上，一触即发。时后金发生饥荒，谷一斗银八两，甚至有食人肉者。皇太极发动战争，让官兵向辽西抢粮食，转移社会矛盾，缓和社会危机。天聪汗皇太极借新登汗位的英气，凭远征朝鲜得胜的锐气，发动了宁锦之战。

二、宁锦大捷

天启七年即天聪元年（1627年）五月初六日，后金天聪汗皇太极，以"明人于锦州、大凌河、小凌河筑城屯田"，没有议和诚意为借口，亲率数万军队，谒堂子，出沈阳，举兵向西，进攻宁（远）锦（州）。

袁崇焕得到后金兵过辽河的哨报后，立即部署：满桂移驻前屯，孙祖寿移驻山海关，黑云龙移驻一片石。锦州防务：以总兵左辅统金国奇为左翼，以副总兵朱梅为右翼，平辽总兵赵率教居中调度，贾胜领奇兵东西策应，镇守太监纪用驻锦州。其他相关事宜，做了相应安排。

初九日，皇太极率兵至广宁的旧边。天聪汗皇太极命贝勒德格类、济尔哈朗、阿济格、岳託、萨哈廉、豪格率护军精骑为前队，攻城诸将率绵甲军等携云梯、挨牌诸器械为后队，亲自同大贝勒代善、二贝勒阿敏、三贝勒莽古尔泰率领大军居中，八旗三队，鱼贯而行。后金军行进，分为前、中、后三队；作战，则列为左、中、右三路。

初十日，皇太极至广宁。后金军士捉获明军哨卒，经讯问得知：右屯卫以百人防守，小凌河、大凌河虽修城未竣也有兵驻防，锦州城修缮已毕、马步卒3万人。皇太极命乘夜进军，轻取右屯卫城，直奔大凌河城。

十一日，后金军由纵向前、中、后三队，调整为横向左、中、右三路——皇太极自率两黄旗和两白旗兵为中路，直趋大凌河城；大贝勒代善、二贝勒阿敏、贝勒硕託及总兵官、固山额真等，率两红旗和镶蓝旗兵为右翼，直趋锦州城；三贝勒莽古尔泰率正蓝旗兵为左翼，直取右屯卫。中路皇太极军逼近大凌河城，时城工未竣，守城兵撤往锦州。左翼莽古尔泰军逼近右屯卫，时城工也未竣，守军逃遁，奔向锦州。后金军轻取大凌河、右屯卫两城后，三路大军，会师锦州，距城一里，四面扎营。

锦州激战　后金兵进抵锦州城外，四面扎营布兵，将锦州城严密包围。时明太监纪用、总兵赵率教驻锦州，负责筑城、守城。当后金兵将至时，左辅等人，撤入锦州，凭城固守，准备抵抗。沿边小堡，也都撤兵，归并大城，坚壁清野，合力御敌。

锦州城，即广宁左中屯卫城，位于小凌河与蛤蜊河之间，北依红螺山，南临辽东湾，地处险要，势踞形胜，为明关宁锦防线的前锋要塞。先是，明洪武二十四年（1391年），指挥曹奉修筑。城周围五里一百二十步，高二丈五尺。成化十二年（1476年），都指挥王锴增广南北四十五丈、东西九十五丈。弘治十七年（1504年），参将胡忠、备御管升并合城南关，周围六里一十三步，形式若盘，俗称之盘城。池深一丈二尺，宽三丈五尺，周围七里五百七十三步。城门为四：东宁远，南永安，西广顺，北镇北。天启七年即天聪元年（1627年）春，袁崇焕遣官督班军缮竣锦州城。锦州城由内监纪用和总兵赵率教驻守，总兵左辅、副总兵朱梅为左、右翼，统兵3万，凭城御敌。时"总兵赵率教惩浑河、沈阳之事，不纳溃兵"。后金将收降台堡降卒2000纵还锦州，但赵率教坚拒降卒，不许进城，以防内奸。

十二日，纪太监和赵总兵派官到后金军大营，商谈议和。先是，明军对后金军来犯，备中有虞。所谓备，就是缮城整军，治械储粮；所谓虞，就是夏季敌军来犯，出乎预料。辽东巡抚袁崇焕在锦州被围九天之前，疏称："无奈夹河沮洳，夏水方积，未可深入，而夷且聚兵以俟也；水潦既退，禾稼将登，况锦州诸城一筑，又东虏之必争。"即认为后金必定来攻，但约在秋稼登场、水潦退后的秋末冬初。后金军突然围城，明朝辽军准备不足。所以，纪太监和赵总兵遣官往皇太极大营议和，拖延时间，以待援兵。

纪用和赵率教派出守备一员、千总一员，缒城而下，到后金军大营，进行谈判讲和。皇太极冀望锦州不战而降，轻取胜利，便以礼接待来使。皇太极对锦州来使强硬地表示："尔欲降则降，欲战则战！"并给纪用、赵率教写了回书，称："或以城降，或以礼议和。"信带回后，迟不见复。皇太极下令攻城，锦州激战，终于爆发。

同日中午，开始锦州攻守激战。此战，明总兵赵率教奏报：后金军"分兵两路，抬拽车梯、挨牌，马步轮番，交攻西、北二面。太府纪用同职及总兵左辅、副总兵朱梅，躬披甲胄，亲冒矢石，力督各营将领，并力射打。炮火矢石，交下如雨。自午（午正12时）至戌（戌正20时），打死夷尸，填塞满道。至亥时（亥正22时），奴兵拖尸，赴班军采办窑，（以）木烧毁，退兵五里，西南下营"。《清太宗文皇帝实录》记载："午刻，攻锦州城西隅。垂克，明三面守城兵来援，火炮、矢石齐下。我军遂退五里而营。遣官调取沈阳兵。"皇太极初战失利，派人到沈阳调兵增援。

是日，双方激战八个小时，后金军攻城不下，受到重大的损失，后退五里结营。城里与城外，议和与兵锋，尔来我往，交替进行。

十三日，凌晨，后金以骑兵围城，环城而行，却不敢靠近城垣。皇太极三次派遣使者到城下说降，都被赵率教拒之城外。赵率教站立城上，对城下的后金使者说："城可攻，不可说也！"皇太极得报后，传令攻城。后金兵攻城，增加伤亡，别无所获。皇太极再发劝降书，用箭射到城里，连射数封信，城里无反响。

和战交替　前面已述，后金包围锦州之后，锦州城守太监纪用、总兵赵率教，就派人前往后金军大营进行和谈。皇太极立即回应，遣二位使者还，并带回书信。谈和未果，继之以兵。皇太极围城两日，攻城不下。进攻不利，继之以和。

十五日，皇太极"遣使至明锦州太监纪用处，往返议和者三"。太监纪用亦遣使随往，提出后金派使臣到城中面议。皇太极命绥占、刘兴治往议，但锦州城闭门不纳。

十六日，明太监纪用遣守备一员、千总一员，又到皇太极帐下，言"昨因夜晦，未便开城延入，今日可于日间来议"。皇太极或求和心切，并等待援兵，再遣前二人，随明使臣，回锦州城，但明军仍闭城不纳。且赵率教凭城堞高喊："汝若退兵，我国自有赏赉！"又令二使臣随同绥占、刘兴治赴皇太极大营。

皇太极令明使者带回书曰："若尔果勇猛，何不出城决战，乃如野彘入穴，藏匿首尾，狂嗥（háo）自得，以为莫能谁何！不知猎人锹镢一加，如探囊中物耳。想尔闻有援兵之信，故出此矜夸之言。夫援兵之来，岂惟尔等知之，我亦闻之矣。我今驻军于此，岂仅为围此一城？正欲俟尔国救援兵众齐集，我可聚而歼之，不烦再举耳！今与尔约，尔出千人，我以十人敌之，我与尔凭轼而观，孰胜孰负，须臾可决。尔若自审力不能支，则当弃城而去，城内人民，我悉纵还，不戮一人；不然，则悉出所有金币、牲畜，饷我军士，我即敛兵以退。"

天聪汗皇太极此书，意在激纪太监和赵总兵，派军出城野战，以决雌雄；打消他们等待援兵解围的希望；进而劝其弃城而去；抑或罄城中财物给后金，还报之以解围撤军。城中纪太监、赵总兵，对皇太极要求，断然予以拒绝。

十七日，皇太极收缩对锦州城的包围，聚兵于城西二里处结营，以防明朝来援的军兵。

十八日，天聪汗急不可耐，"命系书于矢，射入锦州城中"，再次劝降。锦州城中的纪太监和赵总兵，对其劝降，不予理睬。

十九日至二十四日，后金军继续围城。

二十五日，后金固山额真博尔晋侍卫、固山额真图尔格副将，率援兵从沈阳来到锦州行营，以增强攻城的兵力。

至二十六日，后金军已围城 15 日。其间：以军事手段攻城，不克；以政治手段议和，不议；诱其出城野战，不出；布局奇兵打援，不获。时值初暑，后金官兵，暴露荒野，粮料奇缺，援兵未到，士气低落。

二十七日，后金军分兵为两部：一部继续留驻锦州，在锦州城外凿三道濠，加以包围；另一部由皇太极率领官兵数万，往攻宁远。此前，袁崇焕军同皇太极军相遇激战。

出援交锋 "锦州危困，势在必援"，这是因为若锦州失陷，则宁远困危，关门动摇，京师震惊。因而，后金围困锦州，明朝必调援兵。后金也在盘算，集中兵力围攻锦州，明兵必来救援，诱其野战争锋，发挥骑射长技，一举歼灭明军。

袁崇焕也头脑清醒：不发援兵，锦州危机；如发援兵，"正堕其计"。明军援锦，易中敌计，失恃坚城，恐遭包围。

辽东巡抚袁崇焕既要固守宁远，又要出援锦州。首先是，固守宁远。他提出："坚壁固垒，避锐击惰，相机堵剿。"兵部尚书王之臣批准他的方略，下令"关外四城，各当坚壁，断不可越信（地）而远援"。其次是，出援解围。因锦州安危，系宁远存亡。兵部认为，"为今之计，急以解围为主，而解围之计，专以责成大帅为主"。天启帝把"援锦之役"责成满桂、尤世禄、祖大寿三将负责，其余坚守信地。但是，总督蓟辽、兵部尚书阎鸣泰题奏："今天下以榆关为安危，榆关以宁远为安危，宁远又依抚臣为安危，抚臣必不可离宁远一步。而解围之役，宜专责成大帅。"此奏，得旨："宁抚还在镇，居中调度，以为后劲。"就是说，朝廷为着确保宁远，不允许袁崇焕亲自率领援兵，前往救援；而令满桂、尤世禄、祖大寿等率军1万，驰援锦州。

先是，十六日，明山海总兵满桂率援兵往锦州，过连山，到笊篱（zhào li）山，同后金护卫运粮的偏师相遇。《清太宗文皇帝实录》记载："大贝勒莽古尔泰，贝勒济尔哈朗、阿济格、岳讬、萨哈廉、豪格率偏师，往卫塔山运粮"，与明军相遇。后金军由六位贝勒率领，是一支战斗力很强的骑兵。明兵不敢前行，徐缓后退；后金兵则紧跟，谨慎随进。八旗军后续部队赶到，即分作两翼，夹围明军。《三朝辽事实录》记载：明军在笊篱山被围，"奋勇力战，虏死甚众"。满桂、尤世禄奋勇而前，内外夹攻，拼力冲杀，突破包围。两军交锋，各有死伤。双方互存戒心，战斗很快结束。明援军回到宁远，后金军回到塔山。明军援锦州，有实有虚。后者，袁崇焕计诳皇太极便是一例。同日，《清太宗文皇帝实录》记载：后金捕捉宁远信使，截获袁崇焕给纪太监、赵总兵的"密信"。信称："调集水师、援兵六七万，将至山海；蓟州、宣府兵亦至前屯；沙河、中后所兵俱至宁远；各处蒙古兵已至台楼山，我不时进兵"云云。此信，当是袁崇焕的诳骗信，皇太极却信以为真，即收缩围锦兵力，聚集于城西，以防明援师。

十九日，袁崇焕派出奇兵，进逼扰敌。他说："且宁远四城，为山海藩篱，若宁远不固，则山海必震，此天下安危所系，故不敢撤四城之守卒而远救，只发奇兵逼之。"袁崇焕设奇兵四支援锦：一是，募死士200人，令其直冲敌营；二是，募川、浙死卒，带铳炮夜惊敌营；三是，令傅以昭率舟师东出而抄敌后；四是，令王喇嘛往谕蒙古贵英恰等从北入援，牵制敌人。以上诸措施，均未见实效。

后金皇太极见诱明援军野战不成，锦州攻城不下，派使劝和不降，便向西移师，攻打宁远城。

宁远激战　二十七日，早晨，天聪汗皇太极率大贝勒代善、二贝勒阿敏、三贝勒莽古尔泰和贝勒济尔哈朗、阿济格、萨哈廉等八旗官兵，往攻宁远。

时宁远城内，辽东巡抚袁崇焕偕内镇太监驻守，督率将士，登陴严防。袁崇焕指挥明军撤进濠内，总兵孙祖寿、副将许定国率军在西面，满桂令副将祖大寿、尤世威等率军在东面，余在四周，分守信地，整备火器，准备迎战。城外，布列车营，前掘深濠，作为屏障，明兵都撤到濠内侧安营。以"副将祖大寿为主帅，统辖各将，分派信地，相机战守"。满桂率援军也在城外助守。宁远城坚、池深、炮精、械利，诚谓"宁城三万五千人，人人精而器器实"。袁崇焕此次固守宁远，除"凭坚城以用大炮"外，还布兵列阵城外，同后金骑兵争锋。他先遣车营都司李春华，率领车营步兵1200人，掘濠以车为营，列火器为守御。

二十八日，黎明，后金兵出现在宁远城北岗，于灰山、窟窿山、首山、连山、南海，分为九营，形成对宁远包围态势。皇太极率诸贝勒巡视阵前，说："其地逼近城垣，难以尽力纵击，欲稍后退，以观明兵动静。"于是，后金军后撤，退到山冈背侧。他的意图是，引诱明兵趁他们后撤时发起冲锋，使之离开自己的阵地，给后金兵创造驰骑纵击的机会，以便全歼城外明兵，但明兵坚垒不动。

明辽军与后金军在宁远城，展开激烈的攻守战。袁崇焕列重兵，阵城外，背依城墙，迎击强敌。总兵满桂、副将尤世威和祖大寿等率精锐之师，出城东二里结营，背倚城垣，排列枪炮，士气高昂，严阵待敌。皇太极见满桂军逼近城垣，难以驰骋纵击，便命军队退依山冈，以观察明军动向。天聪汗皇太极欲驰进掩击，贝勒阿济格也欲进战；大贝勒代善、二大贝勒阿敏、三大贝勒莽古尔泰"皆以距城近不可攻，劝上勿进，甚力"。天聪汗皇太极对于三位大贝勒的谏止，怒道：

> 昔皇考太祖攻宁远，不克；今我攻锦州，又未克。似此野战之兵，尚不能胜，其何以张我国威耶！

言毕，皇太极亲率贝勒阿济格与诸将、侍卫、护军等，向明军驰疾进击，冲车阵，攻步卒。诸贝勒不及披甲戴胄，仓促而从。明总兵满桂、副将尤世威率军迎战，短兵相接，颇有杀伤。明辽军与后金军两支骑兵，在宁远城外展开激战，矢镞纷飞，马颈相交。明总兵满桂身中数箭、坐骑被创，尤世威的坐骑也被射伤；后金贝勒济尔哈朗、萨哈廉及瓦克达俱受伤。两军士卒，各有死伤。明辽军给后金军以杀伤，后金军予明车营以重创。

明军骑兵战于城下，炮兵则战于城上。袁崇焕亲临城堞指挥，"凭堞大呼"，激励将士，并命从城上以"红夷大炮""木龙虎炮""灭虏炮"等火器，齐力攻打。参将彭簪古以红夷大炮击碎八旗军营大帐房一座，其他大炮则将"东山坡上奴贼大营打开"。明军车营马步官兵，不畏强敌，安营如堵，且"鳞次前进，相机攻剿"。激战之中，后金兵死于炮火之中，明官兵倒于刀箭之下，横尸城外，尸填濠堑。酣战至午，皇太极以其三员骁将"受伤，退兵，至双树堡驻营"。

从早晨到中午，明兵死战不退，后金军伤亡重大。明朝军报称："打死贼夷，约有数千，尸横满地。"后金档案记载："瞬间攻破其营阵，而尽杀之。"后金贝勒济尔哈朗、大贝勒代善第三子萨哈廉和第四子瓦克达俱受重伤，游击觉罗拜山、备御巴希等被射死。蒙古正白旗牛录额真博博图等也战死。明太监监军刘应坤奏报，后金伤亡"约有数千，尸横满地"。后金军死伤甚多，尸填濠堑。

宁远比锦州，城池更坚深，兵马更精壮，火炮更猛烈，指挥更高明，尤有袁崇焕坐镇指挥，满桂、祖大寿、尤世威等猛将在城外搏击。后金兵无法靠近城池，甚至没有攻到城下。

经过宁远激战,皇太极亲见袁巡抚麾下炮火猛、兵将勇,八旗官兵伤亡惨重,命令停止进攻,撤退到双树铺。后金将死者尸体,也运到这里焚烧。

二十九日,后金天聪汗皇太极率军撤离宁远,退向锦州。

攻城者,以不克为下;守城者,以全城为上。宁远一战,明军背城而阵,凭城用炮,以车营拒敌,以骑兵野战,打退敌军,终于获胜。辽东巡抚袁崇焕欣喜地奏道:

> 十年来,尽天下之兵,未尝敢与奴战,合马交锋。今始一刀一枪拼命,不知有夷之凶狠骠悍。职复凭堞大呼,分路进追,诸军忿恨此贼,一战挫之,满镇之力居多。

上文的"满镇",就是总兵满桂。"职"就是辽东巡抚袁崇焕。

宁远城攻守战,皇太极攻城,而不克;袁崇焕守城,而全城——这就是明朝与后金宁远激战的结论。

皇太极攻宁远不克,又转攻锦州。

全城结局 二十九日,皇太极率军撤离双树堡。翌日,到锦州城下。

先是,二十八日,当后金兵在宁远城下激战之时,锦州的明兵趁后金军主力西进、势单力弱之机,突然大开城门,蜂拥冲杀出来,攻向后金大营,予敌一定杀伤。稍获初胜之后,迅即撤退回城。后锦州战报送到皇太极手里,他感到宁、锦前后,腹背受敌,不得不迅速从宁远撤军。

至是,皇太极回到锦州城外,命官兵向城举炮、鸣角,跃马而前。又令军士大噪三次,才入营。以后数日,后金军继续围困锦州城。白天,以万骑往来,断城出入;夜晚,则遍举薪火,示警干扰。

六月初三日,皇太极见劝降无效,准备向锦州城发起进攻。后金军列八旗梯牌,陈火器攻具,相视四周形势,以备明日激战。

初四日,凌晨,天聪汗皇太极设大营于城东南二里的教场,命数万官兵攻打锦州城南隅,卯刻(卯正为6时)进兵,辰刻(辰正为8时)攻城,顶冒挨牌,蜂拥以战。其他三面，列军佯攻，牵制明兵。明军从城上用火炮、火罐与矢镞礧石下击，后金军死伤众多。后金兵冒死运车梯，强渡城濠。濠深且宽，不得渡过，拥挤濠外，遭炮轰击，纷纷倒毙，尸积如山。皇太极无视军兵惨死，力督攻城，必欲夺城。至午，后金兵伤亡，更倍于午前。明军凭借坚城深濠，从城上发射火器，后金兵无法靠近城墙。傍晚，皇太极经过一天激战，见明军凭依高城深堑，施放强大火力，气候炎热，士气低落，攻城不下，遂撤回营。

锦州城外激战，后金军的损失，明总兵赵率教疏报：此役后金兵伤亡"不下二三千"。明镇守太监纪用奏报：

> 初四日，奴贼数万，蜂拥以战。我兵用火炮、火罈（tán）与矢石，打死奴贼数千，中伤数千，败回贼营，大放悲声。

《清太宗文皇帝实录》记载："攻锦州城南隅，因城壕深阔，难以骤拔。时值溽暑，天气炎蒸，上悯念士卒，乃引军还。"《老满文原档》更少讳饰：

> 此次攻打时，兵士死亡很多，大军遂还。

由上可见，皇太极撤军的三个因素——城濠深、天气热、死伤多，其中"死伤多"是主要原因。

初五日，凌晨，天聪汗皇太极开始从锦州撤军。经小凌河城，拆毁明军工事。初六日，至大凌河城，毁坏城墙，然后东去。皇太极的父汗努尔哈赤在《清太祖武皇帝实录》中曾留下遗训："至于攻城，当观其势，势可下，则令兵攻之，否则勿攻。倘攻之不拔而回，反损名矣！"皇太极背负"损名"之痛，于十二日回到沈阳。

初六日，辽东巡抚袁崇焕上《锦州报捷疏》言：

> 仰仗天威，退敌解围，恭纾圣虑事：准总兵官赵率教飞报前事，切照五月十一日，锦州四面被围，大战三次三捷；小战二十五次，无日不战，且克。初四日，敌复益兵攻城，内用西洋巨炮、火炮、火弹与矢石，损伤城外士卒无算。随至是夜五鼓，撤兵东行。尚在小凌河扎营，留精兵

收后。太府纪与职等，发精兵防哨外。是役也，若非仗皇上天威，司礼监庙谟，令内镇纪与职，率同前锋总兵左辅、副总兵朱梅等，扼守锦州要地，安可以出奇制胜！今果解围挫锋，实内镇纪苦心鏖战，阁部秘筹，督、抚、部、道数年鼓舞将士，方能保守六年弃遗之瑕城一月、乌合之兵众，获此奇捷也。为此理合飞报等因到臣。臣看得敌来此一番，乘东江方胜之威，已机上视我宁与锦。孰知皇上中兴之伟烈，师出以律，厂臣帷幄嘉谟，诸臣人人敢死。大小数十战，解围而去。诚数十年未有之武功也！

宁锦大捷，赵率教在锦州、满桂在宁远，英勇作战，立有大功。袁崇焕在报功的奏章中，力称功劳最大的是满桂，可见其大公无私，光明磊落。

宁锦之战，后金军攻城，明辽军坚守，凡二十五日，宁远与锦州，以全城而结局。明人谓之"宁锦大捷"，载入中国战争史册。

第六章 因功遭嫉

当时形势： 宁远、宁锦两次大捷后，袁崇焕因"勇猛图敌""奋迅立功"，遭同僚嫌忌，受阉党压制，忧愤请辞。

大事件： 天启帝病逝，崇祯帝继位，两次大捷之后，明廷论功行赏。

主要人物： 天启帝朱由校、崇祯帝朱由检、阉党首领魏忠贤、辽东巡抚袁崇焕。

结　　局： 袁崇焕忧愤请辞，天启帝欣然批准。

影　　响： 袁崇焕离开辽东，辽东军队痼疾复发，引起后来的哗变。

袁崇焕：

主要事迹：去职还乡。

主要活动区域：宁远、北京、广东。

遗迹、文物：宁远城。

宁锦大捷对明皇朝来说，是一件好事；对袁崇焕来说，却因功遭嫉。下面先从宁锦之战的胜败来说。

一、胜败申说

天启七年即天聪元年（1627年），明朝与后金的宁锦之战，是明亡清兴史上一次极为重要的争局。明朝与后金，前者守城，后者攻城。攻城者以陷城为胜，守城者以全城为上。经过25天的争战，明军守住宁远、锦州，后金没有攻破宁远、锦州。明胜金败，原因固多，根蒂所在，兵略不同。

明军之胜，胜在兵略。明辽东巡抚袁崇焕，在接到后金大军进至闾阳驿的哨报后，感到一场大战即将来临。先是，袁崇焕于同年二月二十四日提出"守为正著，战为奇著，款为旁著"的兵略。至是，他于五月十五日，奏报兵略谓：

> 臣念海宇十年，疲于东役，征调生乱，转输告窘，不得已而用一简静精密之法。如曰：守为正著，战为奇著，款为旁著；以实不以虚，以渐不以骤。

朝廷旨准其奏报的兵略，并曰："内外文武，同心并力，坚壁固垒，避锐击惰，相机堵剿，务保无虞。"袁崇焕在指挥宁锦之战中，主要处理守、战、款、援四个方面的关系，就是：守为正著，战为奇著，款为旁著，援为险著。

守为正著 所谓守，就是凭城用炮。袁崇焕"守为正著，战为奇著，款为旁著"的兵略，其核心是"守"。这在明末之时，辽西之地，以明朝疲弱之军，对后金累胜之师，是正确的兵略，明智的谋略。袁崇焕的"守"，就是"凭坚城以用大炮"，宁远大捷，得到验证。但是，袁崇焕所说的"守"，是积极的防守，它"有别于马林之守而不防，袁应泰之守而不固，熊廷弼之守而不成，王在晋之守而不当，孙承宗之守而不稳；更不同于李永芳之通敌失守，李如桢之玩忽于守，贺世贤之出城疏守，王化贞之攻而拒守，高第之弃而不守"①。在宁锦之战中，辽东巡抚袁崇焕坚持"守为正著"的兵略。他任凭天聪汗皇太极的激将、游说、叫阵、威胁、引诱，均不出城浪战，而坚持"守为正著""凭城用炮"的铁则。他的大将赵率教在守锦州时，也是贯彻并坚持"守为正著"的铁则。

袁崇焕的"守为正著"，汲取了明军萨尔浒之败以来的战争历史教训。明军要做到"守"，需有两个条件：一是"凭坚城"，二是"用大炮"，以城护炮，以炮卫城。从宁远之捷，到宁锦大捷，其间只有15个月。袁崇焕首要任务是，积极战备，抓紧修城。锦州城在后金军进攻之前，刚刚缮修完工。宁远成为关宁锦防线的中坚，锦州则成为关宁锦防线的前锋。袁崇焕坚持"守为正著"，固守宁远、锦州，以城相守，以炮相守，以军相守，以谋相守，岿然不动，终得完城。

立足于守，积极备战。从宁远之捷后，明朝加强备战，筑城、屯田、储粮、备械、请饷、买马、任将、练兵。以储粮来说，锦州解围后，尚有余米3万数千石。立足于守，敢战敢胜。特别是"以辽人守辽土"——选辽将，练辽兵，以辽人，卫辽土。辽人为保卫家乡而战，作战尤为英勇，如辽将祖大寿、朱梅、何可纲、黄龙等都有"百战百胜之勇"。

袁崇焕实行"守为正著"的正确兵略，特别是"凭坚城以用大炮"的战术，先被宁远之捷所验证，又被宁锦大捷所验证。

明以辽西关宁锦防线，对抗后金军队进攻，不仅"守"，而且"战"，将"守"与"战"结合。

战为奇著 所谓战，就是野战争锋。袁崇焕以守为正，以战为奇，避锐击惰，相机拼杀。此战，背依坚城，施放大炮，面对后金骑兵，运用奇战争锋。宁远与锦州，两城皆出战，马颈相交，刀来枪去，拼力厮杀，获得胜利。两城之间，各自坚守，互通音讯，遥相援应。此战"奇著"，有三个突出的战例。

---

① 阎崇年：《袁崇焕固守宁远之扬榷》，罗炳绵、刘健明主编：《明末清初华南地区历史人物功业研讨会论文集》，香港：香港中文大学历史学系，1993年。

第一个战例是在笊篱山麓。五月十六日,明山海总兵满桂、总兵尤世禄率关门援兵,北上驰救锦州,同后金护卫运粮骑兵在笊篱山相遇。后金军由六位贝勒率领,是一支精锐的骑兵,分作两翼,夹击明军。明军被围于笊篱山麓。满桂、尤世禄率军,奋勇而前,拼力冲杀。史载他们"奋勇力战,虏死甚众"。明军突破包围,阵亡将士罗忠等60人。后金军回到塔山,明援军返回宁远。

第二个战例是在宁远城外。五月二十八日,后金军与明辽军在宁远城外,展开激烈的攻守战。明总兵满桂、副将尤世威和祖大寿等率精锐之师,出城结营,背倚城垣,排列枪炮,严阵待敌。皇太极亲率八旗军,力排大贝勒代善、二贝勒阿敏、三贝勒莽古尔泰谏阻,同贝勒阿济格等,向明满桂军驰疾进击。两军矢镞纷飞,马颈相交。总兵满桂身中数箭,满桂、尤世威的坐骑被创;后金贝勒济尔哈朗、萨哈廉及瓦克达俱受伤。袁崇焕登城凭堞,镇定指挥,命从城上发红夷大炮,轰击城下后金骑兵。彭簪古用红夷大炮击中后金军营大帐,并轰开其大营。皇太极见八旗官兵尸填濠堑,死伤惨重,下令退兵。

第三个战例是在锦州城外。五月二十八日,当皇太极率后金军主力前往宁远城时,太监纪用、总兵赵率教,一改敌军围城叫阵不出的固守原则,趁后金军主帅皇太极远离锦州到宁远、围城敌军势单力薄的有利时机,突然大开城门,攻向后金大营,给予一定杀伤。稍获初胜之后,迅即撤退回城。此战,出于后金军统帅的意料之外,迫使皇太极从宁远撤军,减轻了宁远所受的军事压力。

以上三个战例,都是"个案",俱为"奇例"。其"奇"表现在:

巧于时机,战事发生,或在宁远与锦州两场激战之间,或在皇太极到宁远尚未站稳脚跟之时,或在锦州敌军空档之际。

巧于地点,或在距后金军主力较远的笊篱山,或在宁远与锦州的坚城之下,或在后金军大营之前。

巧于战法,发挥明军所长,凭锦州、宁远的坚城,用西洋大炮,并以步兵、炮兵、车营、骑兵相配合,形成对后金军的立体作战。

巧于配合，明军背凭坚城——有利时可以向前进击、不利时可以退入濠内，上用大炮——城上以猛烈炮火配合城下军队，驰驱争锋，拼命厮杀。

在宁锦之战中三用"奇著"表明，"战为奇著"在争战中有新的创造，就是凭城用炮与野战交锋相结合，挫敌之锐气，获取了胜利。

明辽东巡抚袁崇焕凭借辽西关宁锦防线，对抗后金军的进攻，不仅"固守""奇战"，而且在"守""战"之同时讲"款"，将"守""战""款"相结合。

款为旁著 款，《说文》曰："意有所欲也。"徐铉注曰："款，塞也，意有所欲，而犹未塞。"引申为通款，讲和，谈判。因此，所谓款，就是谈判议和，订立和款。在宁锦之战中，战中议和，和中作战，边战边款，亦款亦战。宁远战后，袁崇焕派人到沈阳，借吊天命汗之丧、贺天聪汗登位为名，探彼虚实，积极备战。宁锦战前，又同天聪汗"议和"，以讲款争取时间，缮治锦州城，使之得以成为关宁锦防线的前锋要塞，并屯田储粮，练兵治械。在后金军围困锦州的25天期间，纪用、赵率教同皇太极多次派官员往返，以请款拖延时间，疲彼而待援，终于守住关宁锦防线的前锋堡垒。在宁锦之战的全过程中，袁崇焕等将守、战、款三者，分明正奇，掌握主动，巧妙议和，运作灵活，是为明军在宁锦之战中的一个明显特征。

援为险著 所谓援，就是增援解围。努尔哈赤和皇太极善于设伏打援，因此救援是危险的军事行动。在宁锦之战中，从总的兵力来说，明军处于优势。明有关内兵4万、关外兵8万、加上援兵3万，共约有官兵15万。还有数省兵员待命，随时调往关门。明军关外兵8万，加上满桂援兵1万余人，达到9万人左右。这在兵力数量上已超过后金军。明朝动员全国物力、财力、兵力用于辽西一隅，对付后金。后金以五六万精兵围困锦州，明朝军同后金军相比，既占有时间的优势，也占有空间的优势。总之，具有战术上的优势。明军由关门出援，以动制静，以客攻主，处于不利局面。明总兵满桂等不惧危险，野战争锋，敢打敢拼，虽然有所死伤，却予敌以重创。这着险棋，是自辽事以来明军野战争锋的第一盘胜局。

明辽东巡抚袁崇焕将"守""战""款""援"四者，灵活运用，巧妙结合，主次明确，机动灵活，夺取了宁锦大捷。

宁锦之战以后，明为胜方，捷报驰京，举朝相庆。先是，锦州被围，朝野惊恐，"万一锦不存，而宁必受兵"；宁远若受围，则关门震动。"守以全城为上"，明辽军守住锦州城和宁远城，因而获胜。于锦州守军，朝廷嘉奖其兵将曰："捍守孤城，力挫奴锋，屏障宁远，忠义之气，贯日干云。"这番嘉奖，同样适用于坚守宁远的兵将。辽东巡抚袁崇焕，面临危境，誓死御守，"老母、妻子，委为孤注"，身家性命，同城存亡，终于获取胜利。所以，宁锦大捷使朝廷上下，极大振奋。宁锦之役的一个结果是，关宁锦防线不仅经受住战火的考验，而且得到了朝廷的认可。

孙承宗、袁崇焕建立的关宁锦防线，几经争议。宁远之筑守，遭到非难；宁远一捷，才算平息。锦州之筑守，也遭非议；宁锦大捷，方获旨准。由是，袁崇焕大胆经始、长期谋划、苦心经营、浴血守卫的关宁锦防线，经受了宁远、宁锦两次大战的考验，终于得到朝廷的坚意支持，并得以巩固。袁崇焕凭借关宁锦防线，堵御后金军八年之久不得逾越南进，其功其勋，永不可没。在袁崇焕身后，祖大寿以其余威镇于边，辽军守御的关宁锦防线仍坚不可摧。直至崇祯十五年即崇德七年（1642年）锦州才被攻陷；而宁远、关门，则与明祚同终。关宁锦防线支撑着明朝与后金—清朝在辽西对峙，长达22年之久，而后金—清朝终究未能突破这道防线。明末的关宁锦防御体系，宁远卫守关门，锦州又护卫宁远，终明之世，关门未破。后来乾隆帝论道：

> 山海关，京东天险，明代重兵守此，以防我朝。而大军每从喜峰、居庸间道内袭，如入无人之境。然终有山海关控扼其间，则内外声势不接；即入其他口，而彼得挠我后路。故贝勒阿敏弃滦、永、遵、迁四城而归，太宗虽怒谴之，而自此遂不亲统大军入口。所克山东、直隶郡邑，辄不守而去，皆由山海关阻隔之故。

从后来乾隆皇帝的评论中，更清楚地看出袁崇焕建立关宁锦防线的重大军事价值与政治价值。

后金天聪汗皇太极之宁锦兵败，败于作战指挥不当，缺乏先进武器。皇太极自万历四十年（1612年），刚满二十岁，第一次跟随父汗努尔哈赤出征乌拉。到清太祖努尔哈赤死，前后15年。他身历乌拉、萨尔浒、叶赫、抚清、开铁、沈辽、广宁和宁远等八大战役，不仅作战勇敢，而且足智多谋。然而，皇太极没有独立指挥过一次重大的战役。宁锦之战是皇太极亲自参与、独立指挥的第一次重大的战役。但是，天聪汗皇太极在宁锦之战的兵略，犯下了错误——天时不合、地利不占、火器不精、敌情不明、指挥不当，其中最重要的是指挥不当与武器落后。

明辽东巡抚袁崇焕守卫宁、锦的谋略是：主固守、慎野战、凭坚城、用大炮。皇太极在宁锦之战中，以旧兵略、旧经验、旧武器、旧战法，去对付袁崇焕的新兵略、新手段、新武器、新战法。结果，后金军统帅皇太极在宁锦之战中，以暗制明，以动制静，以愚制智，以矢制炮，死伤惨重，败退而归。皇太极同他的父汗努尔哈赤一样，宁远、宁锦两战都败在袁崇焕的手下。

宁远大捷与宁锦大捷，明恃关宁锦防御体系，使后金天命汗、天聪汗父子两汗受挫。明乘宁远与宁锦两捷之威，依关宁锦防御体系之固，迫使皇太极在位17年而不得近关门一步。直至皇太极死后，明朝国祚灭亡，吴三桂引清兵入关，清才得以叩开关门，迁鼎燕京，入主中原。

明清之际的历史表明，袁崇焕夺取宁远大捷与宁锦大捷，建立关宁锦防御体系，丰富了兵坛智慧宝库，建树了伟烈历史功勋。

福兮祸所伏。袁崇焕虽然打了大胜仗，却招来更多的忌恨与谗言，并遗憾地离开他心血凝聚的宁远城。由此改变了袁崇焕人生的道路。

二、遭谗去职

辽东胜败兵事，联系朝廷党争。先是广宁兵败，以熊廷弼案，东林要员赵南星等遭斥，阉党势力渐起。继是柳河兵败，阉党借此逼迫辽东经略孙承宗去职，而以其党高第代之。天启间，兵败如是，兵胜也如是。先是宁远大捷后，魏忠贤借此宣扬厂臣之功，更提升自己的权位。时"其同类尽镇蓟、辽、山西、宣、大诸扼要地"，并矫诏遣其党刘应坤为总督镇守辽东太监，陶文、纪用、孙茂霖、武俊、王莅朝等为镇守辽东太监，统揽兵柄，控制辽事，进而出现"内外大权，一归忠贤"的阉党专权局面。

宁远大捷后，袁崇焕的处境更加困难。他感到：上下左右，有种力量，陷害自己，惶恐不安。他在《明熹宗实录》天启六年即天命十一年（1626年）八月丁巳（十八日）的奏疏中说：

> 凡勇猛图敌，敌必仇；振刷立功，众必忌。况任劳之必任怨，蒙罪始可有功；怨不深，劳不厚；罪不大，功不成。谤书盈箧，毁言日至，从来如此。惟皇上与廷臣始终之。

上面辽东巡抚袁崇焕的名言，《明史·袁崇焕传》载述：

> 顾勇猛图敌，敌必仇；奋迅立功，众必忌。任劳则必召怨，蒙罪始可有功；怨不深则劳不著，罪不大则功不成。谤书盈箧，毁言日至，从古已然。惟圣明与廷臣始终之。

袁崇焕上述至理名言，深入骨髓，透彻肺腑，铿锵有声，发人心醒。他揭示社会真谛：

第一，勇猛图敌：必然遭到敌人的仇恨。敌人仇恨，便要报复。报复手段，有文有武。武的主要是军事打击；文的主要是造谣离间。袁崇焕不幸言中了后来自己悲剧的结局。

第二，奋迅立功：必然遭到众人的嫉妒。众人嫉妒，便要排挤。排挤手段，多种多样。诸如弹劾、造谣、诽谤、暗箭、陷害、倾轧等。

第三，历史经验：明朝官场的历史经验反复证明，劳著怨深，功高罪大，毁言满天飞，谤书盈尺高。

第四，以往教训：明朝官场的历史教训也反复证明，图敌功高，敌人切齿，实行反间计，自古已然矣。

让袁崇焕欣慰的是，天启帝对辽东巡抚袁崇焕的上述顾及和疑虑，表示理解和关怀。

宁远大捷后，朝廷对宁远前线，采取一系列措施。一是设立监军，就是派遣太监到前线，进行监督。他们的任务表面上为清查粮食器械数目、官兵马匹强弱，但真实的用意在于：内监出镇，收揽兵权。这是魏忠贤阉党为防范、监督、限制、掌控辽东巡抚袁崇焕而采取的一项重要举措。

袁崇焕因获宁远大捷而升任辽东巡抚后，督师王之臣、巡抚袁崇焕、大将满桂、赵率教之间，先是"同心戮力、共保宁城"；至是产生"廉蔺之隙"，就是廉颇和蔺相如之间的嫌隙。同僚之争，他们或相互参劾，或乞移别镇，或上疏求去，或彼此掣肘。

朝廷拟将满桂调离宁远，回任京师。王之臣疏求把满桂留下，调到山海关。但袁不同意，奏请"乞休"。王之臣也疏请"引避"。庙堂谕言："始因文、武不和，而河东沦于腥膻；继因经、抚不和，而河西鞠为蓁（zhēn）莽——覆亡之辙，炯然可鉴。"朝廷鉴于督抚生隙、文武不和的教训，决定王之臣加衔回兵部，命袁崇焕兼管调度关门兵马。但是，事过不久，改变主意。朝廷要他们"鉴不和之覆辙，破彼此之藩篱，降志相从，和衷共济"。经过廷议，袁崇焕、王之臣留任，"关内关外，分任责成"——袁管关外防务、王管关内防务，分辖信地，同功同罪。袁崇焕毕竟是个光明磊落的大丈夫，冷静下来后，从大局出发，捐弃前嫌，重归于好。于是上奏请再用满桂，同意将满桂留任，并愿与之和好。天启六年即天命十一年（1626年）七月，令满桂为征虏将军，驻山海关，兼管四路。调总兵赵率教由前屯移驻宁远，副总兵左辅先代居前屯。后就抚赏之事，蓟辽总督阎鸣泰与辽东巡抚袁崇焕分负其责："阎鸣泰任关内，袁崇焕任关外，照地方分抚，以便责成。"这些都是同僚之间的矛盾。

由上可见，袁崇焕的上述奏疏，是有针对性的。袁崇焕获宁锦大捷，除同僚之间矛盾外，还有其他难言之隐。宁锦大捷，阉党得益，辽东巡抚袁崇焕因捷遭怨。

袁崇焕构建的关宁锦防线和正确的战略战术，是明军获得宁锦大捷的最重要因素。

袁崇焕的具体贡献：

第一，借助讲款，争取时间，重建宁锦防线；

第二，主持筑守锦州城；

第三，统筹关、宁、锦之战守布置大局；

第四，后金兵围锦州而派师出援，致其分兵宁远，锦州守兵得以出城战杀；

第五，守御宁远并出兵背城野战，予敌以重创，如宁不保则锦孤城难守；

第六，总兵赵率教用袁崇焕兵略，带领将士守住锦州；

第七，迫使皇太极先虑宁远援锦州而转攻宁，后顾锦州出击断其后路而回攻锦，辗转被动，无奈退兵；

第八，提出并践行"守为正著，战为奇著，款为旁著"的兵略；

第九，提出"凭坚城以用大炮"的战术原则；

第十，在实战中使用红夷大炮，并取得骄人的战果。

因此，辽东巡抚袁崇焕在宁锦大捷中应为首功。但是，宫里的大太监却抢走了宁锦大捷的头功，谕旨称："宁锦危急，赖厂臣调度以奏奇功。"又称："宁锦之捷，制胜折冲，皆受厂臣秘画。"赞颂大太监魏忠贤："德被四方，勋高百代。"将宁锦前线胜利的功劳，归于魏忠贤及其党羽。魏忠贤嫉贤、嫉能、妒功、妒才，他指使党羽将袁崇焕排挤出朝廷。袁崇焕功高不赏，反遭排挤。

宁锦大捷后，兵部议叙宁、锦之功并获旨准者共5690人，魏忠贤以"筹边胜算、功以帷幄"获头功，刘应坤、纪用等太监以"拮据战守，绩著疆场"而位列其次，内臣孙成等10人位列又其次，阉党崔呈秀等若干人位列复其次。甚至魏忠贤的从孙鹏翼（三岁）被封为安平伯、良栋（四岁）被封为东安侯，时"鹏翼、良栋皆在襁褓中，未能行步也"。而宁锦大捷的总指挥、辽东巡抚袁崇焕仅列第 85 名，且仅"加衔一级，赏银三十两，大红纻丝二表里"。这里作一点说明，袁崇焕中进士的座师（主考官）韩爌、提携他的大学士孙承宗，保荐他的御史侯恂等都是东林党的巨头，袁崇焕当然不肯克扣军饷去孝敬魏忠贤。他虽然为了大目标也违心地为魏忠贤建生祠，但魏忠贤仍不满意，所以袁崇焕只加衔一级。魏忠贤更暗中指使一名言官弹劾袁崇焕，说他没有去救锦州为"暮气"。袁崇焕只得自称有病，请求辞职。魏忠贤立即批准，派兵部尚书王之臣去接替。随之锦州以尤世禄代赵率教，宁远以杜文焕代祖大寿。

宁锦大捷报闻京师，阉党权势达到顶峰。与阉党对立的东林党，则遭到完全失败。天启腐败政治，至此达于极点。

辽东巡抚袁崇焕于天启七年即天聪元年（1627 年）七月初一日上《乞休疏》，以病为由，请辞归里。天启皇帝旨批：袁崇焕"疏称抱病，情词恳切，准其回籍调理"。七月初二日，袁崇焕被罢职，随即离开宁远，返回广东老家。

袁崇焕去职后，仍遭到阉党嗾使李应荐的攻讦。御史李应荐讦奏："袁崇焕假吊修款，设策太奇。顷因狡虏东西交讧，不急援锦州。"得旨："袁崇焕暮气难鼓，物议滋至，已准其引疾求去。"

讦奏中所谓"修款"，《今史》记载："李喇嘛、方金纳之遣，权党主之，内镇守奉行之，崇焕因而委蛇其间，以修宁、锦之备，其用意与他人不同。"袁崇焕"假吊修款"，是奏报后得到朝廷允许的。

讦奏中所谓"不急援锦州"，为不实之词。因为：

其一，锦州围危，崇焕驰疏："且宁远四城，为山海藩篱，若宁远不固，则山海必震，此天下安危所系，故不敢撤四城之守卒而远救，只发奇兵逼之。"得旨："宁远四城，关门保障，该抚不轻调援，自是慎重之见。"袁崇焕不从宁远抽调援兵，既获得朝廷的旨允，才谋求他策的。

其二，袁崇焕派出四支奇兵——舟师抄后、蒙古西援、死士袭营和勇卒惊扰，以援助锦州。

其三，袁崇焕请亲率"三万五千人以徇敌，则敌无不克"。但此议受到总督和兵部的疏止。得旨："援锦之役，责成三帅，宁抚只宜在镇，居中调度，战守兼筹，不必身在行间。"

其四，袁崇焕调发满桂、尤世禄、祖大寿率军北援锦州，怎么能说袁崇焕"不急援锦州"呢？

由上四点，可以看出：所谓"袁崇焕不援锦州为暮气"，是魏忠贤及其党羽对他的忌恨，乃为不实之诬词。

兵部署部事、右侍郎霍维华为袁崇焕鸣不平：

> 抚臣袁崇焕，置身危疆，六载于兹，老母、妻子，委为孤注，劳苦功高，应照例荫录。

霍维华疏乞"以畀（bì）微臣之世荫，量加一级，以还崇焕"。霍维华遭到旨斥："恩典出自朝廷，霍维华何得移荫市德，好生不谙事体！"

袁崇焕因捷遭责，深恨阉党。后袁崇焕计斩毛文龙，他指毛文龙当斩的一条罪状是："辇金长安，拜魏忠贤为父，绘冕旒（liú）像于岛中。"指斥毛文龙勾结阉党，其罪当死。

袁崇焕先获宁远大捷、继获宁锦大捷后，不仅受到阉党的怨恨，而且遭到后金的仇恨。天命汗努尔哈赤与天聪汗皇太极父子，先后两次败在袁崇焕手下。皇太极既不能打破关宁锦防线，又不能攻破山海关大门，后设反间计，陷害袁崇焕。

袁崇焕被罢职后仅仅50天，明朝发生重大变故。天启七年即天聪元年（1627年）八月二十二日，天启皇帝朱由校病死，年二十三岁。其皇弟朱由检嗣皇帝位，年十七岁，翌年，改年号为崇祯。不久，袁崇焕再次被起用。

第七章 督师蓟辽

当时形势：崇祯帝登极，重新起用东林党人，惩治阉党，有意振作，图复全辽。

大 事 件：天启帝死，崇祯帝立；袁崇焕起复，平台奏对。

主要人物：袁崇焕、崇祯帝。

结　　局：崇祯帝赐袁崇焕尚方剑，袁崇焕督师蓟辽。

影　　响：袁崇焕重回故地辽东，成为后金军队难以逾越的障碍。

袁 崇 焕：

主要事迹：重建三界庙、赴辽饯别、平台奏对、督师蓟辽。

主要活动区域：广东、北京、辽东。

遗迹、文物：《重建三界庙疏文》碑、《袁崇焕督辽饯别图咏卷》、广州光孝寺。

袁崇焕虽然夺得宁远大捷和宁锦大捷，却遭到嫉妒，引起麻烦。他被迫借病，辞职回乡。他在乡期间，募修广东罗浮山名胜、重建三界庙。他说："去冬，余告归。方谓筑室其中，为终焉之计。未抵家，而明主促之再出，使者络绎道路。"袁崇焕返京赴任前，《约同人游拾翠洲》云："春风十里五羊城，拾翠洲前绿草生。君若来时须并马，一樽同去听流莺。"看来他过了几天轻松欢快的生活，并在广州受到当时社会名流的宴请与诗赠。这是志同道合文人的一场历史性的盛会。

一、赴辽饯别

天启七年即天聪元年（1627年）七月初二日，明辽东巡抚袁崇焕被罢职。他离开宁远，经山海关，到北京。八月二十二日，天启皇帝朱由校病死。其皇弟朱由检嗣皇帝位，翌年，改年号为崇祯。

崇祯帝，名朱由检，光宗皇帝第五子，是天启帝的同父异母弟，生于明万历三十八年（1610年）十二月二十四日。生母为贤妃刘氏，海州人，后为北京宛平籍。刘氏初入宫，为淑女。生下朱由检后，得罪朱常洛，被谴责而早死。朱由检五岁丧母，先由选侍李氏（人称西李）抚育，后由选侍李氏（人称东李）抚育。天启二年即天命七年（1622年），封信王，时年十二岁。天启六年即天命十一年（1626年），由皇宫勖（xù）勤宫搬出，到信王府居住，时年十六岁。天启七年即天聪元年（1627年）八月，天启帝死，受遗命，弟继兄，即帝位。崇祯帝五岁失去母亲，后命画师根据宫中人回忆贤妃刘氏的相貌，画像供奉。

崇祯帝登极并办理完皇兄天启帝的丧事后，于十一月初一日，便安置魏忠贤于凤阳，寻赐魏忠贤死，并惩治阉党。十一月十九日，起用袁崇焕为都察院右都御史、管兵部添注兵部右侍郎事，时袁崇焕正回籍在家乡。十二月，崇祯帝命已被贬黜的东林党人钱龙锡、李标、刘鸿训等为大学士、尚书等要职。袁崇焕在朝中的奥援者，得到官职的恢复或晋升。

崇祯元年即天聪二年（1628年）四月初三日，命袁崇焕以兵部尚书兼右副都御史，督师蓟、辽、登、莱、天津军务。袁崇焕的官职，兵部尚书是正二品的大官，右副都御史是虚衔，督师是实职，管辖蓟（州）、辽（东）、登（州）、莱（州）、天津军务，因蓟州、天津、登、莱等地另有巡抚专责，所以实际上主要管辖山海关外辽东地区的军政事务。当时军制，在外带兵文臣，最高官衔是督师，通常以大学士兼任；其次是总督或经略，由兵部尚书或侍郎兼任；再次是巡抚；巡抚之下才是武将中最高的总兵官。袁崇焕原来不是大学士，也不是尚书，却有了大学士方能得到的军事最高军衔。以前辽东历任军事长官，都只是经略或巡抚。此时距他做知县才只有六年。朝廷命下，即敦促袁崇焕尽快到北京就职。

崇祯元年即天聪二年（1628年），袁崇焕在离粤赴京受职时，受到粤东名士的饯别，留下《袁崇焕督辽饯别图咏卷》。此卷首为"肤公雅奏"四个大字，次列广东名士赵焞夫所绘送别图。焞夫，字裕子，广东番禺人，布衣，著有《草亭稿》。复次为陈子壮、梁国栋、黎密、傅于亮、陶标、欧必元、邓桢、吴邦佐、韩暖、戴柱、区怀年、彭昌翰、释通岸、李鹰、邝瑞露、吕非熊、释超逸、释通炯、梁稷等19人（其中和尚3人），赋诗赠别，题于图后。陈子壮诗题为《送袁自如少司马还朝》（自如为袁崇焕的别字）。汪宗衍先生对《袁崇焕督辽饯别图咏卷》中的部分题咏者做了考证。饯别图咏之卷，其诗附录于后（见第99—106页）。

"肤公雅奏图"上的题诗，其主旨是：第一，希望他为国建功立业，如陈子壮"此去中兴麟阁待，燕然新勒更何辞"为代表；第二，提到他的性格，如陈子壮说他"高谈"、傅于亮说他"笑谈"、邝瑞露的"谈锋"；第三，劝他知进知退。诗中有6人11次提到黄石公、赤松子、《素书》等，如邝瑞露的"行矣莫忘黄石语，麒麟回首即江湖"的隐诫。这个典故是说张良功成之后，随即隐退，才避免被猜忌的刘邦所杀。因为他们看到朝政的昏暗、党争的激烈而以良言相劝。

袁崇焕辞别饯送的文友、法师等，乘舟登车，急奔北京。

二、平台奏对

崇祯元年即天聪二年（1628年）七月，袁崇焕到达北京。十四日，崇祯帝在北京紫禁城平台，召对朝廷大臣和蓟辽督师袁崇焕。今保和殿居中向后为云台门，其两旁向后东为后左门、西为后右门，即云台左门、云台右门，此二门即为平台，召对多于后左门进行。崇祯帝先对袁崇焕表示慰劳，并咨询辽东方略。在平台御前大臣有：大学士刘鸿训、李标、钱龙锡等。崇祯帝与袁崇焕就辽事进行对话，《崇祯长编》记载：

> 召廷臣及督师袁崇焕于平台。帝慰劳崇焕甚至。崇焕锐然以五年复辽成功自许，慷慨请兵械、转饷，凡吏部用人、兵部指挥、户部措饷、言路持论，俱与边臣相呼应，始可成功。帝是之。命即出关，纾辽民之望。
>
> 阁臣因请撤回王之臣、满桂赐剑，赐之。……是日赐崇焕酒馔。

《明史·袁崇焕传》记载：袁崇焕在平台答对崇祯帝询问，对曰："方略已具疏中。臣受陛下特眷，愿假以便宜，计五年，全辽可复。"崇祯帝谕曰："复辽，朕不吝封侯赏。卿努力解天下倒悬，卿子孙亦受其福。"崇祯帝同袁崇焕对答完之后，稍事休息。在休息期间，兵科给事中许誉卿问袁崇焕"五年之略"，就是五年之间，打退后金军进攻，收复辽东失地的方略。袁崇焕答道："圣心焦劳，聊以是相慰耳！"许誉卿又道："上英明，安可漫对！异日按期责效，奈何？"袁崇焕觉得有点失言。

休息完之后，崇祯帝回到平台，继续议事。袁督师即再奏言：

> 东事本不易竣。陛下既委臣，臣安敢辞难。但五年内，户部转军饷、工部给器械、吏部用人、兵部调兵选将，须中外事事相应，方克有济。

就是说，辽东的事情很难，实现五年复辽的目标，需要户部、工部、吏部、兵部给予支持和配合。崇祯帝当即"饬四部臣，如其言"。就是当即指示户、工、吏、兵四部，在粮饷、器械、用人、兵将方面，都要事事给予支持。

袁崇焕又提出：

> 以臣之力，制全辽有余，调众口不足，一出国门，便成万里，忌能妒功，夫岂无人？即不以权力掣臣肘，亦能以意见乱臣谋。

崇祯帝起立倾听袁崇焕的讲话。然后，谕袁崇焕曰："卿无疑虑，朕自有主持。"

事已到此，还有话说。袁崇焕以前车之鉴，从前熊廷弼、孙承宗都遭到朝中小人、奸人、阉人、庸人的嫉妒，皆为人排斥与陷害，而不得竟其志，甚至于被杀害。于是，袁崇焕再上言：

> 恢复之计，不外臣昔年以辽人守辽土，以辽土养辽人，守为正著，战为奇著，和为旁著之说。法在渐不在骤，在实不在虚。此臣与诸边臣所能为。至用人之人，与为人用之人，皆至尊司其钥。何以任而勿贰，信而勿疑？盖驭边臣与廷臣异，军中可惊可疑者殊多，但当论成败之大局，不必摘一言一行之微瑕。

他又沉重地说：

> 事任既重，为怨实多。诸有利于封疆者，皆不利于此身者也。况图敌之急，敌亦从而间之，是以为边臣甚难。陛下爱臣知臣，臣何必过疑惧，但中有所危，不敢不告。

在此，"况图敌之急，敌亦从而间之，是以为边臣甚难"这句悲凉的话，袁崇焕懵懂地言中了后来悲剧的结局。

但是，崇祯帝似乎没有听懂，或没有完全听懂袁督师这句含义深刻的话，而只是优诏慰答袁崇焕，并赐他蟒玉、银币。袁崇焕疏辞蟒玉，谦不接受。

这次崇祯帝平台召见袁督师，主要内容是：

第一，崇祯帝对袁崇焕表示慰劳，以示重用。

第二，袁崇焕向崇祯帝表示：五年时间，恢复辽东。

第三，袁崇焕为保证五年复辽，提出具体请求：在工部器械、吏部用人、兵部指挥、户部粮饷、言官舆论，特别是兵械与粮饷方面，要给予支持、配合。崇祯帝答应袁督师的上述请求。

第四，崇祯帝允准大学士刘鸿训等的建议，将已经赐给总督王之臣、总兵满桂的尚方剑撤回，转赐给袁督师，以便宜从事。

第五，崇祯帝当天赐袁崇焕酒馔、银币。命袁崇焕立即出京，奔赴山海关外，履行督师职责。

先是，袁崇焕曾拜访过熊廷弼。后来他在《哭熊经略》中叹道：

记得相逢一笑迎，亲承指授夜谈兵。

才兼文武无余子，功到雄奇即罪名。

慷慨裂眦须欲动，模糊热血面如生。

背人痛极为私祭，洒泪深宵哭失声。

兵部尚书、蓟辽督师袁崇焕，佩尚方剑，乘骑出关。《再出关》诗云：

重整旧戎衣，行途赋采薇。

山河今尚是，城郭已全非。

马自趋风去，戈应指日挥。

臣心期报国，誓唱凯歌归。

到了山海关，袁崇焕见了部下诸将，感慨万分，相忆旧事，激励向前，《关上与诸将话旧》诗云：

隔别又经年，今来再执鞭。

相看人未老，忆旧事堪怜。

兵法三申罢，军容万甲前。

诸公同努力，指日静烽烟。

袁崇焕离开北京到山海关后，首先碰到了一件意外并棘手的事件，就是宁远驻军发生哗变。因此，蓟辽督师袁崇焕着手平息宁远兵变。

附录：《袁崇焕督辽饯别图咏卷》作者与诗

1. 陈子壮：广东南海人。与袁崇焕同科进士，陈是探花，为明清之际著名人士。他在做浙江主考官时出题讽刺魏忠贤，因而被罢官。陈在崇祯时起复，官至礼部侍郎。后在广东起兵抗清，战败被俘，不降而死。他的诗《送袁自如少司马还朝》，载入其《陈文忠公遗集》。诗云：

曾闻缓带高谈日，黄石兵筹在握奇。
回纥传呼唯郭令，召公受策自淮夷。
追锋北向超三事，露布东征宠六师。
此去中兴麟阁待，燕然新勒更何辞？

2. 梁国栋：香山人，字景升。天启四年即天命九年（1624年）举人，官江西彭泽县知县。

边庭残虏昔曾降，文武功成宪万邦。
欲侍龙颜趋北阙，云帆楼舰发珠江。

笑倚戎车克壮猷，关前氛祲仗谁收？（祲，音 jìn）
忻看化日回春日，再上邢州护锦州。

猎猎旌旗蔽远天，嘈嘈箫鼓闹离筵。
先声已播河西静，又借君王玉马鞭。

司马忠良翊圣朝，名飞麟阁不须邀。
新皇庙算高千古，休比唐文只度辽。

3. 黎密： 字缜之，番禺人。在明末清初，与万元吉等守赣州，城破殉死。赠兵部尚书，谥忠愍。

罗浮春色动征轮，壮岁功名日转新。
三锡恩波酬騕褭，千秋茅土重麒麟。（褭，音niǎo）
彤弓欲挂扶桑日，玉剑还清瀚海尘。
元老壮猷谁得似？折冲长藉济时身。

4. 傅于亮： 广州人，以诗名。

运筹前后著勋殊，柎髀频催入帝都。（髀，音bì）
圯上有书留报汉，胸中操算立降胡。（圯，音yí）
天山自昔凭三箭，辽左而今仗一夫。
秉钺纷纷论制胜，笑谈尊俎似君无。

5. 陶㯠： 字摇光，南海人。国子监生，工诗文。诃林新修禅堂，㯠为作铭。尝结净社于诃林浮丘寺中，时与李孙宸、陈子壮、彭滋、戴柱、区怀瑞、区怀年、黎邦瑊（jiān）载酒分韵赋诗，见《光孝寺志》《建霞楼集》《陈文忠公遗集》。上文的光孝寺，中华书局标点本《光孝寺志·前言》云：三国东吴虞翻居此讲学，"多植蘋婆、苛子，时人称为'虞苑''苛林'。翻卒，后人施其宅为寺，扁曰'制止'"。……至南宋绍兴七年（1137年）改为"报恩光孝"，"光孝"之名遂一直沿用至今。其诗云：

马邑龙堆战未休，四朝独运九边筹。
早传黄石奇人秘，未许赤松仙子游。
铁骑临戈频报塞，金河度雁急防秋。
从兹载起汾阳老，围打西山火夜收。

6. **欧必元：** 字子建，顺德人。

　　拥侍归来两粤中，四朝三命主恩浓。
　　书从浉水征安石，碑树淮西表晋公。
　　采处但歌周室芑，赐来疑是鼎湖弓。
　　已知一月能三捷，饮御何时到泮宫？

　　蓟门东去路三千，汉相曾专细柳权。
　　今领中枢严锁钥，无烦上将拥楼船。
　　帝傍法曜能参座，关外降夷半实边。
　　主圣正需良宰执，虞廷新是舞干年。

7. **邓桢：**

　　龢鸾望阙复临边，夹道人看气倍前。
　　素韠已终风木恨，黄麻亲向岑原宣。（韠，音 bì；岑，音 xī）
　　枢星影近台三象，卿月光摇尺五天。
　　特简遄从归沐日，对扬恰值建元年。（遄，音 chuán）
　　冠加鹰角峨应甚，赐有龙文许自专。（鹰，音 zhì）
　　借箸独当天下计，折冲随运掌中权。
　　黑衣岂直朝来补，朱芾由兹世共联。
　　身历四朝元未老，城如万里洵加坚。
　　可知横草无如此，见说分茅即在焉。（茅，音 máo）
　　勒石只堪标懿绩，具瞻还为表凌烟。

8. **吴邦佐：**

　　东山久望重苍生，况复氛除海气清。

圣主已烦双使节，边人摇领百城迎。
只今华驿催征马，终古胡沙扫赤鲸。
原是长城雄阙北，更行刁斗不须鸣。

9. 韩暖：

绣幢绀节映洪涛，铙吹歌成壮巨鳌。
天上文昌兼将相，人间武库压萧曹。
客缘谢傅雄襟起，帝谓汾阳剑气豪。
望去朔方凭锁钥，春风万里拥旌旄。

10. 戴柱：

字安仲，南海人。著有《闲游草》。黎遂球《莲须阁集》中有《送戴安仲游楚》诗，邝瑞露《峤雅》中有《乙酉仲夏之京，次始兴，拉区启图、戴安仲登杨历岩》诗。《建霞楼集》有《戴安仲过游白下官署相访，未几别去，取道于浙，遍游吴、越名山，赋比送之》诗，略云"戴生湖海士，意气傲风尘，不着青衫谒时贵，每横白眼看世人。伸纸羞为制举义，含豪辄吐凌云气，牛耳狎主诃林盟，马蹄踏遍白云里。"陈伯陶《胜朝粤东遗民录·赵焞夫传》云："黎遂球、欧必元、李云龙、梁梦阳、戴柱、梁木公辈重开诃林净社，焞夫与焉。"故诗有"狎主诃林盟"句，此卷多社中净侣，殆吟咏于光孝寺中也。

欲向东山卧未成，征书络绎下神京。
咸行雁塞风烟净，传拥龙旗组练明。
献纳不忘山甫衮，安危须仗亚夫营。
旧题几遍燕然石，看取重磨好勒铭。

11. 区怀年：

字叔永，高明人。区大相之子，与兄区怀瑞齐名。著有《罗浮游记》等。曾检《高明县志》，并无"字子相"之说。顾犹有传于亮、陶标、邓桢、吴邦佐、韩暖、戴柱、彭昌翰、李膺、吕非熊、释超逸、释通烱等11人尚待考。

　　仙人窟宅自罗浮，入世还推第一流。
　　天上星辰供指顾，古来名物备兼收。
　　腾骧早具吞胡气，慷慨曾抒定国谋。
　　辽海风清归胜算，塞垣氛净识先筹。
　　雕戈远振徽猷盛，布帽旋膺宠眷优。
　　幕府几年看赐剑，枫宸今日近垂旒。
　　主张文运称司命，给引冠裳过寒修。
　　驽质独惭难御李，鲰生无计效依刘。（鲰，音 zōu）
　　北门锁钥应重寄，高阁麒麟定许酬。
　　计日升平知不爽，多君全慰旰宵忧。（旰，音 gàn）

12. 彭昌翰：

　　露布淋漓墨未干，威名异域胆犹寒。
　　形云缭绕麒麟阁，骏马骎骎獬豸冠。（骎，音 diàn；獬，音 xiè；豸，音 zhì）
　　一卷《素书》终报国，十年青鬓两登坛。
　　徂东雨雪重来日，杨柳依依夹道看。

13. 释通岸： 字觉道，又字智海。曾居诃林，著有《栖云庵集》。
　　笑拥貔貅百万师，阵前重睹受降时。
　　风云壮护明王诏，日月光悬大将旗。
　　庙算等闲空羯塞，天威咫尺对龙墀。
　　赤松游自功成后，岂负匡山旧社期？

14. 李膺：

　　王师一捷奋先声，胆落毡裘小范名。
　　绝塞功高勤借箸，圣朝恩重倚长城。
　　门非寇准谁司钥？戎有光庭可亚卿。
　　大纛排云今就道，东山起矣慰苍生。（纛，音dào）

15. 邝瑞露：以生而甘露降于庭槐得名，后省瑞名露，南海人。桂王时官中书舍人。

　　一曲清歌送谢安，青云天上忆弹冠。
　　千秋首蓿归秦垒，九伐威仪肃汉官。
　　涿鹿月连弓影合，卢龙霜落剑花寒。
　　明时自笑终童老，欲请长缨愧羽翰。

　　几年投笔上皇都，谁识高阳晋酒徒？
　　裂帛始通鸿雁塞，登楼今拜凤凰图。
　　吹笳暗落胡人泪，牧马群空汉月孤。
　　行矣莫忘黄石语，麒麟回首即江湖。

　　汉苑声华识弭貂，莺花吹送木兰桡。
　　新携马骨雄燕市，旧赐龙泉挂斗杓。
　　供帐夜悬南海月，谈锋春落大江潮。
　　长杨况值夸胡日，绝漠何人更射雕？

　　缙云缭绕入残春，客散津亭柳色新。
　　衣布尚怜天下士，高歌谁是眼中人？

商山豹雾依黄鹄，渭水渔竿起绿蘋。（蘋，音 pín）

为报桃花莫相笑，金章元傍赤松身。

16. 吕非熊：

司马雄风动隼旗，元戎十乘樅如崥。（崥，音 pí）

声灵久藉君王宠，谋略仍当长子师。

部下角弓悬月影，帐前龙剑拂霜威。

画樯金鼓连朝发，锦缆风云夹岸随。

诸葛名高推作阵，谢安才练雅能棋。

横行气激波涛壮，招抚恩垂雨露私。

坐遣虎符宣朔汉，行看凤藻散罘罳。

乘凉好逐南楼月，接辔谁将细柳驰？

天上册书传赐斧，幕中黄石解谈诗。

请看瀚海新铭绩，重扫燕然旧勒碑。

百二金城俱巩石，三千珠履尽囊锥。

封侯已是君家事，但洗馀氛答主知。

17. 释超逸： 字修六，三水何氏子。著有语录。崇祯八年即天聪九年（1635年）卒。与释通炯皆住诃林，同为憨山大师（德清）弟子。见《光孝寺志》《白云越秀二山合志》。

济世元推出世豪，朝天万里拥旌旄。

凤生自信通三昧，雄略谁能迈六韬。

铙吹响传青海捷，阵图辉映紫云高。

山河带砺应同固，竹帛芳垂汗马劳。

18. 释通炯： 字普光，号寄庵，南海陆氏子。崇祯十二年即崇德四年（1639年）卒，有《寄庵集》。

破虏曾惊出塞年，玺书频沐圣恩偏。
多时久蕴安邦策，此日无劳下濑舡。（舡，音 chuán）
勋业岂归萧相后？壮图应占祖生先。
名标画阁畴堪并，入望高凌五色烟。

19. 梁稷： 字非馨，番禺人。袁崇焕幕客。

上将复临边，安危仗大贤。
铭勋应胙土，图像自凌烟。
铙吹喧都邑，笳声杂管弦。
因知赐履日，正是舞戈年。

专征提斧钺，属国拜旌旄。
白羽摇金甲，黄云照宝刀。
良材供楛矢，美酒胜葡萄。
要使胡尘扫，今年太白高。

祖道出郊墟，青青柳渐舒。
共将朱鹭曲，来送画熊车。
胜算图方略，奇谋洽《素书》。
犹师赤松子，天路待勤渠。

第八章 平息兵变

当时形势：明朝皇位更迭，崇祯帝励志图新。

大 事 件：明朝辽东官兵哗变。

主要人物：新任蓟辽督师袁崇焕、辽东巡抚毕自肃、总兵官朱梅、兵变首领杨正朝和张思顺。

结　　局：哗变平息。

影　　响：辽东军务得到整顿，关宁锦防线得以巩固。

袁 崇 焕：

主要事迹：宽宥首恶，剪除次恶，安抚士兵，平息哗变。

主要活动区域：辽东宁远城。

遗迹、文物：宁远城鼓楼。

袁崇焕从天启七年即天聪元年（1627年）七月离任宁远，至崇祯元年即天聪二年（1628年）七月又赴任宁远，其间整整一年。在短短一年中，辽东前线发生了一起重大事件，就是明朝辽军的官兵哗变；而袁崇焕回到宁远所处理的第一件大事，就是平息宁远官兵哗变。本章着重叙述宁远兵变的起因、经过、后果及其影响，从中看出袁崇焕在平息兵变中所表现出的胆略与智慧。

一、官逼兵反

辽军哗变的直接原因是，朝廷腐败，拖欠军饷。这个问题，在袁崇焕任辽东巡抚期间就一直存在，但因他屡奏皇帝，疏吁困难，紧催户部，粮饷部拨，所以兵卒饷银，基本到位。在他离任一年间，王之臣接手，情况大变，军饷短缺，日益严重。到毕自肃接替王之臣任辽东巡抚时，军饷长期拖欠，更是雪上加霜。

崇祯元年即天聪二年（1628年）六月二十一日，辽东巡抚毕自肃奏报："辽饷缺至三月，几四十余万，乞立赐主持，毋将此饷别用。更酌关内外兵数，通融给发。太仆寺俵（biào，把东西分给人）马，应解州县，令输价以佐军兴。从之。"

崇祯帝虽御批"从之"，但以公文落实公文，事实上并未行之。

新任蓟辽督师袁崇焕于崇祯元年即天聪二年（1628年）入都，在平台受崇祯帝召对时，提出军饷等问题："陛下既委臣，臣安敢辞难。但五年内，户部转军饷、工部给器械、吏部用人、兵部调兵选将，须中外事事相应，方克有济。"袁崇焕提出在户部军饷、工部器械、吏部用人、兵部调遣四个方面，都应给予支持。

崇祯帝是什么态度呢？史载："帝为饬四部臣，如其言。"崇祯帝当即敕谕大学士暨户部、吏部、工部和兵部等四部的尚书、侍郎，要满足袁崇焕的请求，"如其言"。

同样，在晚明官僚体制中，皇帝的谕旨，多是以传谕落实传谕，以公文落实公文，提的问题，并未解决。崇祯帝的"如其言"，而其"言"也，多未"行"之。

崇祯元年即天聪二年（1628年）七月初五日，袁崇焕在离京赴关行前，再次就军饷上疏："壬戌（初五日），督师袁崇焕请速发关内外积欠七十四万金，及太仆寺马价并抚赏四万金，以无误封疆。仍请敕饷司及各道，悉听纠劾，以一事权。"崇祯帝"俱从之"。此事，史载：

> 初，督师出关军前支用银，旨令户、兵二部凑发十万金与之，兵部于太仆寺抚□银支三万金解关矣，尚欠七万金。兵部请令户部凑给，户部言督师军前犒赏之银，天启五、七两年有成例，系户、兵二部各五万金，今臣部已将山海饷司存积草豆价银，拨支五万金应用，乞敕令兵部遵照往例，自行措运五万金以应急需。报可。

崇祯帝的"从之"，不等于已办；户部的"报可"，不等于落实。事到临头，户、兵二部，不顾大局，公文往来，还在扯皮，贻误时机。

七月初六日，袁崇焕走马上任，急赴辽东，履行使命。明《崇祯长编》记载："督师兵部尚书兼都察院右都御史、赐尚方剑袁崇焕，抵关门受事。"

同日，辽东巡抚毕自肃再上疏言：

> 辽事之结局无期，马匹不给于，驰突甲胄不给于，披坚器械不给于，执锐望其养分外之精神，致敌忾之果毅，其将能乎！论兵则无不实之伍，论战未皆可用之兵，皇上见前此诸费空填溪壑，则有不信边臣之想，诸臣见目下诸项俱罄瓶罍（léi），则有忍不相顾之意，即如六万之马价，二万余之皇赏，一奉明旨，一为定额，同寺尚尔不应，他可知也，臣又何望而欲结辽局哉。旨慰勉之。

皇帝览疏后，未做处理，"旨慰勉之"。庙堂之上，公文往来，以谕旨落实谕旨，以批复落实批复，以"旨慰勉之"，去代落实之。

经一再催促，还在扯皮。《崇祯长编》记载："辛未（十四日），宁远饷金仅发十万，而户部侍郎王家桢（祯）疏开十二万，及尚书毕自严奏上，方简举错误，不准。"

七月二十五日，蓟辽督师袁崇焕刚上任，就提出关外兵马等事疏："辽东督师袁崇焕以关内外缺马，请于附京各州县寄养马匹中，折给三千匹，买之西边各市口可得四千匹，计非万马不足用。并乞敕将前借六万项下，速凑数万发马商，往西收买，以济急用。"崇祯帝命兵部先拨借抚赏两万金以济。

袁崇焕这里说的是马匹不足，尚未说到兵饷。这是因为他离职一年，不知关外辽军缺饷的极端严重性。

袁督师申请拨银买马奏疏三天后，辽东巡抚毕自肃对辽军缺饷问题，再加急上疏：

> 丁亥（二十八日）……辽东巡抚毕自严（肃），沥陈急饷云：四月饷银，须七万才可补足，而五、六、七三月，则全欠矣！班军盐菜，自三月至七月，共欠一十三万五千余两，部堂置之不论，群情已愤，祸乱已迫。臣于十日前，得中右所帖，甘心饷臣之匿名帖。越数日，复有匿名帖，在宁远鼓楼前，并欲甘心于臣暨粮厅矣！倘此诸军共为，有司莫告之，报臣与饷司粮厅，庸得保有首领乎！关门一重之藩篱，再令决裂大坏，主计者即不为诸臣身家惜，独不为朝廷封疆计乎！旨令速发，而宁军已告变矣。

毕自肃这篇上疏，"沥陈急饷"，戚戚切切，急急迫迫，欠饷严重，迫在眉睫。拖欠辽军兵饷，实际上是三、四、五、六、七，凡五个月。有的单项拖欠，有的是部分拖欠，更多的是全额拖欠。

军士们连吃食盐的钱都没有，何谈生存！毕自肃在同疏中，并奏告：

其一，中右所已有匿名帖，宁远城也有匿名帖。

其二，事态严重，一触即发："群情已愤，祸乱已迫。"

其三，若仍再拖延，可能旨令未下，"而宁军已告变矣"！

实际上，辽军官兵已经对欠饷忍无可忍。辽东宁远的士兵，特别是家在南方的军兵，忍耐冰天雪地狂风严寒之苦，身历炮火矢石流血负伤之危，夺取过宁远大捷和宁锦大捷，在袁崇焕的指挥下，有着光荣的历史。但是，他们生计维艰，饱受盘剥，哀告无门，忍无可忍，最终采取绝招：歃血会盟，激愤哗变。

宁远军队哗变，首先是由四川、湖广调来的官兵发起，以杨正朝、张思顺等为首。他们先秘密串联，再集中到广武营，会盟歃血，发起兵变。接着，事态扩大，迅速蔓延，遍及十三营兵，起而响应。哗变的官兵涌入辽东巡抚衙门，将辽东巡抚毕自肃、总兵官朱梅、通判张世荣、推官苏涵淳等人，从衙门拉出来，加以捆绑，囚于谯楼。

谯楼，有两种解释：一据周祈《名义考》，说是城门上的望楼；另一据曹昭《格古要论》（卷五），说是"世之鼓楼曰谯楼"。宁远城中心有鼓楼一座，本处谯楼当为此。

这就是崇祯元年即天聪二年（1628年）七月二十五日，在宁远发生的官兵哗变。

此事，《明史·袁崇焕传》记载：

> 是月（崇祯元年七月），川、湖兵戍宁远者，以缺饷四月大譟，余十三营起应之，缚系巡抚毕自肃、总兵官朱梅、通判张世荣、推官苏涵淳于谯楼上。自肃伤重，兵备副使郭广初至，躬翼自肃，括抚赏及朋椿二万金以散，不厌，贷商民足五万，乃解。自肃疏引罪，走中左所，自经死。

此事，《崇祯长编》于崇祯元年即天聪二年（1628年）七月，做了及时而简明的记载：

> 甲申（二十五日）……辽东宁远军变，执巡抚、都察院右佥都御史毕自肃。先是，宁远军乏粮四月，自肃请之户部，户部未发，悍卒因大哗，露刃排幕府，缚自肃及总兵官朱梅、推官苏涵淳、州同知张世荣，置谯楼上，捶击交下。自肃伤殊，血被面。兵备道郭广新至，身翼自肃。为解，括抚赏及朋椿二万金，不厌，益借商民足五万金，始解。草奏，引罪走中左所。八月丙申（初八日），自经死。

哗变官兵将辽东巡抚毕自肃、总兵官朱梅等，捆绑在宁远城中心的鼓楼上，逼迫发饷，喊骂乱打。哗变官兵，情绪激烈，局面失控，"捶击交下"。毕自肃满脸流血，伤势严重。衙署里面的敕书、旗牌、文卷、符验等，散碎狼藉，荡然无存。

这时，兵备副使郭广赶来。他一边用身体护翼巡抚毕自肃，一边同哗变首领谈判——主要是保证尽快发放拖欠的兵饷。

郭广先设法筹措了两万两银子发给士兵，哗变兵士不答应，还是平息不下。郭广又向商民借贷三万两银子，凑足五万，分发下去。哗变官兵情绪才稍为缓和，混乱局面才暂时稳住。趁兵士散去，郭广等救出巡抚毕自肃。但是，哗变的官兵分发完银两后，乱走乱窜乱传，情绪依旧亢奋。这时，十三营的营房，仍然高度警惕，戒备森严，日夜守备。

兵变爆发后，毕自肃上疏请罪，到中后所，自缢而死。

山海关外的宁远辽军，是由袁崇焕训练和指挥的一支曾连续夺取宁远大捷、宁锦大捷的铁军。在明末军队中，这支军队不仅作战勇敢、拼死战斗，而且训练有素、纪律严明。然而，究竟是什么原因，导致这次官兵哗变呢？

宁远兵变是各方面矛盾逐渐积聚的结果。

在袁崇焕离开宁远的一年时间里，辽东防务由王之臣负责。

王之臣，陕西潼关人，万历二十三年（1595年）乙未科三甲第一百一十一名进士。曾任御史，后属阉党，受到魏忠贤的信用。辽东经略高第因坐事被罢去，而以"王之臣代第"，王之臣代替高第为辽东经略。袁崇焕在宁锦大捷后，于天启七年即天聪元年（1627年）七月，受魏忠贤阉党排挤而辞职还乡。朝廷命王之臣代袁崇焕为督师兼辽东巡抚。

在天启朝庙堂上，袁崇焕依恃东林党，不靠近阉党。他虽然违心地也请为魏忠贤建生祠，但君子小人势同水火，终不为魏忠贤所喜欢。袁崇焕在做辽东巡抚时，王之臣官辽东经略，二人因事不合，闹到庙堂之上。经略与巡抚的关系，至关重要，史有鉴戒。如熊廷弼与王化贞，经抚不和，事权不一，导致广宁兵败，在明朝大臣中，留下深刻印象。时魏忠贤独揽朝纲，专权跋扈，遂让袁崇焕负责关外，王之臣负责关内，不久又把王之臣调任兵部尚书，而以袁崇焕尽掌关内外事务。王之臣任兵部尚书，时为天启七年即天聪元年（1627年）正月，正是魏忠贤阉党猖獗之时。同年七月初二日，袁崇焕被谕准回籍养病。初三日，兵部尚书王之臣便任蓟辽督师兼辽东巡抚，再次执掌辽东军政大权。

崇祯元年即天聪二年（1628年）正月十七日，毕自肃任辽东巡抚。他在宁锦之战时曾作为副使，协助袁崇焕守卫宁远，督率将士奋力守城，立下战功。三月十一日，命王之臣回籍待用。四月初三日，崇祯帝起用并重用袁崇焕，《崇祯长编》记载："袁崇焕起升兵部尚书兼都察院右副都御史，出镇行边督师蓟、辽、登、莱、天津等处军务，移驻关门。"五月，毕自肃之兄毕自严受到新帝起用，再拜户部尚书。

毕自严、毕自肃兄弟，山东淄川（今属山东省淄博市）人。当明朝辽东最困难之时，天启六年即天命十一年（1626年）正月，毕自严任户部尚书。时魏忠贤"议鬻南太仆牧马草场，助殿工。自严持不可，遂引疾归"。毕自严不同意魏忠贤的主意，固执己见，天启帝自然是听魏忠贤的，自己只有借口有病而辞官归里。毕自严刚正公廉，为士人所重。

在袁崇焕离开辽东的一年间，辽东局势日趋恶化，各种矛盾日趋尖锐，最终导致宁远兵变。兵变的具体原因，从六个方面考察：

第一，明朝庙堂。天启朝一大弊病是阉党之祸。举一史例。钟羽正拜工部尚书后，发生宦官到尚书大堂骚乱的事件。史载："故事，奄人冬衣隔岁一给。是夏（天启三年）六月，群奄千余人请预给，蜂拥入署，碎公座，殴掾吏，肆骂而去。"大明公堂之上，千余太监胡闹，大堂骚乱，成何体统！天启帝病死，崇祯帝继位。崇祯帝为天启帝办完丧事后，紧接着进行一系列人事变动：惩治阉党，重组内阁，六部换人，但阉党问题，仅作为魏忠贤个案处置，未做制度改革。崇祯帝一时无暇顾及边事，辽东防务，更加懈弛。

第二，辽东督臣。本来，明天启末、崇祯初，正是后金努尔哈赤死、皇太极立，处于新旧皇位交替之时，为辽东巡抚有所作为，提供有利时机。但是，王之臣督师蓟辽半年多，没有大的建树，基本上在维持，因为明朝也处于新旧皇位交替之时。崇祯登位，惩治阉党，人事变动，震动阁部。王之臣同阉党有瓜葛，也不安其位，更无心整饬辽东防务。

第三，更换巡抚。袁崇焕离任后，先由王之臣兼任辽东巡抚，继由毕自肃出任辽东巡抚。毕自肃，万历四十四年即天命元年（1616年）进士，山东淄川人。为官勤恳，廉洁自律，曾经在宁远之战和宁锦之战中立有战功。史载："崇焕与中官应坤、副使毕自肃，督将士登陴守，列营濠内，用炮距击；而桂、世禄、大寿大战城外，士多死，桂身被数矢，大军亦旋引去，益兵攻锦州。"毕自肃在宁锦之战中，为捍卫宁远立有功勋。但在他任辽东巡抚期间，朝廷因为财政拮据，辽东军饷，拖欠不发。他向朝廷屡次催饷，没有结果，他自己手上也没有银子，干着急没办法。

第四，军队纪律。辽军纪律，原为整肃，袁崇焕辞官后，巡抚几次变更，部伍松散，极度混乱。举一例：天启七年即天聪元年（1627年）十月初七日，宁远前屯大火，烧毁民居6300余间，烧死平民249人，火药器械，荡然一空。

第五，朝廷官员。本来下级军官和士兵生计已经非常困难，如果中高级军官能与他们同甘共苦，大家也能互相扶持渡过难关，不致发生兵变。而事实却是，一些官员的贪污腐败毫不收敛，结果是雪上加霜。比如辽东推官苏涵淳、通判张世荣，一酷一贪，使得官兵激愤，兵变蓄势待发。

第六，兵粮马秣。当时明廷财政竭绌，异常困难。如御史郝晋上疏言："万历末年，合九边饷止二百八十万，今加派辽饷至九百万，剿饷三百三十万……旋加练饷七百三十余万，自古有一年而括二千万以输京师，又括京师二千万以输边者乎！"

在天启朝，短短七年，大工屡兴，禄廪不给，户部银粮，愈加匮缺。崇祯初年，更加严重。辽军兵饷短缺，数月欠饷不发。

先是，天启后期，魏阉当权："忠贤乱政，边饷多缺。"户部尚书毕自严

"在事数年，综核撙节，公私赖之"。毕自严在职期间，积极筹措，不断奏疏，言："诸边年例，自辽饷外，为银三百二十七万八千有奇。今蓟、密诸镇节省三十三万，尚应二百九十四万八千。统计京边岁入之数，田赋百六十九万二千，盐课百一十万三千，关税十六万一千，杂税十万三千，事例约二十万，凡三百二十六万五千有奇。而逋负相沿，所入不满二百万，即尽充边饷，尚无赢余。乃京支杂项八十四万，辽东提塘三十余万，蓟、辽抚赏十四万，辽东旧饷改新饷二十万，出浮于入，已一百十三万六千。况内供召买，宣、大抚赏，及一切不时之需，又有出常额外者。"

时岁应入银三百二十六万两，实际收入不满二百万两，边饷银三百二十七万两，入不敷出，赤字太大。再加上军官克扣，不发饷银，甚至拖欠守军饷银长达四个多月不发。普通军兵，生计困难。

此前，有志之士，多奏谏言。如工部尚书钟羽正，谏言不听，连上三疏，求去益坚，因言："今帑藏殚虚，九边壮士日夜荷戈寝甲，弗获一饱；庆陵工卒，负重乘高，暴炎风赤日中，求佣钱不得；而独内官请乞，朝至夕从。此辈闻之，其谁不含愤？臣奉职不称，义当罢黜。"

以上矛盾，错综复杂，仔细分析，多因一果，导致于崇祯元年即天聪二年（1628年）七月二十五日，发生辽军哗变。

二、平息兵变

在这危难之际，刚刚上任的袁崇焕赶赴宁远，依靠副将何可纲典领的中军，迅速平息哗变。

此事，《明史·袁崇焕传》中做了记载。特别是《崇祯长编》中载录了袁崇焕关于宁远兵变的奏疏。后人主要靠这两种史料，了解当时宁远兵变及袁崇焕机智平乱的史事。

袁崇焕是进士出身的文官，更是一位刚正强势的统帅、勇敢机智的军人。蓟辽督师袁崇焕是怎样勇敢而机智地平息宁远兵变，使得处理结果既能让崇祯皇帝满意，又能获得哗变官兵同意呢？此事，《崇祯长编》载录的《袁崇焕奏疏》，记载较详，很有价值，亦为珍贵，不避赘絮，全录如下：

督师袁崇焕于到任次日，单骑出关，至宁远，未入署，即驰入营。宣上德意，各兵始还营伍。为首者虽川、湖兵，而是时十三营俱动。诸魁散处众兵中，犹日夜为备。崇焕与道臣郭广密图，召首恶杨正朝、张思顺至膝前，谕以同党能缚戎首，即宥前罪之旨。令报诸逆者名，擒之赎死，二凶唯唯。

然是时，已逃去伍应元等六人。十八日，而首恶田汝栋、舒朝兰、徐子明、罗胜、贾朝吹、刘朝、奇大邹、滕朝化、王显用、彭世隆、宋守志、王明等十二名，与先一日行道所拿之宋仲义及李友仁、张文元俱至。崇焕令郭广当堂认识，俱当日向前首恶，即令枭示。

随出手示，谕抚各营云：朝廷止诛渠魁，今首恶正法，此外不杀一人，诸营肃如。诸兵将变，集广武营，会盟歃血。参将彭簪古、中军吴国琦，知而实纵之。于是，斩国琦而责治簪古，以待处分。至车左营加衔都司王家桢、车石（右）营加衔都司左良玉、管局游击杨朝文、总镇标营都司金书李国辅，皆分别轻重治革，宥杨正朝、张思顺之死，发前锋立功，以其虽倡乱而有擒叛之功也。

时抚院敕书、符验、旗牌、历来文卷，碎无复存，及总兵符验亦失去，惟印无恙。抚臣关防，已贮前屯卫库。总兵旗牌，止失三杆，咸不问。推官苏涵淳、通判张世荣，一酷一贪，致激此变，降责有差。

宁城十三营俱乱，惟都司祖大乐一营不动，命奖之。

袁崇焕平息宁远军人哗变，出色表现与特点是：勇敢胆略与机变智慧。其整个过程，兹分析如下：

第一，单骑出关。兵变形势危急，"时十三营俱动"。袁崇焕"到任次日，单骑出关"。就是说，袁崇焕八月初六日到达山海关，次日（初七日），就马不停蹄，单骑出关，不带随从，驰往宁远。宁远兵变是一桩突发的事件，也是一个震惊庙堂的大事件。哗变军人将辽东巡抚毕自肃、总兵官朱梅等朝廷的军政大员，竟然囚禁在谯楼上，捶打羞辱，索讨军饷，可见群情之激愤，反抗之激烈。在这种氛围下，哗变军卒，情绪过激，一旦失控，自身可能被囚，甚至蒙受羞辱。其后果是：既可能丢掉官职，也可能身首异地。就是说，可能会断送"兵部尚书兼都察院右副都御使、督师蓟、辽、登、莱、天津军务"的官职。但是，袁崇焕置个人名利、地位、尊严、生死于不顾，出常人之所料，义无反顾、毅然决然地亲入虎穴，解决问题。这表现出袁督师的勇敢与果断、胆略与侠气、镇定与自信、睿智与才华。袁崇焕以兵部尚书、蓟辽督师的高官身份，单骑出关，身入虎穴，亲自处理，难能可贵。

第二，迅驰入营。从北京到山海关 700 里路程，袁崇焕急促上道，不顾酷暑，辛苦劳顿，策马兼程，刚到山海关，马不停蹄，立即出关。从山海关到宁远 200 里路程，骑马疾行，需一昼夜。袁督师风尘劳苦，日夜奔波，到宁远后，没有做事先通知，没有众下属迎接，没有进巡抚衙门，没有见往日同僚，没有讲官场礼仪，也没有喝茶喘息，而是"至宁远，未入署，即驰入营"。就是驱骑急疾，直入兵营，取得迅雷不及掩耳的效果。

第三，攻心为上。袁督师驰到军营后，官兵"犹日夜为备"。他没有就事论事，没有舍本逐末，而是先做政治思想工作——"宣上德意，各兵始还营伍"。袁崇焕利用原来的崇高威望与烽火情感，晓之以理，动之以情，安顿士兵，宣抚慰劳，使得骚乱官兵情绪趋稳，分散开来，各回营伍。

第四，密定计划。处理宁远兵变的突发事件，需要分清轻重缓急，制定秘密行动计划。语云："成大事者，不谋于众。"事关机密，不宜轻泄。于是，"崇焕与道臣郭广秘图"，就是袁崇焕与掌握实际情况的郭广等，了解实情，密室磋商，制定计谋，采取措施。

第五，宽宥事首。一般做法是：首恶必办，胁从不问。或者是：严惩首恶，轻处胁从。但是，袁崇焕的高明之处，恰恰不合处事常例。袁崇焕认为，在十三营军兵哗变的严重局势面前，杀一两个首领简单，但容易激化矛盾，引发更大的骚动。袁崇焕高明之处在于："召首恶杨正朝、张思顺至膝前，谕以同党能缚戎首，即宥前罪之旨。令报诸逆者名，擒之赎死，二凶唯唯。"宽宥事首杨正朝、张思顺，先瓦解哗变官兵上层内部。

第六，剪除"次恶"。袁崇焕不严惩兵变事首，无法向朝廷有个交代。袁督师对于"诸魁散处众兵中"的"次恶"，田汝栋等十五人捉获，"崇焕令郭广当堂认识，俱当日向前首恶，即令枭示"，将他们戮于市，进行严刑震慑。

第七，擒叛立功。对于这次哗变的两个首领——杨正朝、张思顺，袁崇焕如何处置？或事后杀掉，但这将失信于官兵；或开除军籍，但会造成社会麻烦。袁崇焕奏报朝廷，将他们"发前锋立功"——其理由是两位哗变首领"擒叛有功"。这就把难题在内部消化，而不推给社会。唐太宗有"用功不如用过"之说，袁崇焕则把哗变首领勇敢豪侠的精神，转化为英勇杀敌的力量。

第八，分别处理。辽军军官在兵卒哗变中，要负有一定的责任，不处置责任军官，其他军卒，也会不满。于是，袁崇焕以尚方剑在手，对负有责任的军官，区别对待，做出处理：命将中军吴国琦以贪污激变罪斩首；参将彭簪古受斥责；都司左良玉等四人被黜免；通判张世荣、推官苏涵淳因贪虐引起哗变，受到降职斥责；总兵官朱梅被解职。

第九，奖惩分明。袁督师既严惩哗变中责任军官，也表彰哗变中有功军官。宁远军兵十三营哗变，只有祖大寿之弟祖大乐所率一营官兵，没有参加哗变。他奏报朝廷，予以奖励。袁崇焕对辽军官兵区别待之：既有惩罚，也有奖励。这表现出袁崇焕策略的灵活性与公平性。

第十，奏报朝廷。袁崇焕向朝廷详奏宁远兵变经过、原因、处理及善后事宜，并得到崇祯皇帝的批准。朝廷也象征性地做出小的动作，惩治王家祯。《明史·王家祯传》记载：

> 王家祯，长垣人。万历三十五年进士。天启间，历官左佥都御史，巡抚甘肃。松山部长银定、歹成，扰西鄙二十余年，家祯至，三犯三却之，先后斩首五百四十。擢户部右侍郎，转左。崇祯元年摄部事，边饷不以时发，秋，辽东兵鼓譟，巡抚毕自肃自缢死。帝大怒，削家祯籍。

第十一，依靠骨干。在处理兵变过程中，袁崇焕重视依靠骨干力量。一如郭广，视为亲信，秘密谋划。二如何可纲。可纲，先任宁远道中军，廉勇善抚士卒。宁远之战与宁锦之战，坚守有功，迁参将，署宁远副将事。巡抚毕自肃令典中军。及袁崇焕再出镇，复以副将领中军事，靖十三营之变。崇焕欲再加提升，奏报称："中军何可纲专防宁远。可纲仁而有勇，廉而能勤，事至善谋，其才不在臣下。臣向所建树，实可纲力，请加都督佥事，仍典臣中军。"后何可纲佐袁崇焕更定军制，岁省饷一百二十万有余。

第十二，重新布局。新君登极，革除旧政。仅举总兵布局为例。天启朝魏忠贤窃权，任用阉党，山海关地区增设总兵三四人，出现"权势相衡，臂指不运"的问题。袁崇焕因疏请：原蓟辽总兵赵率教，挂平辽将军印，驻山海关；原总兵祖大寿挂征辽前锋将军印，驻锦州；原中军何可纲，为总兵，驻宁远——"臣妄谓五年奏凯者，仗此三人之力，用而不效，请治臣罪。"崇祯帝悉从之。后来事实证明：赵率教、祖大寿、何可纲三员大将果然不辱社稷使命——赵率教誓死御敌，命殒疆场；何可纲气节冲天，含笑被杀；祖大寿捍卫锦州，立下大功。

袁督师利用"首恶"，严惩"次恶"，德化为先，争取多数，分别处置，稳定局面。袁崇焕干净利落、迅速漂亮地平息了宁远兵变，稳定了辽东明军局势。

以上十二条，有些是一般性处理的，有些是特殊性处理的。其中，有四条是违背常规而不易做到的：

第一，到任次日，单骑出关；

第二，未入衙署，即驰入营；

第三，宽宥首恶，正法次恶；

第四，吸取教训，开布新局。

以上四条，表现出蓟辽督师袁崇焕过人的胆略、超人的智慧、坚强的信心和果断的行动。然而，一波刚平，一波又起。十月初一日，锦州守兵也发生哗变，但很快得到解决。

明朝蓟辽督师袁崇焕在平息军队哗变的过程中，其胆略，其智慧，其作风，其措施，都给后人提供了历史经验。

宁远、锦州接连哗变，主要原因是长期拖欠粮饷，"兵不聊生"，反映出辽东的明军军心涣散，官兵矛盾尖锐。

其实不仅士兵不满，崇祯朝高官，也多不得好下场，以崇祯朝刑部尚书十五人为例，其结局如下：(1) 薛贞以阉党抵死；(2) 苏茂相半岁而罢；(3) 王在晋未任，改兵部；(4) 乔允升坐逸囚遣戍；(5) 韩继思坐议狱除名；(6) 胡应台独得善去；(7) 冯英被劾遣戍；(8) 郑三俊坐议狱逮系；(9) 刘之凤论绞，瘐死狱中；(10) 甄淑坐纳贿下诏狱，改系刑部，瘐死；(11) 李觉斯坐议狱削籍；(12) 郑三俊再为尚书，改吏部；(13) 刘泽深，任当月死；(14) 范景文未任，改工部；(15) 徐石麒坐议狱，落职闲住；(16) 胡应台再召不赴；(17) 张忻，李自成陷京师，与其子庶吉士端并降。所以，崇祯朝十五位刑部尚书，得善果者只胡应台一人而已。

这样的朝廷和军队怎能抵御后金铁骑呢！这就需要整顿。因此，袁崇焕在平息宁远兵变之后，立即着手整顿关宁锦防线。

先是，袁崇焕于天启二年即天命七年（1622年）正月，开始初建关锦防线，取得宁远大捷；天启六年即天命十一年（1626年）四月，复建关宁锦防线，又取得宁锦大捷。宁锦大捷之后，崇焕辞职归里。袁崇焕去职后，关宁锦防线，名存实亡。崇祯元年即天聪二年（1628年）五月，后金军南进，明弃锦州，遁往宁远。后金军进略锦州、松山,遂堕锦州、杏山、高桥三城,并毁十三山站以东墩台21处。八月,袁崇焕升任蓟辽督师、进驻山海关后,在平息宁远兵变之后,着手整顿与再建关宁锦防线。选任官将、充实部伍、配置火器、严肃军纪、修缮城池、补充粮饷,关宁锦防线,愈加巩固。这条关宁锦防线,特别是其南段即关宁防线,直至明朝灭亡之前,皇太极始终没能攻破关门。

为争取时间,整顿和巩固关宁锦防线,袁崇焕利用时机,同后金议和,为此而受冤。

第九章 议和受冤

当时形势：后金天命汗与天聪汗、明朝天启帝与崇祯帝双方皇权更迭之际，明金双方都需要借助议和以达到自固的目的。

大 事 件：明金议和。

主要人物：天启帝朱由校、崇祯帝朱由检、袁崇焕、天聪汗皇太极。

结　　局：议和未成，后遭诟訾。

影　　响："议和"后成为袁崇焕落狱磔死的一条罪状。

袁 崇 焕：

主要事迹：遣官员、喇嘛并书信往来与后金议和。

遗迹、文物：宁远城与沈阳城。

袁崇焕后来受到非刑，其所谓罪状之一，是"议和通虏"。袁崇焕在辽东任职期间，先后两次同天聪汗皇太极议和。

一、天启议和

天启六年即天命十一年（1626年）八月十一日，努尔哈赤死，皇太极继承汗位。袁崇焕遣使到沈阳，皇太极也遣使到宁远，开始了袁崇焕同皇太极的议和活动。但在此前，双方边事，书使穿梭，屡有交往。

早在万历三十六年（1608年）三月，建州就同明辽东官员，盟誓建碑，协议和平。努尔哈赤谓群臣道："吾欲与明，昭告天地，同归于好。"随后，建州遣使往广宁，会见明辽东副将及抚顺所备御等，共同誓辞勒碑，刑白马、乌牛祭天。其誓词曰："两国各守边境，敢窃逾越者，无论满洲、汉人，见之杀无赦。若见而不杀，殃及不杀之人。明若渝盟，其广宁巡抚、总兵、辽东道、副将、开原道、参将等官，均受其殃；满洲渝盟，殃亦及之。"盟誓完毕，遂在双方沿边地方建碑。这是明朝同建州通过议和，而达成的第一个盟誓。

而后，万历四十一年（1613年）九月二十六日，努尔哈赤至明抚顺所。抚顺游击李永芳出城三里外迎见。努尔哈赤便以文书给李永芳，然后回去。努尔哈赤此次投书，是想争取李永芳，并通过他向朝廷转述自己的愿望。

万历四十二年（1614年）四月，明朝遣备御萧伯芝，自称大臣，乘八抬轿，到赫图阿拉，递交文书，述古来兴废故事，要建州勿再扩张。时努尔哈赤已经吞并哈达、辉发、乌拉，兵锋锐盛，意气益骄，"竟不视其书，遣之还"。

万历四十三年（1615年）四月，明广宁总兵张承胤遣通事董国荫，致书努尔哈赤，曰："汝所居界外地，皆属我，今立碑其地。其柴河、三岔、抚安三路之田，汝勿刈获。其收汝边民，迁汝国。"努尔哈赤也做了回答。通事董国荫驳斥道："此言太过矣！"自此，明朝与建州在双方界限数处，立石碑为界。

以上说明，努尔哈赤在建州时期，作为朝廷命官，同明朝官员有过四次重要的交往。后金作为一个独立政权，同明朝官员通书往来，始于天命三年即万历四十六年（1618年）四月。

先是，万历四十四年即天命元年（1616年）正月，努尔哈赤在赫图阿拉称汗建元。天命汗努尔哈赤建立后金，开始同明朝分庭抗礼。他建元称汗后，花费两年的时间，整顿内部，扩大势力。万历四十六年即天命三年（1618年）正月，努尔哈赤对诸贝勒大臣宣布："今岁必征大明！"努尔哈赤向明朝发起进攻时，采取军事进攻与政治和议的两手策略。从此，在后金与明朝的关系中，以军事进攻为主，政治议和为辅，战和配合，相辅相成。所以，军事进攻为主，政治议和为辅，这是后金—清朝对明朝的基本方略。

后金宁远兵败之后，同年八月十一日，努尔哈赤死去。天命汗努尔哈赤之死，是清朝兴起史上一个转折点。后金宗室内部，随着天命汗之死，发生了重大变局。这时，明辽东巡抚袁崇焕，抓住有利的时机，提出同后金议和。这是明清关系史上的一件大事，也是明清关系史上的一个转折点。明朝与后金，双方各为着"自固"，都需要议和。

于明朝：议和是明朝的缓兵之策。

明自万历四十六年即天命三年（1618年）失陷抚顺以后，丢城失地，屡战屡败。先是抚顺、清河，继是萨尔浒，又是开原、铁岭，再是沈阳、辽阳，复是广宁、义州——作战，打一仗败一仗；城镇，守一城失一城。八年以来，宁远虽胜，其北诸城，却需修葺。而要修缮诸城，则需争取时间。明辽东巡抚袁崇焕不仅了解后金存在的弱点，而且看到明朝自身的困难。

第一，军事上，袁崇焕虽获宁远大捷，但靠"凭坚城以用大炮"之策取胜，并未与八旗军野战争锋。为着锐意恢复失地，需借和谈作阻兵计，关宁锦八城，加以修缮，训练兵马，运粮治炮，集民耕屯。

第二，政治上，天启末年，庙堂腐败，宦官专权，朝政黑暗。国势败坏，党争激烈，朝廷政策，需要调整。

第三，经济上，自失陷抚顺以来，兵连十载，军队饷银，数额大增，粮秣军械，运往关外，中空外竭，灾荒严重，哀鸿遍野。

第四，策略上，袁崇焕相机而动，主张同后金议和。崇焕奏报，优旨许之，从而开始了明朝对后金策略上的重大转变，是为明朝与后金关系史上的一个重要转折点。

议和同战争一样，都是政治斗争的一种手段而已。为着达到政治目的，既可用刀剑，也可用笔舌，或兼而用之。虽然战争已把明朝这个重病躯体拼命地往下拖，但它仍自诩为"天朝"，而视后金为"东夷"，徒好大言，不尚实际，更以宋金和约为鉴戒，不愿同后金议和。然而，袁崇焕能体察形势，不拘泥成见，疏陈把议和作为明廷对后金的一种策略。他说："守为正著，战为奇著，款为旁著。"袁崇焕把守、战、款，作为三种策略，在同后金斗争中，守攻相济，款战并用。但是，袁崇焕议和，冒着政治风险："南朝之君，深鉴宋室之覆辙。文臣以口舌纸笔支吾了事，不肯担当以玷清议；武官只垂手听人指挥，不敢专决。"这里的"南朝"，指的是明朝。后来，袁崇焕落狱殒身，此为一大原因。

于后金：议和是后金的急切需要。

自努尔哈赤建元称汗，到南明永历帝兵败被俘，在中华民族内部，明、清（后金）之间的战争长达 46 年。甲申之际，主客易位，明祚灭亡，清都燕京。此前，努尔哈赤崛起辽东，统一建州女真，吞并扈伦四部，征抚漠南蒙古，举兵袭陷抚顺。明军在萨尔浒之役四路丧师后，努尔哈赤一得志于开原、铁岭，二得志于沈阳、辽阳，三得志于广宁、义州。明军败报频至，举朝震惊。努尔哈赤公开打出反明旗帜后，以军事进攻为主，未尝与明帝议和。天启六年即天命十一年（1626年），努尔哈赤死，子皇太极立。明辽东巡抚袁崇焕遣使往沈阳吊丧，兼贺新汗即位，并觇（chān）视其虚实。从此，拉开了明朝与后金议和的帷幕。其时，后金出现重大历史转折，遇到重大社会困难。这主要表现在：

第一，军事上，努尔哈赤率领号称20万大军攻宁远，兵败。而后，皇太极兵攻宁、锦又败。后金连年出兵征战，竟无尺寸土地之得。后金主殂（cú）兵挫，满洲军民沮丧。

第二，政治上，皇太极初立，与三大贝勒"俱南面坐"，被称作"四尊佛"。皇太极不容于众贝勒，众贝勒也不容于皇太极。天聪汗皇太极"虽有一汗之虚名，实无异整黄旗一贝勒也"！诸贝勒对皇太极心怀不平，他欲借外交胜利，来缓解其内部骨肉相残的困局。

第三，经济上，连年战争，马市关闭，贡市停止，辽东大饥，粮食奇缺，物价飞涨。《满文老档·太宗朝》记载："斗谷八两银，人有相食者。"

第四，策略上，后金军西进，受到袁崇焕阻挡；蒙古林丹汗实力强大，又同明朝结有共同抵御后金的盟约。皇太极欲调整进兵方略，希图与明议和，兵锋东指朝鲜，以收到兴师克捷、获取粮布、兼略皮岛和巩固汗位一石四鸟的效果。

其时，有人在《奏本》中综论当时天下的大势大局，分析后金与明朝的形势，指出明朝与后金各有其短长："野地浪战，南朝万万不能；婴城固守，我国每每弗下。"并奏称后金战胜明朝，时机未到，不可强求；机会已到，则不可失。故认为后金对明朝"图霸制胜"之大计，"惟讲和与自固二策"。皇太极鉴于形势，运筹帷幄，决计遣使携书赴宁远同明议和。

既然议和为后金与明朝的双方需要，袁崇焕与皇太极，便开始议和活动。

袁崇焕宁远得胜后，升为辽东巡抚，深受朝廷信任，颇有匡复大志。天启六年即天命十一年（1626年）八月十一日，努尔哈赤去世，后金军民沉浸在一片悲哀之中。蒙古各部贝勒、台吉，或亲至、或遣使，前往沈阳，烧纸吊祭，哀唁老汗逝世，兼贺新汗继位。

王之臣与袁崇焕、镇守太监依据"便宜行事"谕旨商议，派使前往沈阳，察探"彼中虚实"，并提出"万一此道有济,贤于十万甲兵"。天启皇帝旨批："阃（kǔn）外机宜,悉听便宜行事。"十月，明辽东巡抚袁崇焕派都司傅有爵、田成及李喇嘛（即喇嘛镏南本座）等34人，到沈阳为努尔哈赤吊丧，并祝贺新汗皇太极即位。这个惊人的举动，令人们感到意外。后金与明朝自万历四十六年即天命三年（1618年）以来，八年之间，矢镞纷飞，处于战争状态，并无使臣往来。袁崇焕名为吊唁努尔哈赤之丧，实则是借机刺探后金内部的军政情报。

天聪汗皇太极也心中有数。他明白袁崇焕的意图，便将计就计，顺水推舟。皇太极对从宁远来的明方使臣，盛情款待，表现大度。时大贝勒代善出征喀尔喀扎鲁特部凯旋，皇太极要让明朝使臣观看后金军队的士气与军容，邀请他们随同出迎十五里，阅示后金军凯旋大礼，还赏给李喇嘛1峰骆驼、5匹马、28只羊。傅有爵、李喇嘛等一行，在沈阳驻留将近一个月。临走时，皇太极派方吉纳、温塔石带领7个人，随同明使回宁远，并向袁崇焕献人参、貂皮、玄狐、雕鞍等礼物。皇太极致袁崇焕的文书，《清太宗文皇帝实录》天命十一年（1626年）十一月十六日记载："大满洲国皇帝致书于大明国袁巡抚：尔停息干戈，遣李喇嘛等来吊丧，并贺新君即位。尔循聘问之常，我亦岂有他意？既以礼来，当以礼往，故遣官致谢。至两国和好之事，前皇考往宁远时，曾致玺书与尔，令汝转达，至今尚未回答。汝主如答前书，欲两国和好，我当览书词以复之。两国通好，诚信为先。尔须实吐衷情，勿事支饰也。"皇太极明确表示：两国和好之事，父汗以前往宁远时，曾予致书，要求转奉，但至今未复。你们真要和好，作出回应，我将答复。

后金遣使到达宁远，袁崇焕立即奏报朝廷。后金来使，恭谨执礼，《明熹宗实录》天启六年即天命十一年（1626年）十二月二十二日记载了袁崇焕的奏言："奴遣方金纳、温台什二夷，奉书至臣，恭敬和顺，三步一叩，如辽东受赏时。"袁崇焕又奏言：

> 自宁远败后，旋报（努尔哈赤）死亡，只据回乡之口，未敢遽信。幸而厂臣主持于内，镇守内臣，经、督、镇、道诸臣，具有方略，且谋算周详。而喇嘛僧慧足当机，定能制变，故能往能返。奴死的耗，与奴子情形，我已备得，尚复何求？不谓其慑服皇上天威，遣使谢吊。我既

先往以为间，其来也正可因而间之。此则臣从同事诸臣之后，定不遗余力者，谨以一往一还情形上闻。

天启帝谕旨："据奏，喇嘛僧往还，奴中情形甚悉。皆厂臣斟酌机权主持于内，镇、督、经臣协谋于外。故能使奉使得人，夷情坐得，朕甚嘉焉。夷使同来，正烦筹策，抗则速遣之，驯则徐间之。无厌之求，慎无轻许；有备之迹，须使明知。严婉互用，操纵兼施。勿挑其怒，勿堕其狡。夷在，无急款以失中国之体；夷去，无弛防以启窥伺之端。战守在我，叛服听之。该抚还会同镇守内臣及经臣、督臣、顺天抚臣，酌议妥确。"

袁崇焕据此旨意，即将方吉纳等遣还，也不接受皇太极来书。他的理由是，来书封面书写"大金"与"大明"字样并列，有失"天朝"尊严，无法向朝廷转奉。袁崇焕没有拆封，就让方吉纳等将原书带回。辽东巡抚袁崇焕既不复信，也未派使者随同其往沈阳。袁崇焕的收获是得到努尔哈赤死亡及其汗位继承的实情。明朝与后金第一次和议使臣往返活动，由此结束。

袁崇焕将遣使、议和之事，及时奏报朝廷。据《明熹宗实录》等记载：先后于天启六年即天命十一年（1626年）的九月戊戌日（二十九日）、十月壬子日（十三日）、十二月辛亥日（十三日）、庚申日（二十二日）和丙寅日（二十八日），还有天启七年即天聪元年（1627年）的正月庚辰日（十二日）、正月甲午日（二十六日）、二月己亥日（初二日），八次奉书，疏报朝廷。上面引述的朝廷谕旨，表示袁崇焕可以同后金议和，并允他便宜行事。但是，《明史·袁崇焕传》称：

崇焕初议和，中朝不知。

上述记载，显然失实，是为不确之论。《明熹宗实录》天启七年即天聪元年五月十五日记载，袁崇焕自己辩白道："若臣向以侦谕用间，何尝许一'款'字？前后章疏，俱在御前。有谓'以款误'，臣不受也！"

明廷对同后金议和的政策，朝臣分歧，摇摆不定。辽东督师王之臣在奏疏中认为："天朝之大，有泰山四维之势，可恃以无恐耳。我若顿忘国贼，与之议和，彼必离心，是驱鱼爵于渊丛，而益敌以自孤也。臣款款之愚，必不敢强同一时，终贻后悔。惟度我力能战则战，不能则守。观变待时，虏自瓦解。何必曲为之和，以酿无穷之衅乎！"因谕："边疆以防御为正，款事不可轻议。"

袁崇焕于议和，持慎重的态度。他以皇太极来书"大金"与"大明"并写，不便奏闻，既不遣使，也不回书。然而，后金和明朝都需要以议和作为"自固"之道。皇太极之目的，在于集中兵力，进攻朝鲜。袁崇焕之目的，在于修缮关外八城，加强防御。因此，双方又在进行新的议和试探。

天启七年即天聪元年（1627年），金明议和。其时，后金原明生员岳起鸾奏曰："我国宜与明朝讲和。若不讲和，则我国人民，死散殆尽。"后金与明朝的议和，在艰难曲折中进行。皇太极对袁崇焕没有继续遣使持书议和，并不甘心，继续试探。正月初八日，皇太极命二贝勒阿敏等率军，东进朝鲜，既攻打毛文龙，又顺道攻朝鲜。天聪汗在东线用兵朝鲜，在西线需要进行和谈，牵制明军东进，解除后顾之忧。皇太极命方吉纳、温塔石等9人再去宁远，致书辽东巡抚袁崇焕。后来修的《清太宗文皇帝实录》记载道：

> 满洲国皇帝致书袁巡抚：吾两国所以构兵者，因昔日尔辽东广宁守臣，高视尔主，如在天上，自视其身，如在霄汉。俾天生诸国之君，莫得自主，欺藐陵轹（lì），难以容忍。是用昭告于天，兴师致讨。惟天不论国之大小，止论理之是非。我国循理而行，故仰蒙鉴佑。尔国违理之处，非止一端，可为尔言之。如癸未年（万历十一年），尔国无故兴兵，害我二祖，一也。癸巳年（万历二十一年），叶赫、哈达、乌喇、辉发与蒙古，无故会兵侵我，尔国并未我援。幸蒙上天以我为是，师行克捷。后哈达复来侵我，尔国又不以一旅相助。己亥年（万历二十七年），我出师报哈达，天遂以哈达畀我。尔国乃庇护哈达，逼我释还其人民。及释还哈达人民，复为叶赫掠去，尔国则置若罔闻。尔既称为中国，宜秉公持平，乃于我国则不援，于哈达则援之，于叶赫则听之。此乃尔之偏私也，二也。尔

> 国虽启衅，我犹欲修好，故于戊申年（万历三十六年）勒碑边界，刑白马乌牛，誓告天地云："满、汉两国之人，毋越疆圉（yǔ），违者殛（jí）之。"乃癸丑年（万历四十一年），尔国以防卫叶赫，发兵出边，三也。又曾誓云："凡有越边者，见而不杀，殃必及之。"后尔国之人，潜出边境，扰我疆域，我遵前誓诛之。尔乃谓我擅杀，缧（léi）系我广宁使臣纲古里、方结纳，且要我杀十人于边境，以逞报复，四也。尔以兵防卫叶赫，俾我国已聘叶赫之女，改适蒙古，五也。尔又发兵，焚我累世守边庐舍，扰我耕耨，不令收获，且展立石碑，置沿边三十里外，夺我疆土。其间人参、貂皮、五谷、材用产焉，我民所赖以为生者，攘而有之，六也。甲寅年（万历四十二年），尔国听信叶赫之言，遣使遗书，种种恶言，肆行侮慢，七也。我之大恨，有此七端。至于小忿，何可悉数？陵逼已甚，用是兴师。今尔若以我为是，欲修两国之好，当以黄金十万、白金百万、缎匹百万、布匹千万相馈，以为和好之礼。既和之后，两国往来通使。每岁我国以东珠十、貂皮千、人参千觔（jīn）遗尔。尔国以黄金一万、白金十万、缎匹十万、布匹三十万报我。两国诚如约馈遗，以修盟好，则当誓诸天地，永久勿渝。尔即以此言，转达尔主。不然，是尔仍愿兵戈之事也！

书中再申"七大恨"，并提出和好的具体条件。皇太极要求明朝必须拿出"黄金十万、白金百万、缎匹百万、布匹千万"作为和好的礼物；而后，每年又要拿出"黄金一万、白金十万、缎匹十万、布匹三十万"给后金，如不答应，后金将继续以兵戈从事，对明朝发动军事进攻。这是天文数字，毫无和谈诚意，纯属政治讹诈。

三月，袁崇焕派杜明忠为使，随同方吉纳等去沈阳，带去给皇太极的回书。袁崇焕的回书写道：

> 再辱书教，知汗渐息兵戈以休养部落。即此一念好生，天自鉴之。将来所以佑汗而强大之者，尚无量也。往事七宗，汗家抱为长恨者，不

佞宁忍听之漠漠。但追思往事，穷究根因，我之边境细人与汗家之部落，口舌争竞，致起祸端。汉过不先，满过必后；满过肯后，汉过岂先。作孽之人，即逭（huàn）人刑，难逃天怒。不佞不必枚举，而汗亦所必知也。今欲一一开晰，恐难问之九原。不佞非但欲我皇上忘之，且欲汗并忘之也。然汗家十年战斗，皆为此七宗？不佞可无一言！今南关、北关安在？河东、河西死者，宁止十人？仳（pǐ）离者宁止一老女？辽、沈界内之人民，已不能保，宁问田禾？是汗之怨已雪，而意得志满之日也。惟我天朝难消受耳！今若修好，城池地方，作何退出？官生男妇，作何送还？是在汗之仁明慈惠、敬天爱人耳！然天道无私，人情忌满，是非曲直，原自昭然。各有良心，偏私不得。不佞又愿汗再思之也。一念杀机，起世上无穷劫运；一念生机，保身后多少吉祥！不佞又愿汗图之也。若书中所开诸物，以中国之大，皇上之恩养四夷，宁少此物，亦（抑）宁靳此物？然往牒不载，多取违天，恐亦汗所当自裁也。方以一介往来，又称兵于朝鲜，何故？我文武兵将遂疑汗之言不由中也。兵未回即撤回，已回勿再往，以明汗之盛德。息止刀兵，将前后事情，讲析明白。往来书札，无取动气之言，恐不便奏闻。（《清太宗文皇帝实录》，中华书局1985年版）

袁崇焕的赍（jī）书，驳斥了皇太极的"七大恨"，并将双方多年战争，归结边民细末争执所引起。他断然拒绝皇太极的贪婪要求，并要皇太极将辽东土地、人民归还明朝。袁崇焕还要求皇太极从朝鲜撤军，并保证以后不得加兵朝鲜。这些要求，皇太极显然不能接受。时天聪汗已派大军进入朝鲜，无暇西顾。袁崇焕则乘机修复锦州、中左所、大凌河三城。工程正在加紧进行中，袁崇焕接到毛文龙和朝鲜告急文书，便派水师应援毛文龙，并派赵率教统领精兵逼近三岔河，作牵制之势。朝鲜被征服后，赵率教等退兵。

四月初八日，皇太极遣明使杜明忠返回，携带其致袁崇焕答书一封，又致李喇嘛答书一封。在致袁崇焕书中，皇太极逐条驳斥了袁崇焕上封信中的论点，坚持"两国是非晓然，以修和好"。即将弄清是非，作为议和条件。皇太极在回书时也做了一些让步。其一，愿意在书写格式上，把自己名字下明朝皇帝一字书写，但不得与明臣并列。其二,将礼物数目减半，规定明朝出"初和之礼"黄金5万两、银50万两、缎50万匹、绫布500万匹。后金以东珠10颗、黑狐皮2张、玄狐皮10张、貂皮2000张、人参1000斤作为回报。和好之后，明朝每年送后金黄金1万两、银10万两、缎10万匹、绫布30万匹。后金给明朝东珠10颗、人参1000斤、貂皮500张。皇太极在致李喇嘛书中道："'苦海无边，回头是岸。'此言是也。然向我言之，亦当向明国皇帝言之。若肯回头，同臻极乐，岂不甚善！"皇太极致袁崇焕与李喇嘛两书缮写完毕，刚要遣使前往时，得报：明军正在抢修塔山、大凌河、锦州等城。皇太极命再附书袁崇焕，指责他诈称和好，修葺城垣，乘机备战，不守信义。他提出，如真心议和，应先划定疆界。皇太极决定不遣使往宁远，而让杜明忠带回去。后袁崇焕不满后金入侵朝鲜，停遣使，罢和议。他对皇太极所提要求，不予理睬。因此，双方议和，便告中止。

五月，皇太极既下朝鲜，约为"兄弟之盟"，而消除后顾之忧，又知毛文龙虚实，遂发动宁锦之战，欲洗雪其先父之遗恨。皇太极兵围锦州，致书纪用太监等，提出"或以城降，或以礼议和"。纪用答复曰："至和好之事，俟退兵后奏知朝廷再议。"皇太极攻城不克，兵败而回。旋即袁崇焕被魏阉排挤离职。袁崇焕受排挤的一个"理由"是，"谈款一节，所误不小"。

袁崇焕不予回书，自有苦衷。先是，他主持议和，是以议和为缓兵之计，争取时间，加紧修城。他曾将议和之事奏报朝廷，天启帝旨允。但很多朝臣反对议和，认为此是重蹈宋金议和覆辙。袁崇焕坚持议和，反复说明其策略。当皇太极进兵朝鲜时，群臣纷纷弹劾袁崇焕，说后金敢于入侵朝鲜，是"和议所致"。袁崇焕不服，遂上书辩解："关外四城虽延袤二百里，北负山，南阻海，广四十里尔。今屯兵六万，商民数十万，地隘人稠，安所得食？锦州、中左、大凌三城，修筑必不可已，业移商民，广开屯种。倘城不完而敌至，势必撤还，是弃垂成功也。故乘敌有事江东，姑以和之说缓之。敌知，则三城已完，战守又在关门四百里外，金汤益固矣。"这说明袁崇焕议和的真实意图。经过此番申辩，天启帝表示谅解。随后，天启帝又改变主意，不准议和，屡下谕旨："狡奴变诈叵测，款不足信。"不难看出，明朝方面，进行议和，毫无诚意。袁崇焕对后金所提议和条件，或是敷衍，或是拖延。皇太极议和赍书都被袁扣压，不上奏朝廷。因为不是真和，也就不必奏报。

不久，袁崇焕辞职回乡，天启帝患病死去，议和之事，便告中断。

二、崇祯议和

崇祯元年即天聪二年（1628年），崇祯帝初政，魏忠贤已诛。正月初二日，皇太极借给天启帝吊丧、贺崇祯帝继位之机，派人往宁远，赍书总兵祖大寿，曰："夫构兵则均受苦难，而太平则共享安逸。我愿太平，欲通两国和好之路。"祖大寿没有得到回答。不久，袁崇焕被起用为蓟辽督师。皇太极致书袁崇焕，要求恢复和谈，并做出让步：奉明朝正朔，去天聪年号。时崇祯帝急欲励精图治，而群臣翘望肤奏辽功。袁崇焕企划五年复辽，整顿诸务，尚需时日，但有其难言之隐。他于议和态度冷漠，回书称："非一言可定也。"

八月，后金佚名《奏本》分析"大势大局"，提出"图霸制胜"之策。略谓：先皇帝席卷辽河以东，已成破竹之势，本应继续西进，但因怀疑中止。这是皇天有意保留明朝。明朝用兵已久，财力枯竭，然而它以全国之力倾注于一隅之地，还是很充裕的。论野地浪战，南朝则不如我国；而死守城池，我兵却每每攻不下。因此，我国屡次进征，屡次不得长驱直入，令人愤恨不已。我以为时间未到，不能强求；机会来临，不可失掉。我国对南朝的方针大计，唯有"讲和与自固二策而已"。南朝君臣亦深知宋朝的教训，但贿赂的积习难以消除，时间一久，它就会疏忽、懈怠，必然踏入不可挽回的颓势之中。等待我国更加富足，兵力更加强大，那时再乘机进攻，破竹长驱，天下可以传檄而定。再有一策，我国努力修明政治，开垦土地，息兵养民，举贤任才，不慕虚名，只求实力。这是最为要紧的一着，即"自固"的上策。况且南朝文官武将，季季更换，年年变迁。它的宰辅大臣，迂腐而不知通权达变；其科、道官员，不懂军事而纸上谈兵。以为边官无功，统统罢官。虽"师老财匮"，却频频催促进兵。那时，我国以逸待劳，以饱等饥，以一击十。这道奏疏，建议对明朝采取和谈之策、对后金采取自固之策。《奏本》中提出的"和谈"，是一个策略，利用和谈，争取时间；强化自身，巩固辽沈，富国强兵。在"自固"同时，利用和谈，麻痹对方，装出卑下的姿态，麻痹明朝，促使其内部不攻自乱。时机一到，便"破竹长驱"，天下可定。这份《奏本》之后，皇太极更主动、更自觉地利用议和，作为辅助手段，同明朝进行较量。

崇祯二年即天聪三年（1629年），从年初到出兵迂道进攻北京前，皇太极先后发出八封议和书，其中给袁崇焕六封，给明诸大臣二封。袁崇焕先后回皇太极书四封。依据《满文老档》和《无圈点老档》（《旧满洲档》《老满文原档》）记载，排列如下：

（1）正月十三日，皇太极致袁崇焕书。

（2）二月二十八日，皇太极致明执政诸大臣书。

（3）闰四月初二日，袁崇焕致皇太极书。

（4）闰四月二十五日，皇太极致袁崇焕书。

（5）六月二十日，皇太极致袁崇焕书。

（6）六月二十七日，皇太极致袁崇焕书。

（7）七月初三日，袁崇焕致皇太极书。

（8）七月初三日，袁崇焕又致皇太极书。

（9）七月初十日，皇太极致袁崇焕书。

（10）七月初十日，皇太极又致袁崇焕书。

（11）七月十六日，袁崇焕致皇太极书。

（12）七月十八日，皇太极致明诸大臣书。

正月十三日，皇太极在得知袁崇焕被重新起用后，赍书袁崇焕，提出恢复和谈。他就东征朝鲜之事作了解释，提出"我愿罢兵，共享太平。何以朝鲜之故，误我两国修好之事"。二月二十八日，皇太极又一次赍书表示："我愿和好，共享太平。……如何议和，听尔等之言。"四月初三日，袁崇焕任蓟辽督师。闰四月初二日，袁督师复书称："议和有议和之道，非一言能定之者也。"信中特别提出印信一事，强调"若非赐封者，则不得使用"。闰四月二十五日，皇太极复书袁崇焕，阐述"议和之道"后，提出议和条件，曰：其一，划定两国国界，明以大凌河为界，后金以三岔河为界，其间为空留缓冲地带；其二，明朝给后金铸金国汗印；其三，讲和修好之礼物数目，可以重新考虑等。皇太极派白喇嘛等持上书前往宁远后，久不见回。后金得到消息，白喇嘛等已被扣留。六月二十日与二十七日，皇太极连赍两书给袁崇焕，要求迅速放人，限期于七月五日前，否则便认定袁加以扣留。七月初三日，白喇嘛等回到沈阳，并带回袁督师两书。第一书，说原辽东人逃到辽西，其先人坟墓均在辽东，他们能不思念其先人遗骨吗？礼物之事，只要修好，可以议商，至于"铸印之语，皆非一言可尽也"！上述诸项，"止有受而不可言，故未奏帝知也"。第二书，解释使者迟归的原因，其时袁崇焕巡视东江并计斩毛文龙，故言"使臣来时我出海，是以久留，别无他事"。

皇太极对袁崇焕的来书，先后发出两封回书。其一，为感谢袁督师善待其使臣。其二，阐述后金的态度，略谓：尔言辽西人之先骨坟墓在辽东，此非令我还辽东地方吗？照此来说，尔所得之地，"岂无汗及诸贝勒之坟墓也"？书中表明："承蒙天恩，（朕）为一国之君。尔等不纳我言，高视尔帝如在天上，内臣等则自视其身若神，以不可奏闻于帝，亦不合众臣之意为辞，不令我信使直达京城而遣还之，竟达两载。较之大辽欺金，殆有甚哉。此亦天理耳！我岂能强令修好耶？"这封赍书暗示皇太极将动用武力，以实现其议和所达不到的目的。然而，袁崇焕很快复书，言："汗若诚心，我岂可弄虚？汗若实心，我岂可作假？两国兴衰，均在于天，虚假何用？惟十载军旅，欲一旦罢之，虽奋力为之，亦非三四人所能胜任,及三言两语所能了结者也。总之,在于汗之心矣!"皇太极接到袁崇焕来书,两天后即复书称:"我欲修好,尔复败和议。不念将士军民之死伤,更出大言,战争不息,则兵并非易事也。尔若欲和好,而我不从,致起兵端,我民被诛,则非尔诛之,乃我自诛者也。我若欲和好,而尔不从,致起兵端,尔民被诛,则并非我诛之,乃尔自诛之也。我诚心和好,尔自大不从,谅天亦鉴之,人亦闻之矣!"袁崇焕因与后金议和,曾招惹麻烦,故态度谨慎。

皇太极想借议和,进行南北贸易,调剂衣食之源;见议和不成,便诉诸战争。他发表汗谕曰:"我屡欲和,而彼不从,我岂可坐待?定当整旅西征。"皇太极得知袁崇焕既修葺宁远、锦州等城垣,城防坚固,难以攻破,便率军绕道蒙古,直奔京师。袁督师闻警,"心焚胆裂,愤不顾死,士不传餐,马不再秣",日夜兼驰,捍御京城。广渠门激战,大破八旗军。不久,袁崇焕被下诏狱。皇太极见"勤王"之师聚集北京,一面议和,一面退军。其议和,十二月十八日,皇太极"遣达海巴克什赍书,与明君议和"。明廷没有回应。二十二日,皇太极又遣达海巴克什等赍书,与明君议和。和书两封,一置德胜门外,一置安定门外。二十五日,皇太极再遣官赴安定门等,赍书与明君议和。天聪大汗,七日之间,四致和书,可谓频矣。明朝君臣,均未作答。其退军,皇太极率军东撤,边撤边战,边退边掠。崇祯三年即天聪四年(1630年)二月初九日,皇太极连发两封议和书,一封给崇祯皇帝,另一封给明朝诸臣。其后书曰:"我欲罢兵,共享太平,屡遣使议和,惟尔等不从。在此战中,将卒被诛,国民受苦,实尔自相戕害也。我前曾六次致书京城议和,意者以城下之盟为耻,抑冀我兵之速退为幸,故不作答。……今我两国之事,惟和与战,别无他计也。和则国民速受其福,战则国民罹祸,何时可已。"后金军占领永平等四城,皇太极回师,于三月初二日到沈阳。八月十六日,崇祯帝以"谋款"即议和等罪,磔杀袁崇焕。袁崇焕之死,即"言和者死",从而停止议和之举,加速了明朝的灭亡。袁崇焕被横加"谋款"即"议和"的罪名,举其要,有三端:

其一,"谋款助敌"。明朝言官以朝鲜及毛文龙被兵,系由议和所致,而攻讦袁崇焕。事实上,皇太极先命阿敏等率师攻朝鲜,另遣方吉纳等致书袁崇焕议和。袁崇焕未及回书,八旗军已陷平壤。皇太极出兵朝鲜,是由后金、朝鲜、明朝之间错综复杂的矛盾及其力量对比所决定的,同袁崇焕议和并无因果关系。相反,袁崇焕借议和作掩饰,出兵三岔河,牵制后金,策应朝鲜;又利用此机,做了抗击八旗军进犯的准备。这正如袁崇焕在疏辩中所言:"锦州、中左、大凌三城,修筑必不可已。业移商民,广开屯种。倘城不完而敌至,势必撤还,是弃垂成功也。故乘敌有事江东,姑以和之说缓之。敌知,则三城已完。战守又在关门四百里外,金汤益固矣。"明廷优诏报闻。袁崇焕令赵率教驻锦州,护版筑,城益固。后皇太极兵犯宁、锦,崇焕获"宁锦大捷"。

其二,"谋款杀帅"。"杀帅"是指袁崇焕计斩辽东总兵毛文龙。袁崇焕借斩毛文龙以向后金乞和,多有书文。如谈迁谓:后金"阴通款崇焕,求杀毛文龙"。其后《明季北略》《石匮书后集》和《明史纪事本末·补遗》等书,以讹传讹,均持此说。袁崇焕"谋款杀帅"之说并不可信。因为:第一,迄今尚未见到一条文献或档案的直接确凿史料,证明袁崇焕杀毛文龙为皇太极所颐指。第二,袁崇焕遣使吊丧,为着探明"奴死的耗与奴子情形",就是为了探明努尔哈赤是否真的死了,及其死后诸子争夺汗位的情况,并无"谋以岁币议和"之举,更无"函毛文龙首来"之诺。第三,袁崇焕在天启年间没有尚方剑,不可能"以文龙头"为讲款即议和之计。第四,袁崇焕杀毛文龙密计,在受命离京之前,与大学士钱龙锡等商定,并非为"无以塞五年复辽之命"而斩毛文龙。第五,《满文老档》和《朝鲜李朝实录》等编年史料证明,毛文龙早在努尔哈赤时即表露出叛降后金的端倪。其后因魏阉败死,失去内恃,朝鲜被兵,又断后援,毛文龙叛降活动益甚。仅崇祯元年即天聪二年(1628年)春,毛文龙连致皇太极三书,背着明朝皇帝,与之秘密通款。因此,不是袁崇焕为通款而杀毛文龙;相反,是毛文龙因"私通外番"等罪而为袁崇焕所杀。

其三,"诱敌胁款"。在皇太极兵围京师之时,阉党余孽密讦袁崇焕"引敌长驱,欲要上以城下之盟"。京城怨谤纷起,流言四布,皆以为袁崇焕引敌入塞,以结宋金之盟。致袁崇焕被磔死时——传闻"百姓将银一钱,买肉一块,如手指大,啖(dàn)之。食时必骂一声。须臾,崇焕肉悉卖尽"。袁崇焕身后蒙受唾訾(zǐ)之辱。后纂《清太宗文皇帝实录》、修《明史》,皇太极反间计公之于世,袁崇焕的百年沉冤始得以昭雪。

议和之事,极为微妙。降金汉人王文奎曾向皇太极直言:"汉人以宋时故辙为鉴,举国之人,俱讳言和。"明朝官员,因为和事,罢官者有之,杀头者也有之。所以,明朝文武官员,对于皇太极的议和书,既不敢回书,更不敢奏报。

其实,崇祯帝即位后,袁崇焕提出"守为正著,战为奇著,款为旁著"的战略。议和作为一种策略,崇祯帝并未表示异议。然而,历史上一种新政策的提出,必然会遭到守旧派的反对。明朝崇祯初,"忠贤虽败,其党犹盛"。朝中阉党余孽,以袁崇焕"谋款"作题目,诬其"诱敌胁款",借此为逆党翻案。袁崇焕被磔死,宰辅钱龙锡下狱、李标休致、成基命去职、刘鸿训先已遭戍,东林内阁被摧垮,开始形成以周延儒、温体仁为首的反东林内阁,朝政日非,辽事日坏。明代杰出军事家袁崇焕同后金议和的主张,在当时历史条件下,既符合明朝和后金的利益,也反映了长城内外中华各族人民的愿望。但明廷出于宋金议和之殷鉴,未能实现其同后金的议和,致八旗军以此为借口,驰驱入塞,京师被围,袁崇焕也身遭非刑。

崇祯三年即天聪四年(1630年),皇太极说:"逮至圣躬,实欲罢兵戈、享太平,故屡屡差人讲说。无奈天启、崇祯二帝,渺我益甚,逼令退地,且教削去帝(号)及禁用国宝。朕以为天与土地何敢轻与?其帝号、国宝,一一遵依,易汗请印,委屈至此,仍复不允。"可以说,天启与崇祯两朝,议和的主要障碍,在于朝廷的文官。一提到与金人议和,君臣立刻想到的就是南宋和金国的和议,人人都怕做秦桧。当时主张与金人议和,不但冒举国之大不韪,而且冒历史之大不韪。中原皇朝过去受到塞外民族的军事压力而议和,通常是带屈辱性的,汉人对此颇为反感,常将议和、投降二事联系在一起。在袁崇焕死后13年,群臣还是坚决反对议和,崇祯帝不得不偷偷和兵部尚书陈新甲暗中商量,表面上坚决不肯承认,最后消息泄露,便杀了陈新甲以卸己责。

明朝君臣,不因时制宜,却胶柱鼓瑟。崇祯皇帝面对着两只强大的拳头扑面打来,不会妥协一个,对付另外一个。就历史发展趋势,或就彼己力量对比,或就个人阅历才华,或就驾驭国家能力而言,明朝崇祯皇帝朱由检比清朝天聪大汗皇太极略逊一筹。大清皇朝的兴起与大明皇朝的覆灭,皇太极与朱由检,相互较量,可见一斑。

袁督师赴任后,既同皇太极议和,又设计杀毛文龙。

第十章 斩毛文龙

当时形势： 袁崇焕为实现五年复辽宏愿，必须统一事权。毛文龙专横跋扈，不听节制，冒饷贪功，内接宦官，外通后金，成为复辽事业一大障碍。

大 事 件： 袁崇焕计斩毛文龙。
主要人物： 袁崇焕、毛文龙、崇祯帝。
结　　局： 毛文龙被斩。
影　　响： 为袁崇焕扫清复辽事业一大障碍，毛文龙部将后投降，并成为日后袁崇焕遭受非刑的一大罪状。

袁 崇 焕：

主要事迹：计斩毛文龙。

主要活动区域：宁远、双岛、皮岛。

遗迹、文物：觉华岛明城遗址。

袁崇焕任兵部尚书、蓟辽督师后，做了一件大事，就是计斩毛文龙。这件事的是非功过，时人后人，颇有争议。

一、毛帅跋扈

毛文龙（1576—1629），浙江仁和（今杭州市）人。少年丧父，随母亲住在舅父沈光祚家。光祚中万历二十三年（1595年）乙未科第三甲第十九名进士，官山东布政使、顺天府府尹，赠工部右侍郎。文龙不喜经书，不事产业，并经常赌博，输钱藏匿，渐成无赖。他穷困潦倒，衣食无着，给人看相测字，勉强维持生活。辽东巡抚王化贞因是山东人，同沈光祚友善，光祚将文龙托付给化贞。王化贞设宴于堂，授文龙都司职。文龙以都司出援朝鲜，但在辽东逗留。后金占领辽东，文龙自海道逃回。明军失陷辽河以东后，王化贞拜毛文龙为练兵游击。

天启元年即天命六年（1621年）七月二十日，毛文龙聚众200人，夜袭后金镇江城（今辽宁省丹东市振安区九连城镇），先约城守中军陈良策为内应，夜半攻城，内外夹击，后金守将"佟养真披衣迎敌，被众迎头棍击，仆地就缚"。毛文龙杀佟养真及其子丰年并从者60人，占领镇江城，并攻破汤站、险山二堡，从此声名大噪。明朝先封毛文龙为副总兵，后升其为东江总兵，加左都督，挂将军印，赐尚方剑，设军镇于皮岛。皮岛，在朝鲜书文作椵岛，又作椴岛。"椵"，汉语音"假"，朝鲜语音"皮"，所以明人称之为皮岛。

皮岛，又称东江，所以人称毛文龙为东江总兵，还有人称他为"毛帅"。皮岛，东西15里，南北10里，并不算大，但位置冲要。皮岛在鸭绿江口，位于明朝、朝鲜、后金之间。自天启元年即天命六年（1621年）明朝失陷沈阳、辽阳后，河东大量辽民，逃到岛中避难。毛文龙在皮岛集流民、建房舍，采人参、行贸易，备器械、编营伍，朝廷调拨粮饷，成为一块基地。毛文龙的势力，日渐坐大，自踞一方。

毛文龙以东江为基地，发动小股军队，袭扰后金城寨。据《清太祖实录》记载,大的袭扰有四次:第一次,天启四年即天命九年(1624年),毛文龙派游击带兵袭击后金辉发地方,被后金军击败。第二次,天启五年即天命十年(1625年),毛文龙派兵300人,夜入耀州城南官屯寨,被后金总兵扬古利率兵击败。第三次,天启六年即天命十一年(1626年)五月初五日,毛文龙派兵偷袭鞍山驿,被后金城守巴布泰击败,后金称:"杀其兵千余,擒游击李良美。"第四次,同月十二日,毛文龙又派兵偷袭萨尔浒城,夜攻城南门,被守军发炮击退。毛文龙在天命年间,先后对后金有五次大的军事偷袭行动,除偷袭镇江成功外,都以失败告终。毛文龙骚扰后金,连战连败,连败连扰,有一定牵制作用。诚然,毛文龙的存在成为后金身边的"一只跳蚤"。在宁远、宁锦两次大战时,毛文龙按兵不动,袁崇焕当然颇为不满。可以说,毛文龙开镇八年,没有获得一次大捷,没有恢复辽东寸土。

明东江总兵毛文龙,其虚骄、虚报,其兵退、兵败,实录记载,例不胜举:

天启三年即天命八年(1623年)八月初六日,据塘报毛文龙称:"职用兵不满一千,而贼死者二万有余。"十月十五日,毛文龙具奏称:"兵须用五万,足以了此平奴之局。"

四年(1624年)五月,谈迁《国榷》记载:"时秀水谭昌言为登莱参政。毛文龙药辽人舌,献俘。昌言廉得之,密与解毒汤,旬日舌清,乞命,皆辽人也。"八月,毛文龙派兵入岛中屯田,又被后金军击败。

五年(1625年)六月,毛文龙派兵偷袭后金耀州的官屯寨,又败归。于同年七月三十日具奏:"大战五场,杀贼万有千数。"

六年(1626年)五月,毛文龙派军袭扰后金鞍山,丧兵卒千余人。又派兵偷袭萨尔浒,为后金军击败(见前述)。

七年(1627年)三月,后金军进攻朝鲜,分兵攻打铁山,毛文龙兵败,退居岛中。

崇祯元年即天聪二年(1628年),毛文龙先后给天聪汗皇太极八封书函:第一封为正月,第二封为二月,第三封也为二月,此信称:"汗凡有旨来,我皆领受,无不遵行。"第四封为四月,第五封也为四月,而后有第六、第七、第八封。毛文龙身为明朝东江总兵，他在给天聪汗的第六封书信中说："毛文龙拜金国汗致书。不佞常铭之于心，宣之于口，存之于中，一时不忘。……尔取山海关，我取山东，若从两面夹攻，则大事即可定矣！"他在第八封书信中还表示："前者我遣周姓人往约汗与诸贝勒云：尔率兵前来，我为内应，如此则取之易如反掌。"这些书信不见于《东江疏揭塘报节抄》，而见于《满文老档》。

毛文龙糜饷、劫掠、杀降、骚扰后金、征粮朝鲜，为明朝、朝鲜、后金三方所不喜欢。朝中对毛文龙的看法不一：有人认为他飞扬跋扈，无益抗金；也有人认为他牵制后金，作用很大；还有人认为他成事不足，败事有余。毛文龙在政治上投靠阉党，在军事上为其张目，在经济上则利用从户部领得的纹银贿赂朝中太监、权贵，因而受到他们的豢养与庇护。实际上，毛文龙受到辽军（如袁崇焕）、后金（如皇太极）、朝鲜（如国王李倧）、辽民（如受害者）、廷臣（如钱龙锡）五个方面的不满。那么，毛文龙的问题如何解决？由谁来解决？于何时解决？在何地解决？以何种方式解决？最后的结果是：由蓟辽督师、兵部尚书袁崇焕利用适当时机，以"设计斩首"方式来处理这个难题。

其实，袁崇焕与毛文龙之间的芥蒂，早在袁崇焕任辽事的宁远与宁锦两战时，已经产生。那时袁崇焕处境极端困难，毛文龙却拥兵不救。到袁崇焕被起用为兵部尚书、蓟辽督师后，因对毛文龙的以往不满，就有撤销东江镇的设想。袁崇焕计斩毛文龙之事，在京期间，已经酝酿。崇祯元年即天聪二年（1628年），袁崇焕离京前夕，大学士钱龙锡得知其许以"五年复辽"，便"造寓询方略"。袁崇焕说："当自东江始。文龙用则用之，不可用则处之，易易耳。"也有书记载，袁崇焕对钱龙锡曰："入其军，斩其帅，如古人作手，某能为也。"暗示自己可以设谋，将毛文龙加以处理。袁崇焕到山海关后，整顿关宁兵马，平息宁远兵变，无暇顾及此事。但他在章奏里面，往往隐隐语及。此时，他更了解到毛文龙的真面目，长期以来，未复寸土，却军饷年增，招商贩禁物，牟取暴利，杀民冒功；本无大志，饕餮粮饷，遇有战事，消极应付。袁崇焕对其愈加不满，以至厌恶有加。他在《谢升荫疏》中说："且武人奔竞，少竖立，便欲厚迁；稍不合，辄思激去；要挟朝廷，开衅同类，令边疆始终不得一人之用。臣最疾之。"袁崇焕最疾恶的武人，就是毛文龙。

袁崇焕为实现"五年复辽"，就要指挥专一，整顿东江事务。袁督师采取一些措施，限制毛文龙：一是疏请朝廷派文臣监理皮岛，毛文龙"抗疏驳之"；二是疏请朝廷给毛文龙的粮饷，经宁远转发，毛文龙表示不满；三是派官在旅顺进行控制，但毛文龙流露出隐恨；四是请旨获准改朝鲜贡道不经登州而经宁远，毛文龙更加怨恨。袁崇焕限制毛文龙的措施，集中反映在他的《策画东江事宜疏》中。

袁崇焕在崇祯二年即天聪三年（1629年）四月，题《策画东江事宜疏》，题请兵部改变运往东江粮食、马料的原来运道。明代档案《兵部行申饬东江运道稿》记载了这件事情。《策画东江事宜疏》内容是：在登州、莱州实行海禁，凡是运往东江的钱粮、器用，不由登州、莱州直接运往东江，而是从山海关起运至觉华岛，再登舟转运至东江。就是说，从天津运的钱粮、马料、器用，都由静海、滦（州）、乐亭，到达觉华；还必须经过蓟辽督师的衙门挂号，始许往来。这样改变运道的好处是：其一，凡是运往东江的钱粮、器用，都必须受蓟辽督师衙门的特准；其二，凡是运往东江的钱粮、器用，都必须受蓟辽督师衙门的节制；其三，凡是运往东江的钱粮、器用，都必须经蓟辽督师衙门的核查；其四，通往东江的海上私船，不许一舟出海。袁崇焕这着棋很厉害，原来朝廷拨给东江毛文龙的饷银、粮料，大量不出都门，便转手被一些官员侵吞。这样一来，切断了中间贪污、侵吞的渠道，杜绝了海上贩运、走私的渊薮（sǒu），自然会引起京师、东江那些既得利益者的不满与反抗。

毛文龙上疏抗辩袁督师的《策画东江事宜疏》说："臣读毕，愁烦慷慨，计无所出，忽闻哭声四起，合岛鼎沸，诸将拥进臣署，言兵丁嗷嗷以至今日望粮饷到、客商来，有复辽之日，各还故土。谁知袁督师将登州严禁，不许一舡出海。"甚至于说：此举无异"拦喉切我一刀，必定立死"。他又说："督臣为臣上司，臣辩驳其疏，臣亦自觉非体、非理，听皇上或撤或留，臣随亲抱敕印，竟进登州候旨，逮臣进京，悉从公议，治臣以罪，完臣一生名节，免误封疆大事矣！"毛文龙的上述抗疏表明：他不仅拒绝接受袁崇焕节制调遣的意见，并以岛上兵将要哗变及以死威胁朝廷。虽然袁崇焕对此心中更加怨恨，"不可用则处之"之计谋已定，但是毛文龙如能"束身归命，一禀节制，能为今是昨非，则可以无死"。毛文龙却因积恶太深，难以悔改。

其时，袁崇焕及朝廷官员，对毛文龙与天聪汗皇太极的私通关系，似得风闻，或略有知。《满文老档》记载："告知毛文龙与汗礼上往来不断等语。科道各员闻之，俱奏书称，毛文龙欲亲敌国，设计谋叛，事已属实"云云。《满文老档》又记载：袁崇焕得到"毛总兵官蓄意叛逆"的信息。

然而，袁崇焕还是尽力争取恰当地解决东江问题。毛文龙亲自到宁远，《明史·袁崇焕传》记载："及文龙来谒，接以宾礼，文龙又不让，崇焕谋益决。"在这里，袁崇焕为什么没有在毛文龙到宁远拜见他时，将其扣留并杀之？因为：一则，当时袁崇焕还没有下定必杀毛文龙的决心；二则，袁督师想再对毛文龙进行观察、规劝，以看其表现；三则，如果袁崇焕在宁远毛文龙馆舍将他杀戮，"其下不能共闻"，而恐招惹东江兵变之乱。所以，袁督师崇焕决定深入东江，当面进行耐心规劝，然后临机加以处治。于是，兵部尚书、蓟辽督师袁崇焕为彻底解决毛文龙的问题，决定东行巡查。此事，《东江始末》做了记述。

崇祯二年即天聪三年（1629年）五月二十五日，袁督师从宁远海上扬帆起行。

二十六日，船泊中岛。

二十八日，督师等一行，乘船抵达双岛。岛在旅顺口外，离旅顺水路40里。旅顺游击毛永义叩见袁督师。

二十九日，袁崇焕赏岛上官兵酒食。是夕，毛文龙至，因夜晚未见。

六月初一日，毛文龙拜谒袁督师，进礼帖，设茶饭。袁崇焕拒收礼帖，共同进膳。餐后，袁崇焕到毛文龙帐中，同毛总兵一起茶叙。袁崇焕同毛文龙进行了如下对话。

袁崇焕说："辽东海外，止我两人之事，必同心共济，方可成功。历险至此，欲商进取大计。有一良方，不知患者肯服此药否？"

毛文龙说："某海外八年，屡立微功。因被谗言，粮饷缺乏，少器械、马匹，不能遂心。若钱粮充足，相助成功，亦非难事。"

袁崇焕告辞时，对毛文龙说：船上不便举行宴会，借毛帅帐房，在岛岸宴饮。毛文龙应允。

袁崇焕和毛文龙两人，在岛岸上，边饮边聊。酒席间，袁督师宣谕："皇上神圣，与尧、舜、汤、禹、武合为一君。臣子当勉旃（zhān）疆场！"毛文龙怏怏不乐，表示熹宗（天启）帝恩遇之隆。袁崇焕惊讶失色，叩问方略。毛文龙答道："关、宁兵马俱无用，止用东江二三千人，藏之隐蔽处，一把火遂灭了东夷！"袁崇焕听后更加惊讶。夜帐饮酒，二更方散。

初二日，毛文龙请袁崇焕登岛。袁崇焕上岛后，接受东江将官行礼毕，赏部分兵丁每人银一两、米一石、布一匹。毛文龙侍从佩刀环绕，袁督师命他们退下。二人密语，三更方散。

初三日，毛文龙请袁督师登岛赴宴。袁崇焕便服上岸，讽喻毛文龙道："杭州西湖，尽有乐地。"毛文龙道："久有此心，但灭了东奴，朝鲜文弱，可袭而有之！"是夜，袁崇焕传副将汪翥（zhù）密语，二更方出。

初四日，袁督师颁赏东江官兵3570员，官每员三两至五两、兵每名一钱，又将饷银10万两交卸东江。袁崇焕传令徐旗鼓（敷奏）、王副将（牧民）、谢参将（尚政）叙话。并出行文：旅顺以东行毛帅印信，以西行督师印信。又定营制等，毛文龙俱未遵依。

袁督师做了准备，布置已定，将要实施计斩毛文龙的断然举措。

二、计斩毛帅

兵部尚书、蓟辽督师袁崇焕计斩东江总兵毛文龙于双岛。

初五日，袁崇焕传令：登岸摆围，较射颁赏。毛文龙来到袁督师帐房，问道："老大人何日起行？"袁崇焕云："宁远重地，本部院来日便行。今邀贵镇岛山盘桓，观兵较射。"又云："来日不能踵谢，国家海外重寄，合受本院一拜。"交拜毕，登上岛山。谢参将陪传号令，命各营兵，四面摆围。毛文龙随行官百余员，都圈在围内，其兵丁截在营外。袁崇焕问东江各官姓名，都说"姓毛"。文龙曰："俱是敝户小孙。"袁崇焕曰："岂有俱姓毛之理？你们海外劳苦，每名领米一斛，且家口分食，你们受本部院一拜！为国家出力，自后不愁无饷！"各官感泣叩首。

袁崇焕问文龙曰："本部院节制四镇，清严海禁，恐天津、登、莱，受腹心之患。今请设东江饷部，钱粮由宁远达东江，亦无不便。昨与贵镇相商，必欲取道登、莱，又议移镇、定营制、分旅顺东西节制，并设道厅，稽兵马钱粮，俱不见允。岂国家费许多钱粮，终置无用？本部院披沥肝胆，与你谈了三日，望尔回头是岸，那晓得你狼子野心，一片欺诬，目中无本部院犹可，方今圣天子英武天纵，国法岂能相容！"

语毕，袁督师西向叩头请皇命，拿下文龙，剥去冠裳。毛文龙尚倔强，不肯就缚。袁督师又云："你道本部院是个书生？本部院乃是朝廷一员大将，你这毛文龙有应斩十二罪。"毛文龙的十二罪，《崇祯长编》与明代档案所载，文字略异。

《崇祯长编》崇祯二年即天聪三年（1629年）六月初五日记载："文龙来谢。臣先设帐房于山上，坐待之。文龙至，臣与之坐，令岛中各官来。既集，臣宣言。"此事，《蓟辽督师袁崇焕题本》载曰：

各官兵海上劳苦，皇上深念。惟汝之镇主毛文龙不良，历年所为，俱干国法。如兵戎重任，祖制非五府官不领兵，即专征于外，必请文臣为监。文龙夜郎自雄，专制一方。九年以来，兵马钱粮，不受经、抚管核，专恣孰甚！一当斩。

人臣罪莫大于说谎欺君。文龙自开镇来，一切奏报，有一事一语核实否？捕零夷，杀降夷，杀难民，全无征战，却报首功。刘兴祚忠顺奔来，止二十余人，而日率数百众，当阵捉降，欺诳孰甚！二当斩。

人臣不宜犯无将之戒。文龙刚愎撒泼，无人臣礼。前后章疏，具在御前。近且有"牧马登州，取南京如反掌"等语。据登莱道申报，岂堪听闻？大臣不道，三当斩。

文龙总兵来，每岁饷银数十万，无分毫给兵，每月止散米三斗五升，侵盗边海钱粮，四当斩。

皮岛自开马市，私通外夷，五当斩。

命姓赐氏，即朝廷不多行。文龙部下官兵，毛其姓者数千人。且以总兵而给副、参、游、守之札，不下千人。其走使、舆台，俱参、游名色，袭朝廷名器，树自己爪牙，犯上无等，六当斩。

由宁远回，即劫掠商人洪秀、方奉等，取其银九百两，没其货，夺其舡，仍禁其人，恬不为怪。积岁所为，劫赃无算，躬为盗贼，七当斩。

收部将之女为妾，凡民间妇女有姿色者，俱设法致之，或收不复出，或旋入旋出。身为不法，故官丁效尤，俱以虏掠财货子女为常。好色诲淫，八当斩。

人命关天。文龙拘锢难民，不令一人渡海，日给之米一碗，令往夷地掘参，遭夷屠杀无算。其畏死不肯往者，听其饿死岛中，皮岛白骨如山。草菅民命，九当斩。

疏请内臣出镇，用其腹爪陈汝明、孟斌、周显谟等，辇金长安，拜魏忠贤为父，绘冕旒像于岛中。至今陈汝明等一伙，仍盘踞京中。皇上登极之赏，俱留费都门，是何缘故？交结近侍，十当斩。

奴酋攻破铁山，杀辽人无算。文龙逃窜皮岛，且掩败为功，十一当斩。

开镇八年，不能复辽东寸土，观望养寇，十二当斩。

袁督师崇焕历数毛文龙十二大罪状后，毛文龙神丧气夺，口不能言，唯叩头求生。袁崇焕严厉地说："尔不知国法久了，若不杀尔，东江一块土，非皇上有也！"

袁督师朝西叩头请旨，命将毛文龙拿下。然后问东江各官等道："文龙罪状明否？"各官唯唯，没人说话。又向众兵问之，同样也唯唯无辞。但毛文龙帐下几个心腹，称其数年劳苦。袁崇焕厉声宣谕道："文龙，一匹夫耳！以海外之故，官至都督，满门封荫，尽足酬劳。何得藉朝廷之宠灵，欺瞒朝廷，无天无法？……皇上赐尚方，正为此也。"众官惊惧，不敢仰视。围外的兵丁，见袁崇焕威仪严整，不敢冒犯。

袁督师因叩头请旨道："臣今诛文龙，以肃军政。镇将中再有如文龙者，亦以是法诛之。"他又说："臣五年不能平奴，求皇上亦以诛文龙者诛臣！"袁督师宣谕完之后，立即取下尚方剑，令水营都司赵不忮、何麟图监斩，令旗牌官张国柄执尚方剑，斩毛文龙于帐前。时毛文龙兵将在帐外汹汹，但袁崇焕军威严肃，且出乎毛文龙及其部将之意外，遂不敢犯。倘若稍迟，那么毛文龙便不可能斩杀矣！

袁崇焕计斩毛文龙后，做了几项善后工作。

第一，题请裁撤总兵。袁督师核查，毛文龙尝诞言有众数十万，其实官兵不过2万人。不须设一"赘帅"，"停推此帅，省糜费而杜隐忧"，请求皇上，应停此缺。除毛文龙总兵官印信已经追出外，其敕剑符验在皮岛等候追齐，一并上缴。拟令中军副总兵陈继盛暂摄其事。

第二，安抚东江各官。袁崇焕谕东江各官道："毛文龙如此罪恶，尔等以为应杀不应杀？若我屈杀文龙，尔等就来杀我。"众官都相对失色，叩头哀告。袁崇焕又谕各官道："今日只斩毛文龙一人，以安海外兵民。尔等照旧供职，恢复原姓，为国报效，罪不及尔。"就是只杀毛文龙一人，其余不问，照旧任职。自文龙伏诛外，不更处一人。

第三，整合皮岛部伍。皮岛的副、参、游、都、守、中、千等官员，不下千员，既多又滥。如旅顺参将毛永义所管3600员，经过袁崇焕亲自点核，能为兵者，不过千人。因此，对毛文龙的部众，进行核查整编。分东江28,000官兵为四协：用毛文龙之子承祚管一协，用旗鼓徐敷奏管一协，另二协由东江各官举游击刘兴祚、副将陈继盛二员分管。

第四，分赏东江官兵。将带来饷银 10 万两，分给各岛官兵。并谕冯旗鼓往旅顺宣抚。又谕将毛文龙的印与剑及东江的事权，令副将陈继盛代管。

第五，遣散无辜民众。毛文龙苛禁沿海辽民，他将籍没人的妻女为妾为婢者，俱行酌量开释。其改他姓为毛者，不下数千人，俱令改姓归宗。

第六，核查兵马钱粮。"臣当扬帆遍历其地，稽其兵马钱粮。但离镇已久，强敌耽耽，不宜久居于外。于是以钱粮之查核委之登莱道臣。破碎之兵马，行令臣旗鼓参将徐敷奏与该镇旗鼓都司冯有时，逐岛查刷。精壮者籍之为兵，老弱者散之归农。带来银米，委署通判刘应鹤，随地随人，逐名给散。"

第七，埋葬文龙遗体。命将毛文龙的遗体，装棺安葬。袁崇焕亲自到毛文龙灵柩前祭奠其亡灵。祭词云："昨斩尔，乃朝廷大法；今日祭尔，乃僚友私情。"遂下泪祭拜。各将官等，俱下泪感叹。

第八，安抚各岛军民。袁崇焕谕毕，离岛登舟，发牌晓谕，安抚各岛军民。又檄毛承祚，赏所欠各商银两。又发四协札付。

第九，释放狱中无辜。袁崇焕差官巡查岛中冤狱，并毛文龙抢来客商船只，俱即放出商人洪秀及无辜之人等。

第十，移咨朝鲜国王。袁督师以咨文送朝鲜国王李倧，通报实情，慰劳存恤。

袁督师处理完东江事后，于初九日，扬帆回航宁远。

袁督师将处理东江事奏报朝廷。崇祯二年即天聪三年（1629 年）六月十八日，袁督师得到崇祯皇帝的圣旨："览奏，区画东江善后事宜，具见妥确。岛兵数既无多，应否置帅，著即与议覆。毛姓兵丁，悉听归宗，有才可用的，依旧委用。余俱遵敕谕行。该部知道。"

毛文龙死后，袁崇焕以事关重大，特上疏奏报朝廷。他说："文龙大帅，非臣所得擅诛。便宜专杀……席藁（gǎo）待诛，惟皇上斧钺之，天下是非之。"崇祯帝的态度是：

> 朕以边事付督师袁崇焕，阃外军机，听以便宜从事。乃岛帅毛文龙，

> 悬军海上，开镇有年，以牵制为名，全无功效，勦降献捷，欺诳朝廷，器甲刍粮，蠹（dù）耗军国，而且刚愎自用，节制不受，近乃部署多兵，来登索饷，跑嚣跋扈，显著逆形。崇焕目击危机，躬亲正法，责其十二罪状，死当厥辜。决策弭变，自是行军纪律，具疏待罪，已奉明纶。

其态度又是：

> （毛文龙）且通夷有迹，犄角无资，掣肘兼碍。卿能周虑猝图，声罪正法。事关封疆安危，阃外原不中制，不必引罪。一切处置事宜，遵照敕谕行，仍听相机行。

崇祯帝虽对袁崇焕先斩总兵而后奏报的举动不满，因刚重用袁崇焕，只好顺水推舟，听其便宜行事。

袁崇焕计斩毛文龙之事，论是论非，评说不一，见仁见智，难得共识。

第一种意见认为，毛文龙该杀，杀得好。第二种意见认为，毛文龙抗御后金有功，不该杀，杀错了。第三种意见认为，毛文龙可杀，但应先奏后斩，而不应先斩后奏。第四种意见认为，毛文龙有功有过，可严惩而不可杀头。第五种意见，查继佐《罪惟录》评论曰："或曰调文龙御险，如矫抗，可杀也！"就是借别的碴儿将他杀掉。梁启超《袁督师传》则引述程本直的话："辱白简，挂弹章，可数百计也。是左右诸大夫皆曰可杀，国人皆曰可杀也。其不杀也，非不杀也，不能杀也，不敢杀也，是以崇焕一杀之而通国快然！"他认为："夫以举国不能杀、不敢杀之人，而督师毅然去之。"为此，笔者写过一篇《袁崇焕"斩帅"辨》，文章太短，阐述简略，许多重要问题，未能全面阐述。本书篇幅有限，这里不做讨论。留待以后，详加论述。

从袁崇焕计斩毛文龙这件事，换一个角度，看袁崇焕的风格。袁督师崇焕计斩毛总兵文龙，可以看出：袁崇焕是条汉子，敢作敢为，当机立断，聪明睿智，手段高明。袁崇焕之聪明才智、之铮铮手段，确实比毛文龙高超。总之，袁督师处理东江总兵毛文龙之事，既是袁崇焕胆略与智慧的杰作，也是他招冤与屈死的一大缘由。

袁督师到任计斩毛文龙后，加紧进行"一体两翼"的布局："一体"是整顿关宁锦防线；"两翼"则是蒙古与朝鲜。

蒙古在辽东的西翼，要抚赏漠南蒙古。漠南蒙古察哈尔等部，同后金存在矛盾。袁崇焕主张"东无得与西合"，就是东边的满洲，勿使其同西边的蒙古合。他还力主"抚西虏以制东夷"，就是借用蒙古，牵制后金。无疑，袁崇焕的策略是正确的。但他的主张因后来局势的变化而未能实现。

朝鲜在辽东的东翼，要联络东邻朝鲜。朝鲜处于后金的背部，可以牵制后金，使皇太极有后顾之忧。特别是日本侵略朝鲜的战争，明朝出兵相助，朝鲜国王感恩不尽。袁崇焕想利用朝鲜同明朝的历史关系，并想利用朝鲜同后金的利害冲突，争取朝鲜站在明朝一边，东西联手，夹击后金。为此，他虽然做了许多工作，但因皇太极在天启七年即天聪元年（1627年）和崇祯九年即崇德元年（1636年），两次出兵朝鲜，先定"兄弟之盟"，后定"君臣之盟"，臣服朝鲜。

蒙古和朝鲜没有成为明朝的坚强盟友，皇太极却绕道蒙古，进攻北京，引发保卫京师之战。

附录：蓟辽督师袁崇焕题本
（崇祯二年六月二十一日到覆讫存案行旨讫兵部呈于兵科抄出）

钦命出镇行边督师、兵部尚书臣袁崇焕谨题为恭报：岛帅逆形昭著，机不容失，便宜正法，谨席藁待罪，仰听圣裁事。

臣匪材，谬叨皇上重寄，矢志平夷，已有成画。如东江掎角，兵法必藉，业经入告。而总兵毛文龙，据海自恣，种种不法，流传参劾，明知之而无可奈何。臣昨年过都下时，九卿诸臣无不以此为虑。臣谓："徐图之。"辅臣钱龙锡为此一事低回，过臣寓私商。臣曰："入其军，斩其帅，如古人作手，臣饶为也。"

臣自到任，即收拾关、宁兵马，未暇及此。每章奏必及之，收其心，冀其改也。至关、宁之营制定，而此事可为矣。于是乎设文臣以监之，其不以道臣而以饷司者，令其将若兵有所利而无所疑也。又严海禁以窘之。文龙禁绝外人，以张继善横绝旅顺，不许一人入其军。臣改贡道于宁远者，欲藉此为间。皆所以图文龙也。

赖皇上天纵神武，一一许臣。自去年十二月，臣安排已定，文龙有死无生矣。为文龙者，束身归命于朝廷，一听臣之节制，其能为今是昨非，则有生无死。无奈文龙毒之所积，殃及厥躬。皇上岂不以生物为心？无如彼之自作自受何！盖宦官藩镇，阴气所乘，文龙与魏忠贤相因而相藉者也。且自速其死，如驳臣之疏，信口炰（páo）烋（xiāo），逼登索饷，便欲肆行劫掠。道臣王廷试报至，而文龙差人亦随之俱至。臣大言于庭曰："文官不肯体恤武官，稍有不合，便思相中，成何事体？既乏饷，何不详来？"臣即将运来津粮，拨拾船饷之，且手书相慰。粮米之外，犒其夷丁千金，猪、羊、酒、面称之，临发舟仍为其请饷。凡此皆愚之也。文龙果堕彀中，是以来宁相见。

臣体皇上生生之意，此时仍未有必杀之之心也。文龙馆于宁远，请臣还镇相会。臣即还。文龙不过修谒见故事，一二语而别。倘不受节制，戮诸宁远，而其下不共闻，且恐有负固窟为梗者。于是决意东向，深入其地。尚望所见不如所闻，开文龙以有生之路也。随地访察，逢人质问，而文龙之恶，高积于山，向所传闻，不及什一也。

五月二十九日，抵双岛，而文龙至矣。臣诎体待之，杯酒款之，文龙若不屑于臣者。臣宣谕："皇上神圣，合尧、舜、汤、武为一君。臣子当勉旃疆场！"而文龙若怏怏不得志，止谓："熹宗皇帝恩遇之隆也。"臣不觉失色，徐叩其方略。则谓："关、宁兵马俱无用，止用东江二三千人，藏云隐雾，一把火遂了东夷。"臣愈讶之。与之言节制及更定营伍为道厅，以监临查核，彼悍然不乐，而咬恨阎鸣泰、武之望二人，其意在臣也。臣见其难制也，不可用也，讽之曰："久劳边塞，杭州西湖尽有乐地。"文龙应臣曰："久有此心。但惟我知灭奴孔窍。灭了东夷，朝鲜文弱，可袭而有也。"臣曰："朝廷不勤远略，当有代君者。"文龙曰："此处谁代得？"

次日，臣又召其左右人来婉谕之，而令其亲信者往复开导，文龙于是毅然愿编营伍，受节制，惟道厅必不可用，曰："一用道厅，必激之为变。岛中人俱夷性，不可狎也。"臣以为，若定营伍，则有协、有将，从此收其权亦不难。然求其必为营伍也，曰："营伍定，则年终必行甄别。祖宗自有法度，不得假也。"文龙于是悔其言之失，私对副将汪翥曰："我姑以此了督师之意。其实，营制难，我只包管完东事便了。"臣于是悉其狼子野心终不可制。欲擒之还朝，待皇上处分。然一擒则其下必哄然，事将不测，惟有迅雷不及掩之法，诛之顷刻，则众无得为。文龙死，诸翼恶者，念便断矣。

遂于六月初五日，臣授计随行参将谢尚政等，布置已定。于是往辞之，将带去银十万两尽盘上岸，促之收银。仍宣告兵众曰："米与银在是，此后接续来，尔等不忧饷矣。"文龙果来谢。臣先设一帐房于山上，坐待之。文龙至，臣与之坐，曰："镇下各官何不俱来一见？"文龙亦召之俱来。各官既集，臣始宣言于众曰：

> 各官兵海上劳苦，皇上深念。惟汝之镇主毛文龙不良，历年所为，俱干国法。如兵戎重任，祖制非五府官不领兵，即专征于外，必请文臣为监。文龙夜郎自雄，专制一方。九年以来，兵马钱粮，不受经、抚管核，

专恣孰甚！一当斩。

人臣罪莫大于说谎欺君。文龙自开镇来，一切奏报，有一事一语核实否？捕零夷，杀降夷，杀难民，全无征战，却报首功。刘兴祚忠顺奔来，止二十余人，而曰率数百众，当阵捉降，欺诳孰甚！二当斩。

人臣不宜犯无将之戒。文龙刚愎撒泼，无人臣礼。前后章疏，具在御前。近且有"牧马登州，取南京如反掌"等语。据登莱道申报，岂堪听闻？大臣不道，三当斩。

文龙总兵来，每岁饷银数十万，无分毫给兵，每月止散米三斗五升，侵盗边海钱粮，四当斩。

皮岛自开马市，私通外夷，五当斩。

命姓赐氏，即朝廷不多行。文龙部下官兵，毛其姓者数千人。且以总兵而给副、参、游、守之札，不下千人。其走使、舆台，俱参、游名色，亵朝廷名器，树自己爪牙，犯上无等，六当斩。

由宁远回，即劫掠商人洪秀、方奉等，取其银九百两，没其货，夺其舡，仍禁其人，恬不为怪。积岁所为，劫赃无算，躬为盗贼，七当斩。

收部将之女为妾，凡民间妇女有姿色者，俱设法致之。或收不复出，或旋入旋出。身为不法，故官丁效尤，俱以虏掠财货子女为常。好色诲淫，八当斩。

人命关天。文龙拘锢难民，不令一人渡海，日给之米一碗，令往夷地掘参，遭夷屠杀无算。其畏死不肯往者，听其饿死岛中，皮岛白骨如山。草菅民命，九当斩。

疏请内臣出镇，用其腹爪陈汝明、孟斌、周显谟等，辇金长安，拜魏忠贤为父，绘冕旒像于岛中。至今陈汝明等一伙，仍盘踞京中。皇上登极之赏，俱留费都门，是何缘故？交结近侍，十当斩。

奴首攻破铁山，杀辽人无算。文龙逃窜皮岛，且掩败为功，十一当斩。

开镇八年，不能复辽东寸土，观望养寇，十二当斩。

　　夫文龙刚愎自用，嫚骂一世。臣历数其罪，神颓魄夺，不复能言，即前跪请死。臣于是朝西叩头，请旨拿下。召东江及臣随行各官前，曰："文龙罪状明否？"各官唯唯无说。又召众兵问之如前，亦唯唯无说。惟其门下私人，称其数年劳苦。臣厉色谕之曰："文龙，一匹夫耳！以海外之故，官至都督，满门封荫，尽足酬劳。何得藉朝廷之宠灵，欺骗朝廷，无天无法？夫五年平奴，所凭者祖宗之法耳。法行，自贵近始，今日不斩文龙，何以惩后？皇上赐尚方，正为此也。"众唯唯不敢仰视。臣复朝西叩头请旨，曰："臣今诛文龙，以肃军政。镇将中再有如文龙者，亦以是法诛之。臣五年不能平奴，求皇上亦以诛文龙者诛臣！"即取尚方剑付旗牌官张国柄，斩文龙于帐前。文龙姓毛之丁与各夷丁，汹汹于外。然臣军威严肃，且出其意外，遂不敢犯。若迟之，则文龙不可得而诛矣。

　　臣诛文龙之意与当日情事如此。但文龙大帅，非臣所得擅诛。便宜专杀，臣不觉身蹈之。然苟利封疆，臣死不避，实万不得已也。谨据实奏闻，席藁待诛，惟皇上斧钺之，天下是非之。臣临奏可胜战惧惶悚之至。缘系云云，谨题请旨。

　　崇祯二年六月十八日。奉圣旨："毛文龙悬踞海上，糜饷冒功，朝命频违，节制不受。近复提兵进登，索饷要挟，跋扈叵测。且通夷有迹，犄角无资，掣肘兼碍。卿能周虑猝图，声罪正法。事关封疆安危，阃外原不中制，不必引罪。一切处置事宜，遵照敕谕行，仍听相机行。"（《明清史料》甲编，第八本，第七一九至七二一页）

第十一章 保卫京师

当时形势：后金天聪汗皇太极以蒙古喀喇沁部台吉布尔噶都作为向导，亲率大军，绕道蒙古，破墙入塞，进攻北京。袁崇焕率军星夜赶往京师救援。

大 事 件：北京之役。

主要人物：明崇祯帝朱由检、蓟辽督师袁崇焕、后金天聪汗皇太极。

结　　局：后金军饱掠京畿，退出京师。

影　　响：后金军第一次进入山海关内，明朝长城防线被攻破。

袁 崇 焕：

主要事迹：在北京保卫战中，赢得广渠门和左安门两战的胜利。

主要活动区域：山海关到北京地区。

遗迹、文物：北京德胜门箭楼、东便门角楼、永定门城楼（复建）。

后金天聪汗皇太极亲率大军西进，于崇祯二年即天聪三年（1629年），攻打明朝都城北京。这次战役发生在农历己巳年，明人称之为"己巳虏变"，清人则称之为"己巳之役"，简称其为"北京之役"。这一年，崇祯帝十九岁，袁崇焕四十六岁，皇太极三十八岁。此役，以袁崇焕下狱、皇太极从北京撤军为标志，分为前后两个阶段：第一阶段主要是后金军破墙入塞、攻打北京，明军则且退且守、进行抵御；第二阶段主要是后金军在京畿地区且战且退、夺占永平等四城，明军则夺回永平等四城，后金军败回沈阳。其第二阶段的战事，因袁崇焕已经下狱，不做论述。本节主要叙述袁督师在第一阶段中的英雄事迹。

一、北京危急

崇祯二年即天聪三年（1629年）十月初二日，后金天聪汗皇太极，以蒙古喀喇沁部台吉布尔噶都为向导，亲率大军，绕道蒙古，破墙入塞，进攻北京。

十月二十六日，八旗军东西两路，分别进攻永平府属龙井关和遵化县属大安口。时蓟镇"塞垣颓落，军伍废弛"。先是，袁崇焕在他的上疏中已有所料："臣在宁远，敌必不得越关而西；蓟门单弱，宜宿重兵。"又奏疏说："惟蓟门陵京肩背，而兵力不加。万一夷为向导，通奴入犯，祸有不可知者。"几次上疏，蒙尘御案。后金军队自大安口以东，喜峰口以西，发起进攻，时仅三日，诸多隘门，都被八旗军攻破。同日，后金右翼军济尔哈朗、岳託率军乘夜前进。凌晨，后金军左翼阿巴泰、阿济格率军，攻入龙井关；右翼济尔哈朗、岳託率军，攻克大安口，毁其水门，明参将周镇战死。遇明援兵，一战击走。天明，两营明兵占据山头，岳託领一半兵待战，济尔哈朗领一半兵往击，明军两营被歼。寻，明军来自遵化的两营骑兵，又被岳託军击败。岳託、济尔哈朗正要拜天时，再击败来援明兵。

二十九日，明蓟辽督师袁崇焕，在从宁远往山海关，途经中后所，得报后金军破大安口。他立即部署：令赵率教急点4000兵马，驰救遵化；翌日，又调参将郑一麟、王承胤，参将刘应国及总兵祖大寿接应。

三十日，天聪汗皇太极领兵到了遵化，派总兵官扬古利率护军百名，至遵化城外驻营。

十一月初一日，京师戒严。后崇祯帝命选智略勋戚，各带壮丁，守御京城。

初三日，兵部尚书、蓟辽督师袁崇焕调祖大寿率兵入援，抵达山海关。袁崇焕遂准备同祖大寿统率骑兵，疾驰入援。

初四日，后金军进攻遵化城。后金劝降，遭到拒绝。后金军四面攻城，明巡抚王元雅凭城固守，顽强抵抗。翌日，遵化人"内应纵火"，遵化城陷落。巡抚王元雅走入衙署，自缢而死。城中官兵人民，反抗者皆被屠杀。遵化失陷，驰报明廷，人心大震，朝野惊恐。

同日，赵率教率援兵至遵化。先是，赵率教急驰三昼夜，行350里，到三屯营。但三屯营总兵朱国彦不容入城，赵率教遂纵马驰向遵化。至是，赵率教同后金贝勒阿济格等所部满洲左翼四旗及蒙古兵相遇，误入埋伏，中箭坠马，力战而亡，一军尽殁。赵率教，陕西人，副总兵，辽阳城破，率教潜逃。在宁远、宁锦两战中，立有大功。他在袁崇焕带领下，转怯为勇，从自见敌潜逃，到拼死守城，至血战阵亡。赵率教终于在历史上与满桂齐名，成为当时的两大良将。赵率教的转变，说明袁崇焕的组织与领导才能。

同日，督师袁崇焕亲率骑兵入援，并亲督总兵祖大寿、副将何可纲等带兵由山海关出。初五日，袁崇焕至抚宁，得知后金军克遵化。初七日，至沙河驿，报后金军破三屯营。时明畿东州县，"风鹤相惊，人无固志"。

皇太极命留兵800守遵化，亲统大军，自遵化起行，向北京进发。

初八日，崇祯帝起用孙承宗为中极殿大学士、兵部尚书，视师通州。

初十日，袁崇焕率铁骑驰入蓟州。寻，崇祯帝召见孙承宗，承宗陈奏保卫京师军事调度，言："臣闻督师、尚书袁崇焕率所部驻蓟州，昌平总兵尤世威驻密云，大同总兵满桂驻顺义，宣镇总兵侯世禄驻三河。三边将守三劲地，势若排墙地密而层层接应。"

这时，袁崇焕得到崇祯帝"调度各镇援兵，相机进止"的谕旨，并做了军事防御部署：前总兵朱梅、副总兵徐敷奏守山海关，参将杨春守永平，游击满库守迁安，都司刘振华守建昌，参将邹宗武守丰润，游击蔡裕守玉田，昌平总兵尤世威守诸陵，宣府总兵侯世禄守三河，保定总兵曹鸣雷等驻蓟州遏敌。袁崇焕自率大军向京师进发，以总兵祖大寿作先锋，自统军居中调度策应。袁督师决意要"背捍神京，面拒敌众"，堵塞八旗军西向京师之路。孙承宗、袁崇焕均熟悉用兵方略，其军事筹划，亦大略相同。崇焕统兵入蓟时，明朝官员中就传说他有引导后金兵进京之嫌，故崇祯帝下令袁崇焕不得越蓟州一步，而他竟然毫无察觉。

十五日，袁崇焕昼夜兼程，至河西务，距燕京120里，议趋京师。副总兵周文郁建议：不宜入京，后金兵在通州，明兵屯张家湾，两军相距15里，宜就食河西务，寻机进兵，这是万全之策。袁崇焕心肠颇热，一腔肝胆，没有设防，也没有纳谏。

但是，事有不测之变：

同日，后金军到通州。明总兵满桂、侯世禄西退，后到北京城德胜门外扎营。

十七日，袁崇焕生怕后金兵逼近京师，仅率领9000骑兵，以两昼夜，行300里，由间道急驰，抵北京城广渠门外。寒冬饥馁，露宿扎营。

十九日，袁崇焕军夜间露宿，昼缺粮草，士马冻馁，已经两日。袁崇焕积极备战，严明军纪："不许一兵入民家，即野外树木，亦不得伤损。"为严肃军纪，有一兵士曾"擅取民家饼，当即枭（xiāo）示"。

二十日，八旗军兵临北京城下，近郊地区，烽火遍及。袁崇焕在官兵疲劳、饥饿、寒冷、露宿的极度困难情势下，与后金军展开北京之战。

二十三日，崇祯帝召见袁崇焕。袁崇焕"以士马疲劳，请入休城中"，不准。袁崇焕军只有在城外同皇太极军进行野战。

二、两战告捷

北京城作为明朝的都城，自然应当防守严密，固若金汤。但北京自明英宗正统十四年（1449年）的己巳之役，到此次崇祯二年即天聪三年（1629年）的己巳之役，已经180年，整整三个甲子。北京城的防御，疏薄单弱，令人震惊。《崇祯长编》崇祯二年即天聪三年十一月戊戌日（十七日），记载兵科给事中陶崇道检查京城火器防备的报告。他疏称：

> 昨工部尚书张凤翔亲至城头，与臣等同阅火器。见城楼所积者，有其具而不知其名，有其名而不知其用。询之将领，皆各茫然；问之士卒，百无一识。有其器而不能用，与无器同；无其器以乘城，与无城同。臣等能不为之心寒乎？

明军之守城，其所长在火器，其所倚也在火器。而守城的将领、军士，连火器的名称都不知道、火器的发射都不会用，且由不懂军事、不懂火器的宦官监军。所以，皇太极率领八旗军兵临城下，京城危机，十分严重。

时北京城重兵，一在德胜门，由侯世禄、满桂屯驻；一在广渠门，由袁崇焕、祖大寿屯驻。八旗兵进逼京师后，皇太极驻幄城北土城关之东，其两翼兵分别营于德胜门外至安定门外一带。时北京内城九门，其南城中为正阳门（前门）、东为崇文门、西为宣武门，东城南为朝阳门、北为东直门，西城南为阜成门、北为西直门，北城东为安定门、西为德胜门；外城七门，其南城中为永定门、东为左安门、西为右安门，东为广渠门（沙窝门）、东便门，西为广宁门（后改名为广安门）、西便门。己巳之役即北京之战，主要在德胜门、广渠门、左安门和永定门四门之外进行。

德胜门之战 二十日，皇太极统率八旗大军，扎营于北京城北土城关之东，两翼骑兵，营于东北。明大同总兵满桂、宣府总兵侯世禄以援兵卫守德胜门。崇祯帝曾召见并赐给满桂玉带、貂裘，封他为东平侯。皇太极亲率大贝勒代善和贝勒济尔哈朗、岳託、杜度、萨哈廉等统领满洲右翼四旗，以及右翼蒙古兵，进攻德胜门明朝守军。后金军先发炮轰击。发炮毕，蒙古兵及正红旗护军从西面驰突，正黄旗护军从旁冲杀。后金两军冲入，边杀边进，拼搏厮斗，追至城下。城上明军，奋勇弯射，又发火炮，轰击敌军。不久，侯世禄兵溃，满桂率军独前搏战。城上明军，发炮配合，但误伤满桂官兵，死伤惨重。这就可见，前文陶崇道疏言明军不会用火炮的严重后果。满桂身上多处负伤，带败兵百余，卧关帝庙中。后守军开德胜门瓮城，屯驻满桂的败兵。

广渠门之战 与德胜门激战的同时，蓟辽督师袁崇焕、锦州总兵祖大寿率骑兵在广渠门（沙窝门），迎击后金军的进犯。皇太极派三贝勒莽古尔泰及贝勒阿巴泰、阿济格、多尔衮、多铎、豪格等，带领满洲左翼八旗兵和恩格德尔、莽果尔岱等率领左翼蒙古骑兵数万人，向广渠门袁崇焕的明军扑来。袁督师仅9000骑兵，令祖大寿在南，王承胤在西北，自率兵在西，结成"品"字形阵，兵含枚，马勒口，隘处设伏，严阵待敌。

后金军满洲、蒙古骑兵，分为六队，涌向袁军。后金军的前锋护军，先向南直扑祖大寿阵。祖大寿率兵奋死抵御，后金军前锋受挫。后金军接着又向西北直冲王承胤阵，也失利。后金军左、右两次冲锋，都没有达到预期目的，再集中三路骑兵，向西冲闯袁崇焕军阵。袁崇焕率领将士，英勇抵御，奋力鏖战。后金阿济格贝勒所乘马受创而死，身受箭伤，几乎丧生；阿巴泰贝勒中袁军伏击，受到挫折。蒙古额驸恩格德尔等骑兵驱马骤进，也被击败，退却溃走。八旗军失利败退，明军乘胜追击。袁崇焕军游击刘应国、罗景荣、千总窦浚等追击后金军，直到通惠河边。八旗兵溃退，仓皇拥渡。时值隆冬，河水结冰，骑兵太多，压碎冰层，跌入水中，所伤千计。八旗军溃不成伍，败回营去。朝鲜使臣李忔（qì）从北京向国王李倧驰报曰："贼直到沙窝门，袁军门、祖总兵等，自午至酉，鏖战十数合，至于中箭，幸而得捷。贼退奔三十余里。贼之不得攻陷京城者，盖因两将力战之功也。"

这场广渠门血战，袁崇焕军与八旗军，自巳（上午9—11时）至酉（下午5—7时），炮鸣矢发，激战十小时，转战十余里，明军终于克敌获胜。督师袁崇焕在广渠门外，横刀跃马，冲在阵前，左右驰突，中箭很多，"两肋如猬，赖有重甲不透"。就是说身上中的箭像刺猬皮一样，因身着重甲，而没有穿透。他在与八旗兵搏斗中，马颈相交，奋不欲生。后金的骑兵挥刀猛冲，"刀及崇焕，材官袁升高格之，获免"。就是说，后金骑兵的战刀砍向袁崇焕时，被袁升高用刀挡回，才免于死伤。在督师袁崇焕的指挥下，经过辽军将士的浴血奋战和京师军民的大力支持，取得广渠门之捷。当夜，兵部尚书、蓟辽督师袁崇焕，不顾伤痛，不顾疲劳，不顾饥饿，不顾严寒，亲往营地，对受伤官兵，"一一抚慰，回时东已白矣"！

后金天聪汗皇太极在广渠门之败的夜晚，召集诸贝勒会议：(1) 议处皇太极七兄阿巴泰贝勒罪，应削贝勒爵，并夺所属人员，皇太极命宽宥阿巴泰罪；(2) 以蠹额真康古礼、甲喇章京郎球和韩岱等"逗留中途"罪，削职罚赎；(3) 蒙古额驸恩格德尔、内喀尔喀莽果尔岱等贝勒，念其投诚之功，免削职，夺俘获，仍罚赎。天聪汗皇太极对广渠门之败慨叹道：

十五年来，未尝有此劲敌也！

二十二日，皇太极遣被俘王太监带书致明崇祯帝，再次提出议和。

二十三日，崇祯帝召见尚书、督师袁崇焕等于紫禁城平台。袁督师请所部官兵进到城内，稍事休整，补充给养。崇祯帝不准一官一兵进城，就是兵部尚书、蓟辽督师袁崇焕也不许住到城里。同日，崇祯帝命将兵部尚书王洽下狱。王洽，《明史·王洽传》记载：洽，山东临邑人，万历三十二年（1604年）进士。"仪表颀伟，危坐堂上，吏民望之若神明。"王洽的廉洁与能干，为一方之最。由知县、巡抚、侍郎，崇祯元年（1628年），任兵部尚书。后金军进围京师，兵部尚书王洽紧急进行部署。崇祯帝见敌军兵临城下，心情忧烦。侍郎周延儒等奏言："世宗斩一丁汝夔，将士镇悚，强敌宵遁。"嘉靖二十九年（1550年），蒙古俺答汗率兵，入古北口，肆掠通州，京师戒严，嘉靖皇帝因将兵部尚书丁汝夔弃市。周延儒隐喻请崇祯帝仿照嘉靖帝的做法，斩兵部尚书王洽以安定军心、民心。崇祯皇帝颔（hàn）首，而将王洽下狱（后死于狱中）。不久，又将总督蓟、辽、保定军务的兵部侍郎刘策下狱、弃市。

二十四日，皇太极因在广渠门作战失利，发表"养精蓄锐"的自慰话语后，移军南海子（南苑），秣马射猎，伺机再攻。

左安门之战　二十七日，袁崇焕军与皇太极军又激战于左安门外。袁崇焕、祖大寿率军竖立木栅，布阵守城；后金军也列兵布阵，逼之而营。后金军冲锋，明辽军抵御，明军获捷，后金兵败。后金军曾先后在宁远、宁锦、京师三次败于袁崇焕手下，皇太极虽督军奋战，却不敢浪战。《清太宗文皇帝实录》记载：

上与诸贝勒，率轻骑往视进攻之处。云："路隘且险，若伤我军士，虽胜不足多也。此不过败残之余耳，何足以劳我军。"遂还营。

就是说，皇太极会同贝勒视察地形，发现道路既窄又险，认为虽然可以获胜，但会伤残士兵，于是借口道：袁崇焕这些残兵败将，不足以劳累我的大军。便回到大营。

二十八日，皇太极不敢与袁崇焕交战，便牧马于南海子。后袁崇焕用向导任守忠策，"以五百火炮手，潜在海子，距贼营里许，四面攻打，贼大乱"。随后皇太极移营出南海子。皇太极对袁崇焕不能战胜，便施用"反间计"，陷害袁崇焕（详见下节）。

当时皇太极并不知道其反间计得逞。他一面先后三次致书崇祯帝议和，一面寻找时机攻夺北京永定门。

十二月初一日，崇祯帝再召袁崇焕等于平台。"勇猛图敌，敌必仇；振刷立功，众必忌。"袁崇焕获广渠门和左安门两捷，既受到后金的仇畏，又遭到阉党的妒忌。敌人的反间和阉党的诬陷，促使崇祯帝在平台召对蓟辽督师袁崇焕，"缒城而入，乃下之诏狱"！大明皇朝堂堂的兵部尚书、蓟辽督师袁崇焕，到紫禁城内商议军机大事，却不得从城门进入，而是坐在筐子里，从城下吊到城上，进入城内，再到宫城，接受崇祯帝的平台召见。

同日，皇太极率军趋北京西南良乡，攻克良乡县城。后金总兵官武讷格又奏克固安县，尽歼其众。

十一日，皇太极遣官祭房山金朝皇帝陵。

十六日，皇太极得知明崇祯帝将袁崇焕下狱，便亲统大军回师北京卢沟桥。明副将申甫率兵6000前来抵御，被后金右翼五旗兵歼灭。这位副将喋血力战，伤重而死。后金兵继续在京城附近攻掠，距京20里，再击败一营明兵，并于当晚从捕获的人得知，永定门南二里外，驻有满桂、黑云龙、麻登云、孙祖寿四总兵，领马步兵4万，结栅为垣，四面环列，枪炮数重。皇太极遂令诸将士，以三鼓列阵进兵，永定门外，发生激战。

永定门之战 十七日黎明，后金军十旗兵（满洲八旗，蒙古两旗）齐进，同明军大战于永定门外。永定门是北京外城南城正门，其东北为天坛、西北为先农坛。再北为内城的南城正门即正阳门（前门）。时明总兵满桂、黑云龙、麻登云、孙祖寿领马步兵4万，在永定门外"四方结栅木，四面列枪炮"，加强防御，列阵以待。皇太极率领八旗军"大噪齐进，毁栅而入"。清开国五大臣之一何和礼之子、号和硕额驸、正红旗固山额真和硕图，奋勇当先，一马突入明阵。满桂骁勇敢战，率步骑5000迎战，因寡不敌众，被后金兵击溃。满桂与孙祖寿及参将、游击等30余人都在阵中战死。明军四位总兵——满桂、孙祖寿阵亡，黑云龙、麻登云被擒。后金军也伤亡惨重，致使皇太极"心伤陨涕"。

这时，后金诸将争请进攻北京城。皇太极认为：明朝"疆圉尚强，非旦夕可溃者，取之易，守之难，不若简兵练旅，以待天命可也"。他留下一封信致崇祯帝，重申议和之意，然后移营北京城西北处。

德胜门、广渠门、左安门和永定门四战，明军都是同后金军野战争锋，马颈相交，拼搏厮杀。八旗军丢尸弃马，不能越池破城。明军德胜门、永定门两战失利，而广渠门、左安门两战获胜。尤在袁督师指挥下，广渠门和左安门两战，皇太极遭到惨重失败。明朝首都北京被围危急，赖袁崇焕率辽军入援，拼死激战，转危为安。否则情势，另番结局。时"天下勤王兵，先后至者二十万"。皇太极劳师远犯，久暴兵旅，地冻天寒，粮秣匮乏。皇太极分别在德胜门外和安定门外，发出两封致明崇祯帝和议书后，饱掠京畿，退出京师。

皇太极南犯明朝都城的北京之战，是一场女真军事贵族的残暴掠夺战争。八旗军所到之处，俘获人口，掠夺牲畜，劫掠物资，纵火焚毁，京畿地区，"自遭残破，一望荒原"。其事记载，史不绝书：

"虏骑劫掠，焚烧民舍。"

"纵掠良乡县，俘获甚多。"

"上（皇太极）命自克遵化以来，所获马、骡，均赏兵丁，人各一匹。"

"焚通州河内船，约千余只。"

"以俘获牛、马赏兵丁，每人马一、牛一。"

"胡将所获男女万余。"

据明御史张学周、巡按龚一程等奏报，后金军在通州、张家湾、三河共烧毁漕船977只。

北京之战，以明军的胜利和八旗军的失败而结束。袁督师在北京军民的支持下，亲率铁骑，日夜兼驰，"应援京师，连战大捷"，都城北京，转危为安。

后金迂道远袭燕京之役，是明朝与后金关系史上的一个转折点。因为：

其一，后金兵略，重大突破。皇太极第一次将进攻明朝的战争从山海关外推进到山海关内，从辽东镇城辽阳到大明都城北京。自万历四十六年即天命三年（1618年）后金进攻抚顺之战，到此次北京之战，十一年间，双方争战地点，不断向西转移，而抚顺，而沈阳，而广宁，而锦州，而宁远，此役则打到明朝的首都北京。这是继正统己巳之变、嘉靖庚戌之变后，塞外民族第三次、也是最后一次攻打明朝首都北京城。

其二，辽左名将，损失殆尽。袁崇焕胆略过人，三战奇胜；赵率教辽左诸战，屡著伟功；满桂忠勇绝伦，社稷长城。而此三人，或遭冤磔杀，或力战而亡。后另一总兵祖大寿则力屈而降。明朝抗御后金的名将、能将、战将，或死或降，丧失殆尽。他们曾均在力挽辽西危局中，屡予后金军以重挫，而使其多有畏惧，不敢放肆西进。明室政治腐败已极，致使中流砥柱之臣，一役尽失，元气已竭。明廷起用年近七十的孙承宗于乡里任督师，出罪帅马世龙于狱，派往前线，征战杀敌，标志明季，实在无人。袁督师崇焕惨遭杀害，此后明军再也没有同后金（清）在重大战役中打过胜仗。

其三，后金入塞，破坏严重。皇太极引官兵长驱到中原找饭吃，缓解灾荒加剧的社会危机。且任纵官兵，掳掠资财，满载而归，屡获厚利。皇太极的八旗军，先后七次，破墙入塞，残毁抢掠，暴增财富，从而成为后金—清初八旗社会的重要经济来源。

其四，红夷大炮，后金获得。此役后金获得红夷大炮，寻加制造，组建汉军，使后金军队编制、武器装备、战略战术等发生历史性的重大变革。

其五，社会危机，更加严重。关内各地，纷纷勤王，地方空虚，民变四起，道镇诸师，追输捕逃，疲于奔命。战争进行在明室近畿，生灵涂炭，烽火扰攘，民心士气，颓丧已极。明廷经过此役，内地民变蜂起，从此四方多事，国无宁土，民无宁日。是役实动摇明朝之国本，并使崇祯帝"中兴"之梦破灭。

其六，天聪大汗，施"反间计"。皇太极的军事天才虽不及乃父，其政治才能却犹有过之。崇祯帝冤杀崇焕，自毁长城，刑章颠覆，国步将移。《明史·袁崇焕传》论道："自崇焕死，边事益无人，明亡征决矣！"这个论断，并不过分（详见下节）。

己巳北京之役，后金军队初次入塞，攻打明朝都城北京。此役，自崇祯二年即天聪三年（1629年）十月初二日，皇太极攻明兴师，到崇祯三年即天聪四年（1630年）五月二十一日，阿敏败回沈阳，历时近八个月。其间，明朝与后金，既有战场上的激战，也有政治上的议和。己巳之役，从后金方面来说，在第一阶段，皇太极突破明军防线，迂回袭击明都北京，获得了成功；而攻北京城不下，未能达到攻城目的，军事上失败。在第二阶段，后金军夺占永平、遵化、滦州、迁安四城，获得胜利；明军反攻，收复四城，后金又失败。从明朝方面来说，长城防线被突破，是明朝首都北京自正统己巳、嘉靖庚戌两次被围后，又一次受到攻打，遭到了失败；明朝守住北京城，又收复永平等四城，则获得了胜利。所以，己巳北京之役，后金有胜利、也有失败，但得大于失；明朝有失败、也有胜利，但失大于得。

明朝一个大的损失，就是崇祯帝冤杀了袁崇焕。

第十二章 含冤磔死

当时形势：皇太极率军进逼京师，北京城里盛传袁崇焕导引后金大军入关，胁迫皇帝签订"城下之盟"。崇祯皇帝被官民谣言和敌军反间计所惑，将袁崇焕下狱并磔死。

大 事 件：袁崇焕被下狱审讯并被磔死。

主要人物：明崇祯帝朱由检、蓟辽督师袁崇焕、后金天聪汗皇太极、范文程。

结　　局：袁崇焕含冤磔死。

影　　响：崇祯皇帝自毁长城，"自崇焕死，边事益无人，明亡征决矣"！

袁 崇 焕：

主要事迹：被下诏狱，含冤磔死。

主要活动区域：北京。

遗迹、文物：北京袁督师祠、庙、墓。

围绕着北京之战，明朝与后金进行的争局，不仅是一场激烈的军事斗争，而且是一场残酷的政治斗争。这场政治斗争的一个突出表现，就是皇太极巧施反间计，袁崇焕含冤而被磔死。

一、反间毒计

皇太极入主中原，君临四方，焦急之情，跃然纸上。但是，皇太极要占领明朝京师、打败明朝军队的最大军事障碍，是铁城宁远和铁帅袁崇焕。督师崇焕不去，关外诸城不下，宁锦防线不破，入关道路难通。皇太极为实现其军事、政治目的，就要绕过宁锦，攻打京师，施行反间计，陷害袁崇焕。袁崇焕对此早有警觉。他复出时在平台受崇祯帝召见，就预见地说：

> 以臣之力，制全辽有余，调众口不足。一出国门，便成万里。忌能妒功，夫岂无人？即不以权力掣臣肘，亦能以意见乱臣谋。

> 当论边臣成败之大局，不必过求于一言一行之微瑕，盖着着作实，为怨则多，凡有利于封疆者，俱不利于此身者也。况图敌之急，敌又从外而间之，是以为边臣者甚难。

袁崇焕的苦衷与忧虑，尽管受到崇祯帝的慰劳与理解，却不幸言中了自己的政治悲剧。袁崇焕每一个军事上的胜利，都把仇神召唤到自己的周围。

阉党在布设陷阱。袁崇焕入援京师，"心焚胆裂，愤不顾死，士不传餐，马不再秣"。十余日，驰千里，间道飞抵郊外，挺身捍卫京师。但城里阉党编造的谣言四起，说"崇焕勾建虏"，引敌到北京。阉孽用酷刑逼迫一个木匠，诬陷袁崇焕为奸细。后兵科给事中钱家修在《白冤疏》中说，江西道御史曹永祚，捉获奸细刘文瑞等七人，经过审问称："焕附书与伊通敌。"原抱奇、姚宗文立即将这件事在朝中宣布称："焕构通为祸，志在不小。"第二天，崇祯帝命诸大臣会审明白。钱家修又说："臣待罪本科，得随班末，不谓就日辰刻，文瑞（等）七人走矣！"

锦衣卫为何地，奸细们为何人，七人竟袖手而走？可见为着杀崇焕，阉党不惜设陷阱。姚宗文早在天启时就依附阉党，与原抱奇表里为奸，为打击袁崇焕而设置政治陷阱。

民众在传布流言。当袁崇焕率军到通州时，没有和后金兵正面交战。皇太极率领后金兵，直接进逼京师。北京城里，谣言四起——说袁崇焕召来了后金兵，要逼皇帝同后金签订"城下之盟"。谣言传到城中，也传到了宫里。崇祯皇帝被谣言所惑，对袁崇焕，疑上加疑。这给皇太极施反间计，提供了可乘之机。

后金在秘密策划。早在"己巳之变"以前，汉人降金副将高鸿中就向皇太极奏言："他既无讲和意，我无别策，直抵京城，相其情形，或攻或困，再作方略。"所谓方略，疏未言明。李霨在《内秘书院大学士范文肃公墓志铭》中记述：时为章京的范文程，随从天聪汗皇太极攻陷蓟州、遵化后，见督师袁崇焕重兵在前，即"进密谋，纵反间"。所以，皇太极在左安门兵败的第二天，采纳范文程献的计谋，设下一个政治圈套——"反间计"。

先是，后金大军在广渠门战败屯驻南海子时，俘虏了明朝提督大坝马房太监杨春、王成德。据《崇祯长编》记载：大清兵驻南海子，提督大坝马房太监杨春、王成德，为大清兵所获，口称"我是万岁爷养马的官儿"。第二天，皇太极命将杨春、王成德带到德胜门外，指派副将高鸿中，参将鲍承先、宁完我和巴克什达海等，对他们加以监守。高鸿中、鲍承先等按照皇太极的旨意，夜里回营，坐在两个太监卧室的隔壁，故作耳语，秘密谈话。他们在谈话中，明示袁崇焕已经与皇太极有密约，攻取北京，很快成功。他们故意高声说话，还诡秘地说"小点声"别让人听到。太监杨春、王成德假装卧睡，细耳窃听。

十一月二十九日，高鸿中、鲍承先又受命故意放纵了杨太监、王太监。杨太监等回到紫禁城，将窃听到高鸿中、鲍承先的密谈，奏报了崇祯皇帝。

此事，《满文老档》记载："（天聪三年十一月）二十九日,遣杨太监往见崇祯帝。杨太监以高鸿中、鲍承先之言，详告明崇祯帝。遂执袁都堂，磔之。"

此事，《清史稿·鲍承先传》也记载：

> 翌日，上诫诸军勿进攻，召承先及副将高鸿中授以秘计，使近阵获明内监系所并坐，故相耳语云："今日撤兵，乃上计也。顷见上单骑向敌，有二人自敌中来，见上，语良久乃去。意袁经略有密约，此事可立就矣。"内监杨某佯卧窃听。越日，纵之归，以告明帝，遂杀崇焕。

此事，《清太宗文皇帝实录》又记载：杨太监被放回明朝皇宫后，将在后金监所中窃听到的秘闻，"详奏明主"。崇祯帝既惑于阉党的蜚语，又误中后金的反间，决定在平台召见袁崇焕"议饷"。

十二月初一日，崇祯帝以"议饷"为名，召督师袁崇焕、总兵满桂、黑云龙、祖大寿等入见。明蓟辽督师袁崇焕，因城门不开被用筐装载，以绳系吊到城上。袁崇焕到宫城平台，觐见崇祯皇帝。《崇祯长编》同日记载："督师袁崇焕、总兵满桂、黑云龙等，锦衣卫堂官召对，逮督师、尚书袁崇焕于狱。令总兵满桂总理关宁兵马。"此事，《明季北略》记述较详："上问杀毛文龙、致敌兵犯阙及射满桂三事，崇焕不能对。上命桂解衣验示，着锦衣拿掷殿下。校尉十人，褫（chǐ）其朝服，杻（chǒu）押西长安门外锦衣大堂，发南镇抚司监候。"督师袁崇焕当即被逮捕，下锦衣卫狱。崇祯帝命总兵满桂总理关、宁兵马，并命祖大寿、黑云龙会同马世龙等抗敌立功。

袁崇焕下锦衣卫狱，是阉党进行翻案活动，排挤东林党，首先打开的一个缺口。阴谋的发起者是温体仁和王永光，"永光与体仁合，欲借崇焕狱，株连天下清流"。吏部尚书王永光是魏忠贤的遗党，妄图群小合谋，日夜乘机报复。御史高捷、史𡎃尝以"通内自诩"，阉党失败后，"皆以得罪公论革职"，而王永光力引此二人，又被大学士钱龙锡所阻。于是，他们三个人，大恨钱龙锡。他们"谋借崇焕，以及龙锡"。构陷钱龙锡，尽倾东林党，摧抑正人，排挤忠臣。但他们力量不够，要借助于中官权臣。

先是，辽东阉党毛文龙岁饷百万，多半不出都门，落入权臣私囊。魏忠贤的干儿子毛文龙被袁崇焕斩后,权臣失去巨贿。又在后金军围城期间,戚畹(wǎn)中贵在京畿的"园亭庄舍,蹂躏殆尽",便一齐迁怒于袁崇焕。因此,他们从各自的利益出发,合谋倾覆袁崇焕,袁崇焕成为阉党与东林党斗争的焦点。在阉党与东林党对垒中,"日与善类为仇"的温体仁,成了阉党余孽的挂帅人物。

温体仁与毛文龙是同乡,因文龙之死衔恨袁崇焕;又曾贿赂崔呈秀,作诗歌颂魏忠贤,被御史毛九华所劾——于是就同高捷、史𡎺结为心腹。当时,崇祯帝恶言党争,温体仁"揣摩帝意",标榜自己为"孤臣"。崇祯帝觉得"体仁孤立,益向之"。温体仁既受到崇祯帝的信任,又得到阉党余孽的支持,"魏忠贤遗党日望体仁翻逆案,攻东林"。机深刺骨的温体仁,先诬奏袁崇焕,"敌逼潞河,即密参崇焕",即皇太极军队刚到北京通州时,温体仁就秘密参劾兵部尚书、蓟辽督师袁崇焕。温体仁在与其幼弟书信中说:

崇焕之擒,吾密疏,实启其端。

他权欲熏心,亟谋入相,所忌唯大学士韩爌与钱龙锡二人。温体仁先后五次上疏,请崇祯帝杀督师袁崇焕。而后,温体仁便借袁崇焕事挤去韩爌和钱龙锡而居其位。此外,兵部尚书梁廷栋、甚至于袁的部下谢尚政等也附和要杀袁崇焕。但是,阉党余孽如果没有崇祯帝的支持,他们是成不了气候的。

崇祯帝的昏暴铸成了袁崇焕的冤案。"怀宗自视聪明,而实则昏庸","怀宗"是崇祯帝死后的庙号,就是说崇祯帝觉得自己聪明,实际上很昏庸。尽管后金的反间和阉党的诬陷,内外呼应,同恶相济,但他们只有通过崇祯帝的昏暴才能得逞。崇祯帝即位之初,想望治平,励精图新。然而整个崇祯朝,仍是一个"主昏政暗"的朝代。崇祯帝对廷臣,时信时疑,忽亲忽疏,"败者升官,胜者误罪"。如对袁崇焕,先是晋太子太保、兵部尚书、蓟辽督师、赐尚方剑;及其入援京师,又赐玉带、彩币。其实,崇祯帝对袁崇焕早已不满,并已失去耐心。如:袁崇焕任蓟辽督师后,辽军缺饷、宁远兵变、督师请饷、锦州兵变、请发内帑——自然引起崇祯帝的猜忌,他又主张议和、擅杀毛文龙、皇太极兵临北京——更加引发崇祯帝的不满。当阉党的流言、后金的蜚语，灌进崇祯帝的两耳之后，他就猜疑袁崇焕。崇祯帝将在德胜门打了败仗的满桂封赏，却将在广渠门和左安门打了胜仗的袁崇焕下狱，完全是黑白不分，功罪倒衡，是非颠倒，自毁长城。

崇祯帝刚愎自用，偏听专断。阉党余孽开始权力并不大，如温体仁为礼部侍郎，高捷和史䇹为御史。而东林党掌握内阁、六部的要职，如袁崇焕入狱时的内阁大学士，除韩爌晋太傅外，还有李标、钱龙锡、成基命和孙承宗四人，均为东林党人。六部尚书也多为东林党人或倾向东林党人。当时阉党余孽官职低，实力弱，声名狼藉，不得人心。但是，阉党余孽紧紧地抓住崇祯帝，谄媚崇祯帝，迎合崇祯帝，依靠崇祯帝，来排挤、打击、诽谤、陷害东林党人。"逆案已定，王永光把持之，皆绍述逆阉之政者也。袁宏勋、高捷、史䇹一辈小人，翩翩而进，以锢君子而抑之。"他们依恃崇祯帝，彼此援引，上下交结，先拆毁东林党所依靠的长城：遵化刚失，兵部尚书王洽以"侦探不明"，下狱（后死狱中）；敌在城下，督师袁崇焕被诬为"诱敌协款"，也下狱。与此同时，刑部尚书乔允升和工部尚书张凤翔相继落狱论死，后遭戍边。阉党余孽逐渐掌握六部的实权。继之，在温体仁和阉党攻击下，崇祯帝将东林党大学士一个一个地解职。大学士钱龙锡是个例子。袁崇焕被逮捕的第五天，御史高捷即疏劾称：钱龙锡与袁崇焕相倚，钱龙锡是袁崇焕"诡计阴谋发纵指示"者，是祖大寿敢于提兵出走"挑激之妙手"。钱龙锡一疏再疏，自行申辩："崇焕初在城外，阁中传奉圣谕，往来书札，多从城头上下。崇焕既拿之后，孰敢私通？祖大寿两重严城，谁能飞越，施挑激之妙手？"就是说，袁崇焕在城外，钱龙锡在内阁，连往来公文因城门紧闭而都要从城墙上下传递，他们如何交通共谋呢？

大学士钱龙锡因受到阉党余孽攻讦而辞职。阉党余孽并不因龙锡去职而罢手，却要将其置于死地，崇祯帝命将辞职在家的钱龙锡进行逮捕。先是，锦衣卫以斩帅、主款二事，究问袁崇焕根因。据崇焕所供："斩帅一事，则（钱）龙锡与王洽频以书问之崇焕，而崇焕专断杀之者也。主款一事，则崇焕频以书简商之洽与龙锡，而洽与龙锡未尝许之也。"袁崇焕将"斩帅"与"讲款"二事的责任，由自己承担，不牵涉大学士钱龙锡和兵部尚书王洽。事下中府九卿科道会议，与会者有吏部尚书王永光、户部尚书毕自严、礼部尚书李腾芳、兵部尚书梁廷栋、刑部尚书韩策、工部尚书程启南及都察院、通政司、大理寺、六科道官员等60余人。会议结果疏上，略谓："斩帅虽龙锡启其端，而两次书词有处得妥当、处得停当之言，意不专在诛僇（lù）可知，则杀之自属崇焕过举。至讲款，倡自崇焕，龙锡虽不敢担承，而始则答以在汝边臣酌量为之，继则答以皇上神武，不宜讲款。总之两事皆自为商量，自为行止。龙锡以辅弼大臣，事关疆场安危，而不能抗疏发奸，何所逃罪？但入在八议，宽严当断之宸衷。"上疏，既肯定龙锡的责任，又对其进行开脱，并隐意将其从宽处理。崇祯帝以钱龙锡"无逆谋，令长系"，认为钱没有阴谋造反，下令长期监禁。钱龙锡后被遣戍定海卫。御史毛羽健因曾在奏疏中褒誉袁崇焕而被主事陆澄源弹劾，落职还乡，后来死去。

东林党受到沉重打击，阉党之祸从此益炽。开始形成以周延儒、温体仁为首的反东林新内阁。先是，周延儒任首辅，"延儒柄政，必为逆党翻局"；不久，温体仁取代周延儒，朝政越发不可收拾。

崇祯帝"太阿独操"，专制暴戾。他乾纲独断，专权暴虐，在平台下令逮捕袁崇焕时，东阁大学士兼礼部尚书成基命，年七十，"独叩头，请慎重者再"。崇祯帝不信士流，而信内臣，一意孤行，拒不纳谏。成基命又叩头曰："敌在城下，非他时比。"崇祯帝仍执迷不悟。袁崇焕被拿，"宣读圣谕，三军放声大哭"。关外的将士吏民，也"日诣督辅孙承宗，号哭代雪"。钱家修冒坐牢之险写《白冤疏》，称袁崇焕"义气贯天，忠心捧日"。

在这里看一下清朝皇帝是怎样对待明朝反间计的。《清史稿·世祖本纪》顺治四年（1647年）五月初九日记载：

> 己酉（初九日），故明在籍通政使侯峒（tóng）曾遣谍致书鲁王，伪许洪承畴、土国宝以公、侯，共定江南，为反间计，柘（zhè）林游

击获之以闻。上觉其诈,命江宁昂邦章京巴山等同承畴穷治其事。

此事,《清世祖章皇帝实录》顺治四年(1647年)五月初九日记载:

四月初四日,清柘林游击陈可,搜获南明鲁王敕书一道,内云:封清大学士洪承畴为公爵、巡抚土国宝为侯爵;又有黄斌卿密书一封,内云:洪承畴给鲁王的本章已经转奏,土国宝两次秘密文书也已经转奏国主;还云:内仗洪承畴杀死巴、张二将,外托土国宝靖除地方,则江南不足定等语。

清朝皇帝对此反间计认为:

朕见此,益知贼计真同儿戏。因卿等皆我朝效力大臣,故反间以图阴陷,朕岂堕此小人之计耶?卿等当益励忠勤,以报国恩,勿以此介意。

明君与清帝,昏庸与明察,相互比较,昭然若揭。

袁崇焕入狱后,人们通过不同形式为其鸣冤,包括原大学士孙承宗、大学士成基命、吏部尚书王永光、总兵祖大寿、兵科给事中钱家修、兵部职方司郎中余大成,以及布衣程本直等,其中后任山东巡抚的石衲(余大成)曾道:八旗军围攻北京城时执捕袁崇焕,是"兵临城下而自坏长城"!其情其景,其悲其惨,如同当年岳飞蒙冤:"合辞讼之,哭声雷震!"崇祯帝闻此,复欲用崇焕于辽,又有"守辽非蛮子不可"之语。在东林党与阉党斗争的关键时刻,崇祯帝支持阉党余孽,将袁崇焕逮捕杀害,使政局急剧逆转。另如成基命一次向崇祯皇帝谏言,自辰至酉,跪在会极门外,长达12小时未起。一位七十岁的老臣,向一个二十岁的皇帝,长跪12个小时,呈递军国奏章,难道不足以画出崇祯帝独裁昏暴的形象吗!朝鲜人评论崇祯帝对袁崇焕事件的处理说:

不信士流,而信内臣,驯致祸乱,为千古炯(jiǒng)戒。其失在于不知人,而非士流之罪也。

朝野上下,京城内外,正确意见,一概不听——大明朝之暴君崇祯皇帝,终于下决心冤杀袁崇焕。

二、惨遭杀害

袁崇焕被捕后,将士一片惊惶,彻夜号啼,不知所措。而城上明军则炮石乱打,辽军官兵,更加不满。崇祯帝平台召见时,祖大寿在旁见袁崇焕被缚下狱,内心惶恐,股栗失态。他回营后,即同副总兵何可纲决定,愤然领兵15,000人离京出关。孙承宗派游击石国柱以手书慰谕祖大寿,其众兵泣曰:"应援京师,连战大捷,指望厚赏,谁想城上之人,声声口口骂辽将、辽兵都是奸细,故意丢砖打死辽兵三名。城内出来选锋,砍死辽兵六名。彰义门(今广安门)将放拨的辽兵,做奸细拿去杀了。阵亡者死而无棺,生者劳而无功,败者升官,胜者误罪,立功何用!"

袁督师落狱,《三管英灵集》采录《入狱》诗云:

北阙勤王日,南冠就絷时。

果然尊狱吏,悔不早舆尸。

执法人难恕,招尤我自知。

但留清白在,粉骨亦何辞。

十二月十四日,兵部差人持从狱中取得的袁崇焕手书,孙承宗命立即送给祖大寿。但祖大寿已回往锦州,使臣追到山海关外,出示袁崇焕手书,祖大寿下马捧泣,一军尽哭。为了立功赎袁崇焕"罪",祖大寿疏言:"十一月初三日,进山海关,随同督师星驰。途接塘报,遵化、三屯等处俱陷。则思蓟州乃京师门户,堵守为急。初十日,统兵入蓟。三日之内,连战皆捷。又虑其逼近京师,间道飞抵左安门外扎营。二十日、二十七日,沙窝(广渠门)、左安等门,两战皆捷,城上万目共见,何敢言功?露宿城壕者半月,何敢言苦?岂料城上之人,声声口口只说辽将、辽人都是奸细,谁调你来?故意丢砖,打死谢友才、李朝江、沈京玉三人,无门控诉。选锋出城,砍死刘成、田汝洪、刘友贵、孙得复、张士功、张友明六人,不敢回手。彰义门将拨夜拿去,都作奸细杀了。左安门拿进拨夜高兴,索银四十六两才放。众兵受冤丧气,不敢声言。比因袁崇焕被拿,宣读圣谕,三军放声大哭。臣用好言慰止，且令奋勇图功，以赎督师之罪。此捧旨内臣及城上人所共闻共见。"

祖大寿又言："京师城门口大战堵截，人所共见，反将督师拿问。有功者不蒙升赏，阵亡者暴露无棺，带伤者呻吟冰地，立功何用？即复遵化，皇上那得知道我们的功劳。既说辽人是奸细，今且回去，让他们厮杀，拥臣东行。此差官所目击者。及到山海关，阁部孙承宗差总兵马世龙赍捧圣谕将到，传令扎营于教军场迎接。众兵眼望家乡，齐拥出关。臣即止于关外欢喜岭，同所统官旂（qí）人等，听宣读毕，皆痛哭流涕，举手加额。臣因众军感泣，谕之曰：'辽兵素受国恩，颇称忠勇，今又蒙朝廷特恩宽宥，若不建功，何以生为？'众军闻言，又复泣下，务立奇功，仰答圣恩于万一矣！"

总兵祖大寿见到袁崇焕的手书后，即日回兵入关。后会同马世龙等，收复永平、滦州、迁安、遵化四城。但阉党分子继续交章攻击，遂使崇祯帝下决心处死袁崇焕。

崇祯三年即天聪四年（1630年）八月初五日，崇祯帝谓"崇焕擅杀，逞私谋款，致敌欺藐君父，失误封疆"，限刑部五日内具奏。十六日，未刻，据《崇祯长编》崇祯三年即天聪四年八月癸亥（十六日）记载，崇祯帝御紫禁城平台，召辅臣等谕："以袁崇焕付托不效，专恃欺隐，以市米则资盗，以谋款则斩师（帅），纵敌长驱，顿兵不战，援兵四集，尽行遣散，及兵薄城下，又潜携喇嘛，坚请入城。种种罪恶，命刑部会官磔示。依律：家属十六以上处斩，十五以下给功臣家为奴。今止流其妻妾子女及同产兄弟于二千里外，余俱释不问。"谈迁《国榷》也记载："圣谕：袁崇焕谋叛欺君，结奸蠹国，斩帅以践虏约，市米以资盗粮，既用束酋，阳导入犯；复散援师，明拟长驱。及戎马在郊，顿兵观望，暗藏夷使，坚请入城，意欲何为？致庙社震惊，生灵涂炭，神人共忿，重辟何辞！其家属本当依律正法，姑赦不论，妻子流二千里，安置福建，财产尽没入官。"

明廷以"通虏谋叛""擅主和议""专戮大帅""失误封疆"的罪名，将率师入卫北京的蓟辽督师袁崇焕处以磔刑，其家产没收入官，兄弟、妻子流放2000里。

相传，袁崇焕临刑前作《绝命诗》，又作《临刑口占》诗云：

> 一生事业总成空，半世功名在梦中。
>
> 死后不愁无勇将，忠魂依旧守辽东。

袁督师生命虽被冤杀，灵魂却依然守卫辽东。

崇焕无罪，天下冤之。崇祯三年即天聪四年（1630年）八月十六日（9月22日），袁崇焕被以"莫须有"的罪名，在北京西市惨遭磔杀。袁崇焕身戎辽疆九年，"杖策只因图雪耻，横戈原不为封侯"，其"父母不得以为子，妻孥不得以为夫，手足不得以为兄弟，交游不得以为朋友"。袁崇焕披肝沥胆，跃马横戈，血洒京师，垂馨千祀。后藤县知县边其晋在追念袁崇焕的《藤江即事》诗中写道："总制三边袁元素，擎天柱石人争慕。只因三字莫须有，万里长城难巩固。"袁崇焕的冤死，不仅是他个人的不幸，而且表明东林党在政治上的再次失败。东林党在天启四年即天命九年（1624年）失败，后熊廷弼被弃市；而后，"朝政混淆，谄谀成风，日以谋害诸贤为计，而国事有不可言者矣"！东林党在崇祯三年即天聪四年（1630年）之再败，袁崇焕被磔于市。袁崇焕死，小人竞起，党争更趋激烈，益修门户之怨。凡朝事之异己者，概坐"焕党"，加以报复，或置之重典，或削职而去。后礼科给事中冯元飚疏道：

> 自此，小人进而君子退，中官用事，而外廷浸疏，朝政日隳（huī），
>
> 边政日坏！

朝鲜史书对袁崇焕之死，也不乏见解，认为崇祯帝不信士流，而任佞臣，"其失在于不知人，而非士流之罪也"！故史臣断言：崇祯帝对"袁崇焕辈任之不终，终以此亡也"！似应说明朝亡祚原因很多，但"君子尽去，而小人独存"，确是明朝灭亡的一大原因。朝鲜特进官李廷济也认为："崇祯皇帝若在平世，则足为守成之主，而如袁崇焕辈任之不终，终以此亡。"因此，袁崇焕冤狱就是给崇祯朝腐败政治做出了结论。后来清人编纂的《御定资治通鉴纲目三编·发明》论中，论"庄烈""庄愍"即崇祯帝道：

> 袁崇焕在边臣中，尚有胆略，其率兵勤王，实属有功无罪。庄烈始

则甚喜，甚至倚若长城。一闻杨太监之言，不审虚实，即下崇焕于狱，寻至磔死。是直不知用间愚敌，为兵家作用。古今来被绐(dài)而偾(fèn，败坏)厥事者，指不胜屈，未有若庄愍此举之甚者。

并感慨道：

> 刑章颠倒，国法何存？岂惟不知将将之道，抑亦大失御下之方矣！

康有为"间入长城君自坏，谗多冤狱世无穷"的诗句，说明毁坏长城和铸成袁崇焕冤案的责任在崇祯帝。而袁崇焕也愚忠，他在《南还别陈翼所总戎》诗中云："主恩天地重，臣遇古今稀。"臣忠被君疑，惨遭祸杀身。袁崇焕的冤死，不仅标志着东林党末运的开始，而且标志着崇祯帝"新政"的结束。

己巳北京之役，以后金军破墙入塞、攻打北京开始，迄明军收复永平等四城终结。皇太极此次远袭，不但训练了后金兵长途行军、攻城战守与主力会战的作战能力，同时也窥见了明朝政治腐败、经济凋敝、军备废弛及民变纷起的实况，增强了入主中原的贪欲与信心，君临天下的胆略与雄心。对于明朝来说，后金的饱掠财富、军事打击，使其损兵折将，消耗财力，财政枯竭更加严重，社会危机更加深重。特别是崇祯帝中了皇太极的反间计，误杀袁崇焕，为后金除了一个劲敌；同时使明军中能征善战的辽兵辽将，因不被信任而纷降后金。明自总兵祖大寿以下凡50员辽将，用之善，则成为后金之劲敌；用之不善，则成为明朝之叛将。袁崇焕重视辽人，辽人亦乐为之效力。袁崇焕被逮后，辽兵伤心，军心涣散，民心离散，既无守志，更无斗志。

崇祯皇帝错杀了袁崇焕，不仅是袁崇焕的悲剧，也是朱由检的悲剧。他在北京景山自缢时，去掉冠冕，披发跣足，说了下面的一段话：

> 朕凉德藐躬，上干天咎，然皆诸臣误朕。

朱由检上面的话，前半句对，他德薄政暗，上天惩罚；下半句不对——是君误臣，而不是臣误君，袁崇焕的被杀就是一个例证。历史反复证明：主昏则臣奸，君明则臣贤，古今中外，概莫能外。

袁崇焕受刑后，得不到当时官民的正确理解。

其一，计六奇《明季北略·逮袁崇焕》记载："时百姓怨恨，争啖其肉。皮骨已尽，心肺之间，叫声不绝，半日而止。所谓活剐者也。"又记载："江阴中书夏复苏尝与予云：'昔在都中，见磔崇焕时，百姓将银一钱，买肉一块，如手指大，啖之。食时必骂一声。须臾，崇焕肉悉卖尽。'"

其二，张岱《石匮书后集》记载："遂于镇抚司绑发西市，寸寸脔（luán）割之。割肉一块，京师百姓，从刽子手争取生啖之。刽子乱扑，百姓以钱争买其肉，顷刻立尽。开膛出其肠胃，百姓群起抢之。得其一节者，和烧酒生啮，血流齿颊间，犹唾地骂不已。拾得其骨者，以刀斧碎磔之。骨肉俱尽，止剩一首，传视九边。"

其三，谈迁《国榷》记载："今俱谓其通建房，一时难民忿祸，众喙漂山，而爰书三尺，真同反叛，安能折其心使不龂（yín）龂地下哉！呜呼，戍之、辟之可也。寸而磔之，果法之平乎！"

以上三记，或有张饰，有可信之处（如百姓因不了解真相而愤恨之），亦有不可信处（如百姓争买其肉就酒饮食、血流齿颊间）。谈迁《国榷》载述"一时难民忿祸，众喙漂山"，似比较客观些。

总之，明朝兵部尚书、蓟辽督师袁崇焕之死是明末一大冤案。皇太极的用间，竟被明朝崇祯皇帝信以为真，时"明之士夫，明之清议，竟无有恕崇焕者"（孟森语）。此事到清朝才真相大白。明朝做出这等蠢事表明：昏君奸臣乱政，专制政治腐朽，国事日非，边事日坏。《明史·袁崇焕传》评论道：

自崇焕死，边事益无人，明亡征决矣！

历史很巧合，正统十四年（1449年）己巳之役的兵部尚书于谦，后惨遭杀害；180年后己巳之役的兵部尚书袁崇焕，也惨遭杀害。他们都为国尽忠，都是大忠臣。袁崇焕的冤死，引起后人追念。

附文

据《明史》统计：崇祯帝在位17年，换了50个大学士，14个兵部尚书。杀死或逼得自杀的督师或总督，除袁崇焕外，还有10人，杀死巡抚11人，逼死1人。14个兵部尚书中，王洽下狱死，张凤翼、梁廷栋服毒死，杨嗣昌自缢死，陈新甲被斩首，傅宗龙、张国维被革职下狱，王在晋、熊明遇被革职查办。

第十三章 诗文著述

袁崇焕出身进士，学富五车，满腹经纶。从六岁开始读书，到三十六岁中进士，大约专门读书有30年。于"四书"、"五经"、"史记"、"通鉴"、唐诗、宋词等都有很深的造诣。可惜他遭到非刑，又身后无子。岳飞有子霖，奏请归还其被抄家的"御札数箧"；霖子珂为辩其祖父之冤，编辑《吁天辩诬集》和《天定录》奏上，后集成《金陀粹编》传世。于谦有子于冕，编《节庵先生存稿》传世。袁崇焕更有不幸者，殁后不久，文稿散落，既竟绝嗣胤，又改朝换代。150年后，才由乾隆皇帝给予平反昭雪。乾隆皇帝能有此举，算是明智之君。然其时处于一个黑暗的文字狱时代，汉族知识分子罕有站出来著文赋诗赞扬袁督师者。道光朝由于文字狱的松弛，更由于西方列强的威逼，一些广东籍的社会贤达、新秀文人，重新想起了袁大督师崇焕。而后，袁崇焕研究有过几次高潮：

第一次高潮是在道光年间。西方殖民者虎视眈眈、觊觎中国，道光十一年（1831年），袁氏同乡吴荣光题"有明袁大将军墓"，竖碑于袁督师墓前。同期，出版伍氏刻本《袁督师事迹》。

第二次高潮是在清末民初。梁启超的《袁督师传》，适应了孙中山先生中国同盟会"驱除鞑虏，恢复中华"的纲领。这中间有一个插曲：袁世凯要称帝，一些拍马屁、抬轿子的文人，说什么"袁世凯是袁崇焕的后裔"，然至今找不到史料的证据。

第三次高潮是在日军侵华时期。人们又想起了袁崇焕的爱国精神，出版《袁督师遗集》。同期，发表一系列宣扬袁崇焕爱国精神的文章。

第四次高潮是抗美援朝时期。1952年，叶恭绰、柳亚子、李济深、章士钊四人联名上书毛泽东主席，吁请保护袁崇焕墓，"表扬英烈，借以激发人民爱国心情，以收同仇敌忾之效"。

第五次高潮是1976年后。研究袁崇焕的论著、学术研讨会，以及粤剧、京剧、电视剧大量出现，出版《袁崇焕研究论文集》《袁崇焕学术论文集》《袁崇焕研究论集》和《袁崇焕研究论文选集》等。

袁督师进士出身，能诗善文，字写得好，赋诗抒鸿鹄之志向，文章有磅礴之气势。康有为《袁督师遗集·序》云："夫袁督师之雄才大略，忠烈武棱，古今寡比。其遗文虽寥落，而奋扬蹈厉，鹤立虹布，犹想见鲁阳挥戈、崆峒倚剑之神采焉。"

总之，由于历史条件之限制，文化背景之所囿，袁崇焕的著作极为零散，也真伪难辨。下面概述，以备参考。

一、重要诗文

第一，《袁督师事迹》（纂修人佚名）

（一）袁督师事迹

1. 《明史·袁崇焕传》
2. 钱家修《白冤疏》
3. 程本直《矶声纪》与《漩声纪》
4. 余大成《剖肝录》

（二）袁督师遗文

1. 天启二年擢佥事监军奏方略疏
2. 初乞终制疏
3. 再乞守制疏
4. 三乞给假疏
5. 遵旨回任兼陈时事疏
6. 天启六年四月初五日谢守城有功赏赐疏
7. 天启六年六月初十日谢升荫疏

8. 天启七年六月初六日锦州报捷疏

9. 天启七年七月二十二日乞休疏

10. 祭觉华岛阵亡兵将文

11. 募修罗浮诸名胜疏

12. 募修罗浮诸名胜跋

13. 重建三界庙疏文

(三)率性堂诗集(十一首)

1. 下第

2. 秋闱赏月

3. 话别秦六郎

4. 过诃林寺口占

5. 度庾岭

6. 归度庾岭步前韵

7. 南还别陈翼所总戎

8. 边中送别

9. 山海关送季弟南还(一首)

10. 山海关送季弟南还(又一首)

11. 偕诸将游海岛

(四)呈词与奏稿

1. 呈词

2. 奏稿

第二，《三管英灵集·袁崇焕诗》（六十六首）

1. 游曹溪参六祖
2. 乐性堂读书示灿、煜二弟
3. 盆中小榕树日渐长大，移植于地，诗以纪之
4. 岣（gǒu）嵝（lǒu）山寻禹碑
5. 望鹿门山
6. 啸台
7. 斑竹岩
8. 浯溪
9. 九河故道在南皮县内，今皆壅塞，渐不可考。下流既淤，放泄无所，势必遏积。河身日高，决溃必大。不出百年，河患无穷矣！前年河决，徐州迁于云龙山，河事无人论及。作诗见意
10. 浣衣里
11. 舟泊印山步月上点翠亭纳凉
12. 燕然山
13. 黄金台
14. 韩淮阴侯庙
15. 舟中春涨
16. 舟过平乐登筹边楼
17. 游雁洲
18. 登贤书后回东莞县谒墓
19. 海山楼

20. 黄河

21. 下第

22. 度大庾有怀张曲江先生

23. 藤江夜泛

24. 至闽谒大府

25. 初至邵武

26. 南还别陈翼所总戎

27. 入狱

28. 狱中对月

29. 闻叶台山相国乞归得请赋此寄之

30. 再出关

31. 别李溪南诸友出边

32. 关上与诸将话旧

33. 答韩宾廷同年

34. 东林党人榜中无姓名书此志感

35. 哭熊经略（一首）

36. 哭熊经略（又一首）

37. 弟煜来军中省视

38. 偕弟煜夜坐有作

39. 哭弟灿

40. 前经略宗人应泰藁葬辽阳城外，予买棺殓之，并归其榇

41. 归家后作

42. 闲居示弟煜

43. 到家未百日，即为崇祯元年，诏督师蓟辽，拜命入都

44. 边雨

45. 边雪

46. 边风

47. 忆母

48. 忆弟

49. 寄内

50. 题壁

51. 闻韩夫子因焕落职泣赋

52. 寄叶台山相国

53. 邵武署中闲坐

54. 南楼

55. 博浪城

56. 上蔡县

57. 断桥

58. 隐山

59. 独秀山

60. 太白楼（在汉阳）

61. 剡溪

62. 荔支楼

63. 钓鱼

64. 约同人游拾翠洲

65. 江行

66. 夷门

第三，《袁督师遗稿遗事汇辑》（略）

第四，《袁崇焕资料集录》中收录的档案与金石资料

（一）档案史料

1. 袁崇焕致金国汗书
2. 辽东巡抚袁崇焕塘报
3. 兵部题《蓟辽督师袁崇焕塘报》残稿
4. 兵部行《督师袁崇焕题》稿
5. 兵部题《督师袁崇焕塘报》行稿
6. 兵部题《督师袁崇焕塘报》残稿
7. 兵部行《申饬东江运道》稿
8. 督师袁崇焕题本
9. 兵科抄出蓟辽督师袁崇焕题本
10. 蓟辽督师袁崇焕题本
11. 蓟辽督师袁崇焕题本
12. 蓟辽督师袁崇焕题本
13. 蓟辽督师袁崇焕题本
14.《看得袁崇焕之仆袁天赦》残稿

（二）金石资料

1. 明进士题名碑记
2. 平南袁子朋墓碑文
3. 藤县"明督师袁公崇焕故里"纪念碑文
4. 东莞袁崇焕祠碑记
5. 北京袁崇焕祠墓碑记

二、不同流传

袁崇焕的诗文，有不同的版本，也有不同的流传。

《袁崇焕奏疏》，据余大成《剖肝录》记载："乙亥春，至（电白）戍所，晤焕弟崇煜，将所汇焕前后章疏十本，付煜藏之。"《袁崇焕轶闻记》也载述："乡中父老传说，其时崇焕弟崇煜，先戍电白。后石衲任山东巡抚，会饷乏兵变，罪不过罚俸，（温）体仁憾其为焕鸣不平，恐后雪焕事，遂谪戍电白。乙亥（崇祯八年）春，石衲至电白戍所，晤焕弟崇煜，将所汇崇焕前后章疏十本，付煜藏之。盖自为督师至下狱时，所上职方副本也，中俱有督师钤印关防。"后来，石衲在广东省电白县交给袁崇煜的袁督师的十本"奏疏"，不知为何缘由，未见雕印传世。

《率性堂诗集》，梁章钜在《三管英灵集》中说"事迹具《明史》本传，有《乐性堂遗稿》"。但是，没有见到《乐性堂遗稿》的刻印本传世。

《袁督师事迹》，旧抄本一卷，清无名氏辑。这是今见第一个关于袁崇焕的事迹及诗文集。集中收录《明史·袁崇焕传》、钱家修《白冤疏》、程本直《矶声纪》和《漩声纪》、余大成《剖肝录》及袁崇焕文13篇、诗11首。这个抄本，道光年间由伍崇曜雕梓，后收入《岭南遗书》。至清末民初，尚留传有《旧抄本袁督师事迹》一卷，末附《袁督师行状》。

《三管英灵集·袁崇焕诗》66首，梁章钜辑。梁章钜（1775—1849），福建长乐人。嘉庆七年（1802年）进士，曾官礼部主事、军机章京、广西巡抚等。是书当是他道光十六年（1836年）至二十一年（1841年）任广西巡抚时所编。此书今见孤本。

《袁督师遗集》，张伯桢编。这是第二个关于袁崇焕的诗文集。先是，宣统年间，广东陈伯陶始纂《东莞县志》，对袁崇焕遗迹采访、收集殊勤。尔后，张伯桢于民国二年（1913年）编《袁督师遗集》。

《袁督师遗稿遗事汇辑》，张次溪编辑。这是有关袁崇焕诗文的第三个诗文集。

次溪为张伯桢之子，又于民国三十年（1941年）编《袁督师遗稿遗事汇辑》。张氏父子，用心良苦，功不可泯。但因他们囿于所限，未见之书甚多。如官书仅采《明史》《皇朝开国方略》及《东华录》等，而于《明实录》《清实录》《朝鲜李朝实录》及《满文老档》等均未得见。又如私人著述佚名《今史》、周文郁《边事小纪》、茅元仪《督师纪略》、孙承泽《畿辅人物略》、万斯同《明史稿》、谈迁《北游录》及朝鲜李肯翊《燃藜室记述》等，也未见征引。另如袁崇焕之父袁子鹏墓碑记、袁氏家谱及与其生平有关之明刻本志书、文集、笔记，犹如明清档案等，亦未及见。

《袁崇焕资料集录》，阎崇年、俞三乐编，广西民族出版社1984年出版。辑者在前人的基础上，编纂了是书。本书将搜罗的袁崇焕研究资料，分为10集。第一集是官书中袁崇焕资料汇录，从《明实录》《满文老档》《清实录》《朝鲜李朝实录》等文献中，采集袁崇焕资料14万余字。第二集为私人撰述中的袁崇焕资料的汇录，选取《今史》等38种，凡14万余字。第三集是《袁督师事迹》，以道光伍氏雕梓为底本，略加参酌。第四集是采录明清档案与金石方面袁崇焕资料，其中《袁子朋墓碑记》初次公之于世。第五集是辑录方志与谱乘中有关袁崇焕的资料，所录通志、府志、县志资料，以能见到最早刻本或钞本为尚，但对《东莞县志》和《藤县志》，自崇祯以降各种版本，多酌予选录。谱乘中《袁氏家谱》，亦照其家藏原钞本录出。第六集选录自崇祯元年（1628年）迄今350余年以来对袁督师的颂悼诗赋。第七集为杂录，纂入程本直、余大成等与袁崇焕关系至切的材料。第八集收录《三管英灵集·袁崇焕诗》66首，殊为难得，但该集所辑袁崇焕诗之流嬗（shàn）待考。第九集为补遗。第十集是附录。

《袁崇焕研究论文选集》，广东东莞市政协编，罗志欢编选，2005年出版，约100万字。本集由论文选集和附编两部分组成。于前者，选录1924—2003年有关袁督师论文52篇。于后者，其一为传记资料选录，共著录袁崇焕传记7篇；其二为研究资料索引，时限为1632—2004年，共著录399条资料。

第十四章 后人追念

明代蓟辽督师袁崇焕的悲壮伟绩，名垂千古，光照人间。

人们对袁崇焕的公开正式追念，是在清乾隆帝为他平反之后。清朝乾隆皇帝给袁崇焕平反，《清高宗纯皇帝实录》第1170卷、乾隆四十七年（1782年）十二月初四日条记载：

>昨披阅《明史》，袁崇焕督师蓟、辽，虽与我朝为难，但尚能忠于所事。彼时主昏政暗，不能罄其忱悃，以致身罹重辟，深可悯恻。袁崇焕系广东东莞人，现在有无子孙？曾否出仕？著传谕尚安，详悉查明，遇便覆奏。

乾隆皇帝给前朝曾经打败过太祖、太宗皇帝的袁崇焕平反，表现了一位政治家的远见卓识与宽大胸怀。从此，人们逐渐了解袁崇焕冤案的真相，开始公开纪念袁崇焕。

一、丰功伟绩

袁崇焕的历史贡献与高尚精神，主要表现在：

第一，获取三次大捷。在袁崇焕坚守宁远之前，明军接连失陷抚顺、清河、开原、铁岭、沈阳、辽阳、广宁、义州，还有大小城镇120余座。辽河以东、宁远以北，原明辽东都司、奴儿干都司的辖地，几乎都在后金的管辖之下。明军自有辽事以来，同后金军队作战，在袁崇焕之前，没有打过一次胜仗。但是，袁崇焕率领军民，固守孤城宁远，既无后方支援，也无经略支持，凭坚城，用大炮，率将士，浴血战，取得宁远大捷。宁远大捷是明军抚顺兵败以来的历史转折点。《明史·袁崇焕传》论曰：

>我大清举兵，所向无不摧破，诸将罔敢议战守。议战守，自崇焕始。

袁崇焕随后取得宁锦大捷和北京保卫战的胜利。前者，巩固了关宁锦防线；后者，保卫了京师安全。所以，宁远、宁锦、北京三次大捷，对于明代天启、崇祯两朝的历史，具有重大的意义。

第二，具有独立品格。袁崇焕是一位具有独立思想、独立意志、独立品格、独立行为的人。别人都想升官发财，但他敢于到最危险的辽东前线去；别人都想曲意逢迎、讨好上级，但他敢于冒犯顶头上司经略王在晋，并将自己的意见奏告首辅叶向高；别的军官唯上是从、唯唯诺诺，但他拒不服从经略高第后撤的军令，声称："我宁前道也！官此，当死此，我必不去！"别的大臣对皇上恭恭谨谨，但他计斩东江总兵毛文龙，先斩后奏。所以，我说，袁崇焕的性格，凸显一个"敢"字——敢走险路，敢担责任，敢犯上司，敢违圣颜。袁崇焕的这种性格，既成就了他的丰功伟业，也铸成了他的人生悲剧。

第三，为官勤政清廉。纵观皇朝历史，几乎无官不贪，"三年清知府，十万雪花银"。但是，事有例外。明代有清官，清代也有清官。袁崇焕是明代难得的清官。他做知县时，登房上屋，为民救火；他做巡抚时，父亲亡故，无钱发丧，靠朋友资助银两办了丧事；他做到朝廷兵部尚书、封疆大吏，过手数以百万计的雪花银，却还是囊中羞涩。《明史·袁崇焕传》记载：

三年八月，遂磔崇焕于市。兄弟妻子流三千里，籍其家。崇焕无子，家亦无余资，天下冤之。

身为堂堂大明皇朝的兵部尚书、蓟辽督师，死后竟然"家无余资"，古今中外，能有几人！

第四，奋勇拼搏精神。袁崇焕一生最高尚的精神是"爱国""打拼"。程本直在《漩声纪》中说："举世皆巧人，而袁公一大痴汉也。惟其痴，故举世最爱者钱，袁公不知爱也；惟其痴，故举世最惜者死，袁公不知惜也。于是乎举世所不敢任之劳怨，袁公直任之而弗辞也；于是乎举世所不得不避之嫌疑，袁公直不避之而独行也；而且举世所不能耐之饥寒，袁公直耐之以为士卒先也；而且举世所不肯破之体貌，袁公力破之以与诸将吏推心而置腹也。犹忆其自言曰：'予何人哉？十年以来，父母不得以为子，妻孥不得以为夫，手足不得以为兄弟，交游不得以为朋友。'……予则谓：'掀翻两直隶，踏遍一十三省，求其浑身担荷，彻里承当如袁公者，正恐不可再得也！'"袁崇焕的"爱国"与"打拼"精神，值得后人，永远学习。

袁督师崇焕冤死已经391年，但他的丰功伟绩，他的高尚品格，他的清廉风范，他的"爱国"与"打拼"精神，超越了时间与空间、民族与政治，扣人心弦，荡人魂魄，永远值得学习，永世绽放光辉。

二、千古凭吊

袁督师崇焕死后，受到后人的追思、景仰和纪念。在南方、在北国、在京师、在地方、在国内、在海外，都纪念袁崇焕，也都受到袁崇焕精神的鼓舞。

在广东东莞　广东东莞是袁崇焕的故里，袁崇焕遇难后，东莞乡民，祭奠督师。莞城镇有袁祠与袁坊，温塘和茶山各有袁祠，水南有袁祠和三界庙后殿的督师祭祀堂。《广东通志》《广州府志》《东莞县志》及大量文集笔记等，都记载了袁崇焕的事迹。清嘉庆元年（1796年），广东巡抚陈大文等呈请将袁崇焕入祀乡贤，获得旨准。嘉庆二十三年（1818年）十一月，东莞建成袁督师祠，知县仲振履撰碑记。两广总督百龄的题联：上联为"对策平台，一代奇猷标柱石"；下联为"宣威辽海，千秋伟烈树屏藩"；横额为"蓟辽柱石"。

在莞城镇曾建有袁督师祠，过去香火很盛，每年在袁崇焕生日的四月二十八日，袁氏后代举行祭祀活动。建有牌坊，刻"蓟辽柱石"四字，现均已无存。在温塘和茶山，曾有袁督师祠和袁大司马祠。袁督师祠现已无存，据文物调查记载：袁督师祠——建筑形式：面阔三间，深三进，祠宇建筑，梁架屋顶；建筑年代：清代；文物情况：正额石刻"乡贤袁督师祠"及木匾"蓟辽柱石"。袁大司马祠，宽三间，深三进，棱石廊柱，黄瓦屋顶，正脊有琉璃螭吻，重脊饰琉璃狮吻，规制肃穆，建筑雅丽。该祠笔者1981年4月7日前去考察时，尚基本保存，但今已无存。在水南（今石碣镇水南村）的袁祠，据记载："崇祯三年，袁崇焕殁后，乡人陈日昌等悯其冤，悬其生前《待漏图》于三界庙后堂为祭奠地。"袁崇焕曾写《重建三界庙疏文》。过去每年三月三，当地民众抬着一帧五尺多高的袁崇焕画像游会，以示志念。但庙宇已毁。水南还有清道光年间建袁大司马祠，今亦已无存。张家玉《谒大司马袁自如先生遗祠》云：

> 司马遗忠尚有祠，重来客泪洒荒碑。
>
> 长城借得先生在，肯致中原苦乱离。

东莞水南有唐棣题撰、廖太平丹书之柱联：

> 奇男子定策平台，恨壮志之未伸，自古英雄，天多厄运；
>
> 乡先生宣威辽海，笃孤忠于不朽，至今桑梓，地有传人。

今东莞市石碣镇水南村重视袁督师精神与事迹的弘扬与研究工作，他们兴建"袁崇焕纪念园"，占地113,220平方米，规模宏伟，工程浩大。"袁崇焕纪念园"主要包括六个部分：(1) 复建袁崇焕故居，即"司马第"；(2) 建高15米的袁督师塑像，其前新建袁氏衣冠冢；(3) 建袁督师祠；(4) 复建三界庙，内有袁崇焕纪念堂；(5) 袁崇焕研究机构——筹建袁崇焕研究会、袁崇焕研究所；(6) 后湖。袁崇焕纪念园内，建筑错落，壮丽宏伟，湖水绿树，幽雅肃穆。园前为宽广的"崇焕路"，还有"崇焕中学"。1999年，水南村筹资拍摄20集电视剧《袁崇焕传》。笔者应邀于2002年12月25日至27日，到东莞石碣水南考察。水南村钟灵觉书记、罗伟贤委员介绍说，整个工程，三年完成。2004年6月，举行海内外嘉宾莅席的盛大的袁崇焕诞生420周年纪念会。

在广西藤县 藤县明初称藤州，以临藤江而得名，洪武十年（1377年）改藤州为藤县，隶属广西梧州府，东距梧州府治56公里，"居八桂上流，当三江要会"。平南与藤县一江相隔，江两岸都有白马村，袁崇焕父亲袁子鹏坟墓在平南白马村。藤县有袁崇焕祖父袁世祥坟墓，有袁崇焕故居遗迹，相传其坐落在西江（藤江）畔白马圩（今新马村），临江兴筑，傍偎古榕，基址壮廓，规模宏伟，今仅存赭红莲花石柱墩四个。早在清同治年间，知县边其晋诗云："总制三边袁元素，擎天柱石人争慕。只因三字莫须有，万里长城难巩固。"后在藤县白马圩尾江边，竖立"明督师袁公故里"纪念碑，呈方形，尖顶，东向。碑身正面镌书："明督师袁公崇焕故里。"碑两侧镌有何杞题书联句："一塔表孤忠，白马江边留胜迹；千秋传信史，幽燕城下想英风。"碑阴镌蒙民伟撰、欧寿松书《袁督师略》，介绍袁崇焕事迹，时为民国三十一年（1942年）秋。1984年，为纪念袁崇焕诞生400周年，广西藤县人民政府在袁崇焕的故里——该县天平公社白马村（今天平镇新马村），重建"明督师袁公崇焕故里"纪念碑。碑的正面上方是由广西壮族自治区政府副主席、自治区政协副主席、广西历史学会会长、著名书法家莫乃群先生手书的"明督师袁公崇焕故里"碑文，下方镶嵌着刻写在大理石上的袁崇焕生平碑记。同年，在藤县举行第一届全国袁崇焕学术讨论会，纪念袁督师诞生400周年。2015年12月3日，在广西梧州市藤县天平镇新马村，袁崇焕塑像落成，袁崇焕纪念馆开幕。

在辽宁兴城　宁远（今辽宁省葫芦岛市兴城市）在明末具有重要的战略地位，处辽西中坚，为关门屏障，系京师安危，关中原存亡。袁崇焕在宁远打败天命汗努尔哈赤，取得宁远大捷；又在宁远、锦州打败天聪汗皇太极，取得宁锦大捷；建立关宁锦防线，守住辽西疆土。袁崇焕身戎疆场九年，主要军政活动均在宁远。宁远是明蓟辽督师袁崇焕建立历史功绩的地方。现存明代古城为内城，城高9米，周长3274米，四门有城楼，城中有鼓楼。兴城有袁崇焕守卫的古城、设防的首山、觉华岛（今菊花岛）屯粮城遗址，还有祖大寿牌坊等，被列为全国或省级重点文物保护单位。早在1986年，兴城县委王恩福书记、宣传部李久林部长等大力支持，组织力量，各方协作，拍摄了第一部历史电视连续剧——《袁崇焕》（蒋志杰、安德才、王明义合编），国内海外，影响很大。后出版以袁崇焕为题材的长篇历史小说《血染盘龙剑》（蒋志杰著）。1988年，在兴城举行国际袁崇焕学术讨论会，随之《袁崇焕研究学术论文集》问世，兴城资助，鼎力支持。1994年6月24日，兴城举行"袁崇焕像"落成典礼，像为花岗岩石雕塑，高11米，重240吨。塑像阴面镌刻安德才先生撰写的《袁崇焕事略》。2000年9月22日，兴城举行袁督师蒙难370周年纪念会、"袁崇焕纪念馆"开幕式，并成立"袁崇焕研究会"。近年，兴城正在对明代的古迹进行修缮，修复城墙垛口、海墁，清理周边环境，修复环城道路，计划复开护城河、复建四座角楼、恢复北门瓮城。宁远督师府——当年孙承宗、袁崇焕等都在此衙署处理军政要务——于 2004 年 7 月复建竣工，占地面积 1 万平方米，其领导之重视，工程之浩大，前所未有，魄力非凡。同时，兴建"袁崇焕纪念馆"，修缮与保护明代建筑祖大寿石坊和祖大乐石坊。2003 年，辽宁兴城市政协主席李久林主编《兴城旅游风光历史文化丛书》十册，其中有《袁崇焕》一册，由吉林文史出版社出版。

在首都北京 北京有关袁督师的历史胜迹，主要有两处：

其一，袁督师祠墓。相传袁督师蒙难后，其仆人佘义士夜窃督师头颅，埋葬于宅院内，终生守墓，世代相传，已 17 世。墓位于今北京市东花市斜街 52 号。清道光十一年（1831 年）二月，袁氏同乡吴荣光题"有明袁大将军墓"碑，竖于墓前。墓旁后人立"佘义士墓"，其家族守护袁督师墓达 390 年。后于墓前建祠，祠额题书"袁督师墓堂"。祠内有康有为书："自坏长城慨千古，永留毅魄壮山河。"1952 年，北京市政府决定将城内所有坟墓迁出城外，以规划整齐市容。叶恭绰、柳亚子、李济深、章士钊四人，上书毛泽东主席，吁请保护袁崇焕墓。毛泽东复信说："明末爱国领袖人物袁崇焕先生祠庙事，已告彭真市长，如无大碍，应予保存。"袁崇焕墓被保护，并加以修缮。当时只有袁崇焕墓在北京城内。袁崇焕祠、墓和庙，1984 年被列为北京市重点文物保护单位。2001 年，北京市和崇文区政府共同筹资 488 万元，对袁崇焕祠附近民居进行腾退、祠堂彻底修缮，整齐环境，布展文物，并建立"袁崇焕纪念馆"，于 2002 年 11 月 29 日举行"袁崇焕祠修复开放"仪式。近年每逢清明节，都在袁督师墓前举行祭奠活动。北京除袁崇焕祠墓外，还有袁督师庙。

其二，袁督师庙。袁督师庙坐落在龙潭湖内，坐西朝东，庙堂三楹，建于民国六年（1917 年）。庙额为康有为手书"袁督师庙"。庙门两侧为康有为手书庙联：

其身世系中夏存亡，千秋享庙，死重泰山，当时乃蒙大难；

闻鼙鼓思东辽将帅，一夫当关，隐若敌国，何处更得先生。

庙中有袁督师石刻像，还有康有为撰书《明袁督师庙记》等。

袁崇焕祠墓所在地北京市东城区，积极筹建"袁崇焕研究会"，以联络海内外袁崇焕的研究者、关心者，研究袁崇焕光辉史绩，弘扬袁崇焕的爱国精神。

在其他地区 在香港主要有"袁氏宗亲总会"，会员近千人，供奉袁督师崇焕。该会初成立于1914年，为宗亲团体。1947年，改名"袁汝南别墅宗亲总会"。1957年，易名"袁汝南堂宗亲总会"。1963年后，逐渐得到发展。1982年，决定在香港梅窝万角咀兴建"袁氏大宗祠"与袁崇焕纪念馆，奉袁督师崇焕为香港袁氏共祖。1982年6月，香港"袁汝南堂宗亲总会"举行"先督师崇焕公三百九十八周年宝诞"的纪念活动，香港《华侨日报》和《香港时报》等作了新闻报道。1984年，又举行袁崇焕诞生四百周年纪念典礼，并出版纪念特刊——《先督师崇焕公四百周年千秋宝诞特辑》。还介绍广西重建袁崇焕纪念碑："为纪念明末爱国名将袁崇焕诞生四百周年，广西藤县人民政府在袁崇焕的故里——该县天平公社白马村，重建'明督师袁公崇焕故里'纪念碑。"香港袁氏宗亲总会设袁督师祠堂，挂袁督师画像，摆供品，燃香烛，四时祭祀，经年不断。每年四月二十八日，庆祝袁崇焕诞辰；每届清明、重阳，对袁督师等先祖举行祭奠仪式。在我国台湾地区、澳门特别行政区，以及泰国、美洲等地，也都有袁氏宗亲会，共同奉祀袁督师崇焕，相互之间进行友好探访。如1984年5月1日，泰国"袁氏宗亲总会"成立，香港"袁汝南堂宗亲总会"袁雄崑理事长、台湾袁氏宗亲会袁时光、袁治农会长等率团前往祝贺，受到袁经伦会长的隆重接待，加强了彼此袁氏宗亲的联系。我国台湾地区、香港特别行政区、澳门特别行政区及泰国、美洲等地袁氏组织，都共同供奉袁督师崇焕，使"离祖先庐墓而寄食天涯者"，慎终而追远，优祖而流芳。

围绕袁崇焕的学术研究活动，30多年来，相当活跃，研究成果，不断出新。1984年6月21日至26日，为纪念袁崇焕诞生四百周年，在广西藤县举行"袁崇焕诞生四百周年纪念学术讨论会"，与会专家教授 80 余人，这是第一次全国性的袁崇焕专题学术研讨会。会后出版莫乃群主编的《袁崇焕研究论文集》（广西民族出版社），收论文 40 篇，52 万余字。同年，出版阎崇年、俞三乐合编的《袁崇焕资料集录》（广西民族出版社）。1988 年 8 月 24 日至 27 日，在辽宁兴城举行"国际袁崇焕学术讨论会"，与会中外专家教授 60 余人，其中包括日本神田信夫教授等 10 余人。会后出版阎崇年、吕孟禧主编的《袁崇焕学术论文集》（广西人民出版社）。1990 年 5 月，笔者到美国讲学，回程途经香港，受到香港袁氏宗亲总会袁雄崑理事长、袁雄民会长的欢迎与接待。笔者同香港中文大学历史系主任吴伦霓霞教授和国际学术交流中心伦炽标主任商定，香港袁氏宗亲总会资助，举办关于袁崇焕的国际学术研讨会，并得到香港大学文学院院长赵令杨教授的支持。1991 年 12 月 5 日至 8 日，以研究袁崇焕为主题的"明末清初华南地区历史人物功业研讨会"在香港中文大学举行，出席会议的有中国内地、台湾地区、香港特别行政区、澳门特别行政区，以及美国、日本等国家和地区的教授、专家 50 余人。会后在香港出版罗炳绵、刘健明主编的《明末清初华南地区历史人物功业研讨会论文集》（香港中文大学出版），集中第一组为研究袁崇焕的论文。1994 年 6 月 18 日，在广东东莞石碣举行"纪念袁崇焕诞辰 410 周年"大会，并举办"袁崇焕生平事迹展览"。同年，台湾文史哲出版社出版阎崇年的《袁崇焕研究论集》，收文 23 篇，26 万余字，是为关于袁崇焕研究的第一本个人学术论文集。2005 年 10 月，中华书局出版阎崇年著《袁崇焕传》，并于 2015 年出版修订本；2005 年 11 月，广东人民出版社出版《袁崇焕研究论文选集》，东莞市政协编，汇集前载论文，比较丰富全面。据笔者统计，从 1903 年《明季第一重要人物袁崇焕传》起，到本书杀青止，共发表有关袁崇焕的论文 200 余篇。

有关袁崇焕的艺术作品，自 20 世纪初期，在上海演出京剧《袁崇焕》，在香港演出越剧《袁崇焕》。1982 年，由广东潮剧院二团，演出潮剧新编历史故事剧《袁崇焕》，该剧本获 1982—1983 年度全国优秀剧本创作奖。1984 年，在广西藤县演出粤剧《袁崇焕》。1986年，辽宁兴城与辽宁电视台合作，拍摄由陈家林导演的九集历史电视剧《袁崇焕》。这是第一部关于袁崇焕的历史电视连续剧。1994年，在广东东莞播出张铁文编写的连续广播剧《袁崇焕》。1999年，广东东莞拍摄历史电视剧《袁崇焕传》。在这个时期，广东、广西、北京、安徽、香港等地，还演出有关袁崇焕的京剧、话剧、粤剧、广播剧等。蔡赴朝、赵靖云的新编大型历史京剧《袁崇焕》，在《新剧本》2005年第1期发表，由北京京剧院排练，于同年4月30日至5月3日在北京长安大戏院公演。而后，到上海、东莞、宁波、合肥等地巡演，又在中央电视台11频道"空中剧院"播放。此外，还出版蒋志杰的历史小说《血染盘龙剑》、张晓然的历史小说《袁崇焕》、夏立堃（kūn）的历史小说《袁崇焕》。金庸先生的《碧血剑》，也主要是写与袁崇焕有关的故事，内有《袁崇焕评传》。

在台湾，1992年演出王安祈新编京剧《袁崇焕》，翌年收入《曲话戏作——王安祈剧作剧论集》（新竹市立文化中心出版）。在香港，2001年3月演出白耀灿新编话剧《袁崇焕之死》。

2006年，在中央电视台《百家讲坛》，由阎崇年主讲《明亡清兴六十年》，共48讲，讲稿由中华书局出版，并在台北由联经出版公司以繁体字出版，同时发行光盘。其原名《袁崇焕》，已录播并制作完毕，因问卷调查时有人不知袁崇焕是谁，故临播出前改名为《明亡清兴六十年》。讲座热播、图书热销，袁督师的影响——事迹、品格、贡献、精神，因之而空前，而巨大，而广泛，而深远。

袁督师是一面历史的镜子。袁崇焕为官十年，先做文官，后做武官——做文官，亲民爱民，独不爱钱；做武官，亲兵爱兵，既不爱钱、也不惜死。袁崇焕是中华文官的楷模，也是中华武官的楷模。

第十五章　崇焕精神

在中华民族历史上，有许多仁者、智者、勇者、新者、廉者，他们是中华豪杰的精英，也是中华民族的脊梁。袁崇焕就是其中的一位。一段重大历史的背后，必有一种优秀的精神。袁崇焕经历宁远、宁锦、京师三次重大历史事变之后，留给后人的宝贵精神是什么？值得我们梳理、研究、学习和弘扬的人生价值是什么？我认为：袁崇焕是中国历史上的大仁、大智、大勇、大新、大廉者。

关于人的最高精神境界，儒家的《大学》开宗明义说："大学之道，在明明德，在亲民，在止于至善。"达到"至善"，就是达到人生的最高精神境界。这体现在袁崇焕身上，就是仁、智、勇、新、廉。

我联想到佛家的最高人格境界。星云大师在《佛法僧三宝》书中说：做到慈悲、智慧、威力和功德，就达到"三觉圆满，万德具足，完成人格，成就佛道"。这里我不讨论佛道，而是探讨境界。袁崇焕的精神境界，在于大仁、大智、大勇、大新、大廉，这同佛家圆满品性的慈悲、智慧、威力、功德，虽不相同，却有相应。

袁崇焕的仁与智，令人赞颂；勇与新，令人仰慕；廉与严，令人敬佩。袁崇焕留给后人熠熠永辉的思想、薪火永传的精髓，可归纳为一身"正气"。

《楚辞·远游》："内惟省以端操兮，求正气之所由。"屈原的正气是修身养性的崇高境界，是冰清玉洁、坚不可摧的气质。这种正气，就是"浩然正气"。什么叫"浩然正气"？《孟子·公孙丑上》说，"浩然之气"就是"至大至刚""配义与道""塞于天地之间"之气。通俗地说，"浩然正气"就是盛大刚直、合乎道法、正义凛然、充满天地之气。袁崇焕身上有一种"浩然正气"，主要表现为仁、智、勇、新、廉，就是仁爱的精神、智慧的头脑、勇敢的品格、创新的情怀和廉洁的风范。

《孙子兵法》曰："将者，智、信、仁、勇、严也。"曹操赞成孙子提出的为将者应具备的上述五德。杜牧说："先王之道，以仁为首；兵家者流，用智为先。"他解释道："盖智者，能机权、识变通也；信者，使人不惑于刑赏也；仁者，爱人悯物，知勤劳也；勇者，决胜乘势，不逡巡也；严者，以威刑肃三军也。"梅尧臣曰："智能发谋，信能赏罚，仁能附众，勇能果断，严能立威。"王晳曰："智者，先见而不惑，能谋虑，通权变也；信者，号令一也；仁者，惠抚恻隐，得人心也；勇者，徇义不惧，能果毅也；严者，以威严肃众心也。"张预曰："智不可乱，信不可欺，仁不可暴，勇不可惧，严不可犯。"但是，一切事物，都要适度，皆不宜过。贾林曰："专任智则贼；偏施仁则懦；固守信则愚；恃勇力则暴；令过严则残。五者兼备，各适其用，则可为将帅。"但是，《孙子兵法》提出的将德"智、信、仁、勇、严"中，没有"新"，也没有"廉"。这可能是时代的特点。其时，将之新，并不成为问题；将之贪，尚不成为弊病，也均不成为其修养之要则。但我认为：新，是袁崇焕与时俱进的思想精髓；廉，是袁崇焕宝贵精神的重要支柱。

梁启超在《袁督师传》中说："若夫以一身之言动、进退、生死，关系国家之安危，民族之隆替者，于古未始有之；有之，则袁督师其人也！"又说："若袁督师者，真千古军人之模范哉，真千古军人之模范哉！"这个评价是否过高还有待讨论，而袁崇焕大仁、大智、大勇、大新、大廉的高尚精神，是值得后人学习的。下面我分别阐述袁崇焕精神中的大仁、大智、大勇、大新、大廉。

一、仁：仁爱亲民

仁，就是仁爱，大仁无疆。袁崇焕的高尚精神是什么？有言者说是"忠"，也有言者说是"义"。于前者，"忠"就是忠君。袁崇焕作为明朝万历进士，身历泰昌、天启、崇祯三朝的官员，受过系统完整的儒家教育，自然要忠于国君。袁崇焕必定有忠君的思想。于后者，"义"如《礼记·中庸》曰："义者，宜也。"韩愈《原道》引申曰："行而宜之之谓义。"人们通常以"义"来规范朋友之间的关系。袁崇焕深通"四书""五经"，自然理解《孟子·离娄上》的"义，人之正路也"。所以，袁崇焕讲"义"是没有争议的。他在宁远临战之前，对守城官兵"刺血为书，激以忠义，为之下拜，将士咸请效死"，就是很好的例证。然而，"忠"与"义"不是袁崇焕精神的根本，也不是袁崇焕精神的精髓。

袁崇焕精神的灵魂主要是"仁",是"仁爱",就是"爱国"。有学者认为,袁崇焕生活在明代,当时只有忠君的意识,没有爱国的思想。这是既不符合历史,也不符合事实的论断。《说文解字》"国(國)"字释曰:"国(國),邦也,从口,从或。"在儒家经典《十三经注疏》中,以"国"字为首的词组,共出现266次。《左传》曰:"国将兴,听于民。"这里的"国"是指政治实体的国。在皇朝时代,忠君与爱国,二者有同,也不尽同。"国"比"君"的含义更宽泛,国包括历史、国君、社稷、山河、人民。袁崇焕的爱国,既有忠君的思想,更有忠于历史、社稷、山河、人民的思想。传说他每当放学回家路经土地庙时,总要在庙前驻足,面对着土地神,念念有词地说:"土地公,土地公,为何不去守辽东!"这条材料虽然得不到文献的证实,但透露出袁崇焕所爱的是社稷,是土地,是山河,是民众。袁崇焕在《边中送别》诗中的金玉诗句,抒发了他的高远志向,展现了他的爱国亲民情怀:

五载离家别路悠,送君寒浸宝刀头。

欲知肺腑同生死,何用安危问去留。

杖策只因图雪耻,横戈原不为封侯。

故园亲侣如相问,愧我边尘尚未收。

袁崇焕的抱负是国家,是社稷,是山河,是人民。夏允彝在《幸存录》中说:袁崇焕"少好谈兵,见人辄拜为同盟,肝肠颇热。为闽中县令,分校闱中,日呼一老兵习辽事者,与之谈兵,绝不阅卷"。因此,他知晓厄塞情形,尝以边才自许。这说明袁崇焕虽身在东南八闽,却心系辽东边疆;虽身为南国文官,却关心北塞武事。爱国必亲民。袁崇焕身为七品知县,亲自登房为百姓救火的壮举,是他亲民精神的体现。爱国亲民是袁崇焕最为宝贵的精神。

袁崇焕的仁爱精神,还表现为对官兵的关爱。在北京广渠门激战中,袁督师身先士卒,跃马横刀,奋力拼搏,英勇厮杀,身中矢镞,如猬之皮,苦战十个小时。鸣金收兵之后,他没有回到营帐,卸甲休息,吃饭喝茶;而是不顾伤痛,不顾疲劳，亲往营地，慰问伤员。袁督师对受伤的官兵，亲切关怀，慈心慰问："一一抚慰，回时东已白矣！"如果没有仁慈的精神，没有大慈至爱的真情，没有爱兵如子的情怀，一天的激战，一夜的慰问，是万万做不到的。袁崇焕之所以能做到，是因为他有强烈的仁爱精神和博大的慈爱情怀。

儒家讲仁爱，佛家讲慈悲，其实意思是一样的，就是仁慈悲悯。袁崇焕耳闻目睹辽东难民遭抢掠、凌屠戮、背井离乡、哭声震野，而产生仁悯之心；中经英勇打拼，浴血奋战；又遭凌迟身死，却毫无怨言。这种精神，就是大仁大爱，就是高尚的爱国精神、可贵的爱民情怀。

梁启超在《新史学》中说：历史是爱国心之源泉。袁崇焕那刚毅奇伟、炽热强烈的爱国精神，那身死万刀、凤凰涅槃的悲悯情状，既给当时凡俗怯懦之人以深刻的教育，更给后世诚厚善良之人以铭骨的警示。

二、智：以智求胜

智，就是智慧，大智无常。这是大将修养的要素。"智"与"知"在古汉语中相通假，《大学》《中庸》里没有"智"字，《论语》中也没有"智"字，但"知"字出现118次，多于"仁"（112次）、"礼"（75次）、"学"（66次）、"善"（42次）、"信"（38次）、"义"（25次）等字。佛学也重视"智"，由梵文音译作"般若"。

袁崇焕求智求变的表现尤为突出。袁崇焕到山海关外，得知辽东经略王在晋要在山海关外八里处的八里铺建一座新城，守护山海关。袁崇焕不同意兴筑八里铺重城，反对辽东经略王在晋的消极防御兵略，提出在山海关外二百里修筑宁远城的新见。他人微言轻，意见遭辽东经略王在晋拒绝，他便越级奏告首辅叶向高，意见后被采纳。尔后这座重城，成为抵御后金—清初八旗大军南进的中坚堡垒。直至明朝灭亡，清军也没有夺取这座坚城。

袁崇焕在大学士孙承宗的支持下提出，在山海关外四百里修筑从山海关、经宁远、到锦州的关宁锦防线。后来，这条关宁锦防线，成为明朝阻挡后金—清军南进的坚固长城。袁崇焕提出"守为正著，战为奇著，款为旁著"的策略原则，区别于王在晋的消极"守"、王化贞的冒险"攻"、王之臣的拒绝"和"等片面僵化原则。自从有辽事以来，明朝在辽东战场上，惨遭"一战八城"之败，即萨尔浒大战之败和抚顺、清河、开原、铁岭、沈阳、辽阳、广宁、义州的八城之失。努尔哈赤获胜的战略战术原则是"里应外合，骑兵驰突"，而屡屡得手。明朝在袁崇焕之前，辽东先后五任经略——杨镐、熊廷弼、王在晋、袁应泰、高第，都没有在战略战术上，提出有效对抗努尔哈赤的办法，或出城交锋、平原驰突，或畏缩退却、弃城撤军，以致屡屡丢城失地。导致这些重大错误的一个重要原因，就是智慧、智谋不够。但是，袁崇焕相反，他善于汲取前任失败的教训，针对后金军长于里应外合、铁骑驰突、集中兵力、速战速决的策略，而实行坚壁清野、凭城固守、军民联防、施用大炮的兵略。他总结提出，抵御后金进攻的法宝是"凭坚城、用大炮"。这就是以己之长，制敌之短。特别是袁崇焕第一次将当时世界上最先进的西洋火炮——红夷大炮，用于宁远实战，抵御后金天命汗的进攻，取得宁远大捷，随后成功抵御皇太极的进攻，取得宁锦大捷。崇祯二年即天聪三年（1629年），北京危急之时，他率领九千骑兵，"士不传餐，马不再秣"，日夜兼驰，入援北京，再取得京师大捷。

袁崇焕有着大过人的事功，这源于他大过人的军事智慧——以智制敌、以智求胜。

三、勇：勇敢拼搏

勇，就是不惧，大勇无畏。《论语·宪问》曰："仁者必有勇。"《论语·子罕》又曰："知者不惑，仁者不忧，勇者不惧。"袁崇焕不仅有大爱、大智，而且有大勇。他出关担任辽东官职前，明朝丢城失地，败报频传，上下沮丧，局势危急。《明史》

记载，自辽左军兴，明朝总兵死亡者凡十六人：抚顺则张承胤，四路出师则杜松、刘𬘩、王宣、赵梦麟，开原则马林，沈阳则贺世贤、尤世功，浑河则童仲揆、陈策，辽阳则杨宗业、梁仲善、朱万良，广宁则刘渠、祁秉忠，还有因败自裁的总兵李如柏。明初朝廷定制总兵官二十一员，辽左战场则损失总兵官十六员，军事态势，何等严重。辽东经抚杨镐、袁应泰、熊廷弼、王化贞因此而或被杀、或自尽。京师朝野官员，可谓谈辽色变："时广宁失守，王化贞与熊廷弼逃归，画山海关为守。京师各官，言及辽事，皆缩朒不敢任。崇焕独攘臂请行。"他出关任职，要到前屯卫安置失业的辽人，《明史·袁崇焕传》记载："崇焕即夜行荆棘虎豹中，以四鼓入城，将士莫不壮其胆。"时在夜间，山野林莽，荒无人烟，狼虫虎豹，敌军巡哨，敢于独行，其勇敢精神、无畏胆魄，既令人惊讶，更令人赞叹。

大勇者，坚强无畏，勇猛精进。天启六年即天命十一年（1626年），明辽东经略高第下令尽撤山海关外锦州、大凌河、小凌河、松山、杏山、塔山、宁远、前屯等八城之军民，各城望风而撤，唯独宁前道袁崇焕坚决拒撤，他说："我宁前道也！官此，当死此，我必不去！"甚至发出豪言壮语："独卧孤城，以当虏耳！"在当时的危难局势面前，这是何等胆量、何等气概！至于杀东江总兵毛文龙，尽管史有歧义，但梁启超在《袁督师传》中论道："夫以举国不能杀、不敢杀之人，而督师毅然去之，若缚一鸡而探一㲄（kòu）也。指挥若定，声色不惊。呜呼，非天下之大勇，其孰能与于斯？"可见，袁崇焕的勇，表现为胸有成算，处变不惊。袁崇焕做人做事，难思能思，难言能言，难忍能忍，难为能为。

大勇者，临危不惧，孤胆雄魂。崇祯元年即天聪二年（1628年），袁崇焕被重新起用，职任兵部尚书兼蓟辽督师。七月，袁督师出山海关赴任，刚到山海关，惊闻宁远官兵哗变。辽东巡抚毕自肃、总兵朱梅，被因欠饷而哗变的官兵吊在谯楼上捶打，遍体鳞伤，血流披面。袁崇焕在山海关闻讯，不怕被挟持，不惧被砍杀，不带卫兵，不佩刀剑，单骑直奔宁远，突入哗变兵营，同哗变者，直接对话。他问清缘由，晓之以义，动之以情，宣明政策，化解官兵躁动情绪，迅速解决了这场危机。

袁崇焕进士出身，体格瘦弱，却能身先士卒，披挂上阵，马颈项交，拼命厮杀，披甲中箭，鲜血涌流。袁崇焕既有虎豹在山的气势，又有飞龙腾空的雄风。

袁崇焕的英勇性格，凸显一个"敢"字——敢走险路，敢担责任，敢犯上司，敢违圣颜。

四、新：求新进取

新，就是不断求新，自强不息。中国传统文化的精髓之一，就是不断求新。《大学》开宗明义云："大学之道，在明明德，在亲民，在止于至善。"这里的"亲民"，"民"就是民众，而"亲"呢？朱熹引程子曰："亲，当作新。"朱熹又注曰："新者，革其旧之谓也。言既自明其明德，又当推以及人，使之亦有以去其旧染之污也。"朱熹引述汤之《盘铭》说："苟日新，日日新，又日新。"又引述《康诰》说："作新民。"再引述《诗经·大雅·文王之什》说："周虽旧邦，其命维新。"朱熹从三个层次，阐释"新"之理论、文献、历史根据，而言求新去污、日新又新，以达到"止于至善"的境界。袁崇焕熟谙儒家经典，而且躬身践行。

袁崇焕的求新，贯穿他的一生。他，求学，不断进步，日新知识，终得福报，金榜题名；他，为官，脱俗去污，放下架子，登屋救火，为民解难；他，为国，社稷危难，摆脱俗见，单骑巡视，为国请缨；他，为民，不循陈见，两次上书，奏告首辅，争国大计。此事原委，略加陈述。

先是，辽东经略王在晋计划在山海关外八里铺地方，修建一座像山海关城一样的重城。这项工程预算百万两白银，他在这项工程里担任管理官员，可以捞一笔可观的金银。但袁崇焕不守旧，而求新，孤身前往，亲自踏查，在关外二百里处，两山隘口，选定宁远，建议在此营筑坚城，抵御后金军队进攻。这个建议，王在晋不予采纳，袁崇焕犯下官场"越级奏言"的大忌，写信奏告首辅叶向高。一封未回，再奏一封。朝廷派大学士、天启帝的老师孙承宗到辽东视察，孙承宗接纳袁崇焕的建议，而同王在晋"推心告语，凡七昼夜"。王在晋还是不接受。孙承宗回朝后，同叶向高交流并取得共识，再经皇帝旨准，接替王在晋职务。在孙承宗的领导和支持下，袁崇焕负责营建宁远城。袁崇焕在宁远期间，最大的革新有三点：

其一是筑宁远坚城。祖大寿具体负责工程时，担心城守不住，便简略从事，城垣较小，城墙低矮，墙体疏薄。袁崇焕则坚持城大、墙高、坚固、池深，并采纳徐光启的建议，在城墙上面安设大炮，扩大发炮射击范围。

其二是用西洋大炮。万历四十八年即天命五年（1620年），明廷率先派人到澳门，购买了四门从荷兰沉船上拆卸下来的新式火炮，称其为"红夷大炮"或"西洋大炮"。天启元年即天命六年（1621年），明朝失去沈阳和辽阳，翌年又失去广宁。此后两年间，明廷又从澳门购进了二十六门从英国沉船上拆卸下的红夷大炮。以上共计三十门红夷大炮，"调往山海者十一门"。此前，明军的火炮，或设置在城外，或安放在台堡，都没有发挥应有的作用，且成为后金军的掳获物。袁崇焕同彭簪古等商量，将红夷大炮安设在城墙上，从上击下，一炮打下，一道火海，死伤一片。有史料载，天命汗努尔哈赤在宁远城下被炮击伤。明军击退后金军对宁远城的围攻，取得了宁远大捷。这是自"辽左发难，各城望风奔溃，八年来贼始一挫"的一仗，也是"遏十余万之强虏，振八九年之积颓"的一仗。明天启帝旨称："此七八年来所绝无，深足为封疆吐气！"明廷封红夷大炮为"安边靖虏镇国大将军"。

其三是凭坚城固守。明自后金军攻打抚顺开始，一失抚顺，二失清河，三失开原，四失铁岭，五失沈阳，六失辽阳，七失广宁，八失义州。依据《明史》记载，自明朝与后金交战以来，总兵官死亡者十六员，当时的勇将、战将、能将、虎将几乎丧失殆尽。袁崇焕则吸取其沉痛教训，求新求变，采取"凭坚城、用大炮"的战术取得了胜利。

五、廉：清正廉洁

廉，就是清廉，大廉无私。《孙子兵法》曰："将者，智、信、仁、勇、严也。"曹操注曰：将宜五德——智、信、仁、勇、严。历来兵家论将，皆没有论清廉。孙子、曹操也等都没有讲廉。作为一员将军，不仅一定要智、信、仁、勇、严，而且一定要廉。袁崇焕既是一位廉洁的清官，也是一位廉洁的将军。他在邵武知县任上，据《乾隆邵武府志》记载：

天启初，知邵武县。明决有胆略，尽心民事，冤抑无不伸。素趫捷有力，尝出救火，着靴上墙屋，如履平地。

上面记载的两件小事：尽心民事，平反冤狱；穿靴上房，帮民救火——清楚生动地记述了袁崇焕这位清正廉洁知县的形象。试想：在皇朝时代，一位七品知县、朝廷命官，见民房着火，毅然穿靴，攀墙上屋，为民救火，翻遍《二十四史》，前有先例吗？后有来者吗？

他做官不贪。张岱在《石匮书后集·袁崇焕传》中说："此臣作法自别，向为县令，不取一钱，天生此臣，以为社稷。"查继佐在《罪惟录·袁崇焕传》中，也记载袁崇焕为官清廉："此臣作县官，不入一钱。"袁崇焕父亲死后，他在请求回乡料理丧事的《三乞给假疏》中说："臣自为令至今，未尝余一钱以负陛下。昨闻讣之日，诸臣怜臣之不能为行李，自阁、督、抚以下，俱醵（jù）金为赙（fù）。臣择而受之，束装遄归，以襄臣父大事。"袁崇焕死后，《明史·袁崇焕传》记载：袁崇焕死，籍其家产，"家亦无余资"。崇祯帝派官到其家乡查抄，奏报也是"浮沉宦途，家无子息"。袁崇焕和岳飞一样，都能做到"文臣不爱钱，武臣不惜死"，既是天下文官的典范，也是天下武官的楷模。

其实，我国古代不乏清廉的官员。明朝兵部尚书于谦，为抵御瓦剌进犯、保卫京师作出了重大贡献。于谦诗云："手帕蘑菇与线香，本资民用反为殃。清风两袖朝天去，免得闾阎话短长。"于谦进京不上贡，遭到太监王振"论死"的报复，赖有民众请愿，才得免于一死。袁崇焕同于谦一样，都是中华历史上清官的典范。

做一位名将、大将，要安神定志，无欲无求。明朝开国勋臣徐达，士卒起家，后至统帅，"所平大都二，省会三，郡邑百数，闾井宴然，民不苦兵"。徐达官至右丞相，爵至魏国公、追封中山王。《明史·徐达传》记载："受命而出，成功而旋，不矜不伐，妇女无所爱，财宝无所取，中正无疵，昭明乎日月，大将军一人而已。"孙思邈在《备急千金要方·大医精诚》中精辟论道："凡大医治病，必当安神定志，无欲无求。"所以，从政、统军、治学、经商，安神定志，无欲无求，成大业者，盖当如此。

程本直在《漩声纪》中，说了如下一段概括的话：

> 举世皆巧人，而袁公一大痴汉也。惟其痴，故举世最爱者钱，袁公不知爱也；惟其痴，故举世最惜者死，袁公不知惜也。于是乎举世所不敢任之劳怨，袁公直任之而弗辞也；于是乎举世所不得不避之嫌疑，袁公直不避之而独行也；而且举世所不能耐之饥寒，袁公直耐之以为士卒先也；而且举世所不肯破之体貌，袁公力破之以与诸将吏推心而置腹也。犹忆其自言曰："予何人哉？十年以来，父母不得以为子，妻孥不得以为夫，手足不得以为兄弟，交游不得以为朋友。"……即今圣明在上，宵旰抚髀，无非思得一真心实意之人，任此社稷封疆之事。予则谓："掀翻两直隶，踏遍一十三省，求其浑身担荷，彻里承当如袁公者，正恐不可再得也！"

布衣程本直以血与泪的文字，以生命弃市的代价，朴素地评价了袁崇焕的清廉无私，并颂扬了其浩然正气与爱国精神。

袁崇焕于崇祯三年即天聪四年（1630年）八月十六日，在北京西市惨遭磔刑而死。苍天悲鸣，大地哀泣，六月飘雪，万代追思。袁崇焕之死，不仅是袁崇焕个人的悲剧，不仅是大明朝的悲剧，更是中华文明的悲剧。袁崇焕实实在在地做到了如《孟子·尽心上》所说的"仰不愧于天,俯不怍于人"!此心光明,光照日月。正如文天祥《过零丁洋》所云:"人生自古谁无死,留取丹心照汗青。"

袁崇焕的悲剧结局,既有外因——敌人的仇恨,也有内因——众人的妒忌,更有主因——崇祯帝的昏聩。《老子》说:"国家昏乱,有忠臣。"崇祯帝错杀了袁崇焕,不仅自毁长城,而且自缢身死——"自作业因,自受果报。"袁崇焕早就似有所料地说:

> 顾勇猛图敌,敌必仇;奋迅立功,众必忌。任劳则必召怨,蒙罪始可有功;怨不深则劳不著,罪不大则功不成。谤书盈箧,毁言日至,从古已然。

我想起名诗《石灰吟》:"千锤万击出深山,烈火焚烧若等闲。粉骨碎身全不惜,要留清白在人间。"袁崇焕虽然粉身碎骨,却留下清白在千古人间。

袁崇焕是一位历史人物,有其历史的、社会的、民族的与性格的局限性。他的历史悲剧,就其自身因素而言,既失于人合,也失于己合。他勇于任事,而疏于处世。他的昔日同僚、部下满桂在御前向他泼污水;他"五年复辽"的话说得过满;他先斩后奏"杀毛文龙"之事做得不周;还有其他军事失误和举措失当之处——都成为他遭人谗僭而罹祸的"口实"。

但是,瑕不掩瑜。袁崇焕作为明代杰出的军事家和著名的爱国英雄而永垂史册,万古流芳。正如爱国英雄文天祥《正气歌》所云:"天地有正气,杂然赋流形。下则为河岳,上则为日星;于人曰浩然,沛乎塞苍冥。皇路当清夷,含和吐明庭。时穷节乃见,一一垂丹青。"杨继盛《临刑诗》亦云:"浩气还太虚,丹心照千古。"时代呼唤袁崇焕的正气与精神,时代需要袁崇焕的正气与精神。人们透过袁崇焕的正气与精神、仁智与勇廉、日新与求变、正直与铁骨、品格与事功、胜利与悲哀,了解先贤,景仰英豪,知荣明耻,激励来者。

袁崇焕年谱

【说明】

（1）本年谱以袁崇焕生平大事为主，兼采明朝、后金、朝鲜的相关大事。

（2）因天启元年（1621年）以前袁崇焕事迹记载疏缺，故明天启朝、崇祯朝与后金天命朝、天聪朝的资料相对地多一些。

（3）自天启六年（1626年）起，按月系日纪事。

（4）有的史事的时间，或不明确，或记载歧异，暂从一说，容后订正。

（5）本年谱主要参考《明神宗实录》《明熹宗实录》《明崇祯长编》《清太祖武皇帝实录》《清太宗文皇帝实录》《满文老档》《国榷》《朝鲜李朝实录》和《袁督师事迹》等。

万历十二年　甲申　1584年　一岁

·四月，二十八日（6月6日）戌时，袁崇焕生。祖父世祥，父子鹏、母叶氏。

·先是，上年二月，努尔哈赤父、祖死于难。五月，努尔哈赤有起兵之举，时年二十五岁。

·九月，努尔哈赤领兵攻翁科洛城，被鄂尔果尼与洛科射中，伤重几死；创愈后，又率兵往攻，俘鄂尔果尼与洛科，授为牛录额真。

万历十三年　乙酉　1585年　二岁

·二月，努尔哈赤攻界凡，斩其城主纳申、巴穆尼。

·四月，努尔哈赤攻哲陈部，在浑河畔以少胜多。

·六月，明以顾养谦为都察院右佥都御史、巡抚辽东。

·九月，明以王一鹗总督蓟、辽。

万历十四年　丙戌　1586 年　三岁

・五月，努尔哈赤率兵攻克浑河部播一混寨。

・七月，明执尼堪外兰与斋萨，付努尔哈赤。努尔哈赤命斩之。明自此岁与建州银八百两、蟒缎十五匹，通好。

・九月，辽东水灾。

・十一月，明以佟养真为参将，分守复州地方。

万历十五年　丁亥　1587 年　四岁

・正月，努尔哈赤筑佛阿拉城，并建宫室。

・四月，明以张国彦总督蓟、辽。

・六月，努尔哈赤始在佛阿拉定国政，立法制，"自中称王"。

・十一月，明辽东巡抚顾养谦奏言："奴儿哈赤日骄。"

・是岁，明在抚顺、清河、宽奠、瑗阳四关与努尔哈赤互市。

万历十六年　戊子　1588 年　五岁

・正月，辽东巡抚顾养谦奏言："奴儿哈赤者，建州黠酋也，骁骑已盈数千。"

・三月，李成梁率师攻叶赫，破其二山城，斩五百余级。

・四月，苏完部土索尔果归附努尔哈赤，后以其子费英东为一等大臣；董鄂部何和礼归附，授为一等大臣；又雅尔古部主扈拉瑚归附，收其子扈尔汉为养子，后授为一等大臣；此前，额亦都归附，后授为一等大臣，是所谓"清开国五大臣"之四。

・九月，努尔哈赤率兵征取王甲（完颜）城，灭其部。

万历十七年　己丑　1589 年　六岁

・正月，努尔哈赤率兵克兆佳城，斩城主宁古亲。

- 七月，明以郝杰为都察院右佥都御史、巡抚辽东。
- 同月，努尔哈赤分其兵为环刀军、铁锤军、串赤军和能射军。
- 九月，努尔哈赤受明封为建州左卫都督佥事。

万历十八年　庚寅　1590年　七岁
- 四月，努尔哈赤首次到北京"进贡"，受明廷宴赏。
- 六月，明以蹇达总督蓟、辽。
- 七月，万历帝召见阁臣议边事，命朝臣举将才。

万历十九年　辛卯　1591年　八岁
- 正月，努尔哈赤遣兵并长白山鸭绿江部。
- 十月，明命成逊速赴辽东任总督事。
- 十一月，明辽东总兵官李成梁解任，以杨绍勋代之。

万历二十年　壬辰　1592年　九岁
- 七月，明以郝杰总督蓟、辽。明以鲍希颜为都察院右佥都御史、巡抚辽东。
- 八月，努尔哈赤上奏文四道，乞升赏冠带、敕书及龙虎将军职衔，是为第二次到北京朝贡。
- 九月，明以赵燿为都察院右佥都御史、巡抚辽东。
- 十月，日军侵朝鲜，入汉京，抵平壤。明应朝鲜国王李昖请求，发兵援朝。努尔哈赤请求明兵部尚书石星允准师援朝鲜，不答。

万历二十一年　癸巳　1593年　十岁
- 正月，明李如松率师入援朝鲜，攻日本军于平壤、开城，克之。明以顾养谦总督蓟、辽。

- 九月，努尔哈赤大败叶赫等九部联军于古勒山，自此威名大震。
- 十月，明以韩取善巡抚辽东。
- 同月，努尔哈赤遣兵收取长白山珠舍里部。
- 闰十一月，明以尤继先为辽东总兵官。
- 同月，努尔哈赤第三次到北京"朝贡"，受到明廷宴赏。
- 十二月，明以蓟辽总督顾养谦兼理朝鲜戎事。

万历二十二年　甲午　1594年　十一岁

- 正月，蒙古科尔沁部贝勒明安、喀尔喀部贝勒劳萨遣使建州通好。
- 五月，明以李化龙为都察院右佥都御史、巡抚辽东，以董一元为辽东总兵官。
- 七月，明以孙鑛代顾养谦总督蓟、辽军务。
- 十月，蒙古炒花犯辽东，总兵官董一元败之。

万历二十三年　乙未　1595年　十二岁

- 八月，努尔哈赤弟舒尔哈齐赴京"朝贡"，受到明廷宴赏。
- 十一月，努尔哈赤在佛阿拉接见朝鲜通事河世国，并致朝鲜国王书。
- 十二月，朝鲜南部主簿申忠一受命至佛阿拉。后努尔哈赤在致朝鲜国王文书中自称"建州等处地方国王"。
- 是岁，明开辽东义州木市。明以努尔哈赤"保塞有功"，晋封为龙虎将军。

万历二十四年　丙申　1596年　十三岁

- 正月，努尔哈赤在佛阿拉接见并宴请朝鲜南部主簿申忠一等，申氏著有《建州纪程图记》。
- 二月，明游击胡大受遣余希元至建州，努尔哈赤以礼迎之。
- 七月，努尔哈赤派人送布占泰回乌拉，并立为乌拉贝勒。

- 是秋，努尔哈赤患疠疫，几至死。
- 十月，明革辽东总兵官董一元职，以王保代之。
- 是岁，日军复侵朝鲜。

万历二十五年　丁酉　1597年　十四岁

- 正月，努尔哈赤与叶赫、哈达、辉发、乌拉四部使臣盟誓通好。
- 三月，明以杨镐为右佥都御史，经略朝鲜军务。以兵部侍郎邢玠总督蓟、辽军务。
- 四月，明以张思忠为都察院右佥都御史、巡抚辽东。
- 五月，努尔哈赤第四次到北京"进贡"，受到明廷宴赏。
- 七月，努尔哈赤弟舒尔哈齐赴京"朝贡"，受明廷如例宴赏。
- 十一月，蒙古泰宁部炒花、土蛮等，众逾十万，结营百里，入略沈阳，杀掠无算。
- 十二月，明以李如松镇守辽东。
- 是年，袁崇焕应广西藤县等试，补弟子员。
- 是岁，明任杨镐为经略，邢玠为总督蓟、辽、保定军务，麻贵为总兵，援朝抗倭。

万历二十六年　戊戌　1598年　十五岁

- 四月，土蛮犯辽东，总兵官李如松败殁；命其弟李如梅继之。
- 五月，明以李植为都察院右佥都御史、巡抚辽东。
- 六月，明以杨镐在朝鲜弃师，命回籍听勘。
- 七月，日本丰臣秀吉死。寻，朝鲜事平。
- 十月，努尔哈赤第五次到北京"朝贡"，受泰宁侯陈良弼接待。
- 是岁，明罢义州木市，又罢马市。

万历二十七年　己亥　1599年　十六岁

- 正月，东海窝集部虎尔哈路长王格、张格至佛阿拉，贡狐皮、貂皮。

- 二月，明辽东总兵官李如梅革任，后以孙守廉代之。
- 同月，努尔哈赤命额尔德尼、噶盖创制满文，后称无圈点满文或老满文。
- 三月，努尔哈赤始开金、银矿及铁冶。
- 六月，明税监高淮至开原，以朘剥激变。
- 九月，明以马林为辽东总兵官。
- 同月，努尔哈赤率兵攻哈达，克哈达城，俘孟格布禄，后杀之。

万历二十八年　庚子　1600 年　十七岁

- 七月，明以赵楫为都察院右佥都御史、巡抚辽东。
- 八月，辽东孤山金得时举事，旋被平息。
- 九月，蒙古炒花犯辽东，明副总兵解生败殁。
- 十二月，耶稣会士利玛窦至京师。

万历二十九年　辛丑　1601 年　十八岁

- 正月，努尔哈赤灭哈达。
- 二月，努尔哈赤遣官去朝鲜，以水灾救济粮米。
- 五月，明以万世德总督蓟、辽。
- 八月，李成梁复任为辽东总兵官。
- 十一月，辽东巡抚李植免，以赵楫代之。
- 十二月，努尔哈赤第六次到北京"朝贡"，受泰宁侯陈良弼宴待。
- 是岁，明复开辽东马市、木市。
- 同岁，努尔哈赤整编三百人为一牛录，设牛录额真管辖。

万历三十年　壬寅　1602 年　十九岁

- 二月，何尔健巡按辽东，后上《按辽御珰稿》三十疏。

- 三月，辽阳罢市，达数月之久。
- 九月，明总督蓟辽、右佥都御史万世德死，以蹇达代之。
- 十月，明巡抚辽东、右佥都御史赵楫，以税监高淮请开广宁马市、义州木市疏奏。

万历三十一年　癸卯　1603年　二十岁
- 正月，努尔哈赤由佛阿拉迁至赫图阿拉，即后来之兴京。
- 五月，明诸臣交章劾奏辽东税监高淮罪五款。

万历三十二年　甲辰　1604年　二十一岁
- 是岁，蒙古察哈尔部林丹汗即位，号库图克图汗，明称之为虎墩兔。

万历三十三年　乙巳　1605年　二十二岁
- 二月，明辽东总兵官李成梁年八十，乞休，不许。
- 三月，努尔哈赤发明人参"煮晒法"。筑赫图阿拉外城。

万历三十四年　丙午　1606年　二十三岁
- 秋，袁崇焕在广西桂林应万历丙午科乡试，中举人。
- 八月，努尔哈赤受明廷赐赏银两等。
- 十二月，努尔哈赤受蒙古台吉恩格德尔率喀尔喀五部贝勒之使臣尊为"昆都仑汗"。弟舒尔哈齐赴京"朝贡"。
- 是岁，明弃宽奠等六堡，汉人壮勇者逃入建州。

万历三十五年　丁未　1607年　二十四岁
- 二月，努尔哈赤致书朝鲜，咨明出兵边境无侵之意。
- 三月，建州与乌拉激战于乌碣岩（今朝鲜境内），乌拉兵败。

·九月，努尔哈赤率师攻灭辉发部。

万历三十六年　戊申　1608 年　二十五岁
·三月，明大学士朱赓等言："建酋桀骜非常，旁近诸夷，被吞并，恃强不贡。"
·四月，明辽东前屯卫军哗变，誓食税监高淮肉。寻，锦州、松山明军复变。后召还高淮。
·六月，明辽东巡抚赵楫、总兵官李成梁解任。
·七月，明蓟辽总督蹇达死，以王象乾代之。明以张悌为都察院右佥都御史、巡抚辽东，以杜松为辽东总兵官。
·九月，明以李炳为辽东巡抚。
·十二月，努尔哈赤第七次到北京"朝贡"，弟舒尔哈齐亦赴京"朝贡"，俱受明廷宴赏。

万历三十七年　己酉　1609 年　二十六岁
·二月，努尔哈赤上书明万历帝，请令朝鲜国王查出归还散入其境的瓦尔喀部民一千户，从之。
·四月，明辽东总兵官杜松解任回籍，以王威代之。
·五月，明兵部尚书李化龙援引辽东按臣熊廷弼言谓："为患最大，独在建奴。"
·六月，努尔哈赤派其第五子莽古尔泰率万骑驻扎抚顺关外，并修复南关哈达旧城。
·十二月，努尔哈赤派扈尔汉率兵征瑚野路。

万历三十八年　庚戌　1610 年　二十七岁
·正月，努尔哈赤设汉幕千余，以防明兵。

- 二月，建州扈尔汉夺取滹野路，俘获二千而还。
- 三月，明以麻贵为辽东总兵官。
- 闰三月，明以杨镐为右佥都御史、巡抚辽东。
- 十二月二十四日，崇祯帝朱由检生。
- 十二月，努尔哈赤派额亦都等率兵击取雅揽路，获人畜一万而回。

万历三十九年　辛亥　1611年　二十八岁

- 二月，努尔哈赤命对因贫穷没有娶妻的千余人，给布匹，资婚娶。
- 十月，努尔哈赤第八次到北京"朝贡"，受明颁给双赏、绢匹、银钞。

万历四十年　壬子　1612年　二十九岁

- 五月，明以张承胤为辽东总兵官。
- 九月，明以兵部右侍郎薛三才总督蓟、辽。
- 十二月，明以张涛为都察院右佥都御史、巡抚辽东。

万历四十一年　癸丑　1613年　三十岁

- 正月，努尔哈赤统军灭乌拉。
- 九月，努尔哈赤兵攻叶赫，叶赫奏报于明，明派兵助叶赫守城，并遣官责之。努尔哈赤派第十一子巴布海入质于明，明不纳而返。
- 十一月，明以郭光复为都察院右佥都御史、巡抚辽东。

万历四十二年　甲寅　1614年　三十一岁

- 四月，努尔哈赤在赫图阿拉迎接明备御萧子玉（伯芝）。
- 七月，努尔哈赤捕杀部民盗瑷阳马匹者于界碑下。

万历四十三年　乙卯　1615 年　三十二岁

· 三月，努尔哈赤派止大针等往北京"朝贡"。后"朝贡"遂绝。

· 四月，明辽东总兵张承胤派官到建州，令还柴河、抚安和三岔等地。

· 五月，蓟州人张差持梃入太子所居慈庆宫，击伤守门太监，由此引发"梃击案"。

· 八月，原辽东总兵李成梁卒，年九十。

· 十一月，努尔哈赤确定八旗制度。

万历四十四年　天命元年　丙辰　1616 年　三十三岁

· 正月，努尔哈赤在赫图阿拉称"覆育列国英明汗"，建立后金，年号天命。

· 二月，明以李维翰为都察院右佥都御史、辽东巡抚。

· 三月，袁玉佩中万历丙辰科进士。

· 四月，明以李维功为辽东总兵官。

· 六月，扈尔汉率众捕杀明到清河采木兵五十余人。寻，辽东巡抚李维翰执系其使臣纲古里、方吉纳。努尔哈赤命于狱中取前俘叶赫十人杀之抚顺关下，李维翰遂释纲古里、方吉纳。

· 七月，努尔哈赤派扈尔汉等统兵征萨哈连部。

· 是岁，建州水灾，饥馑严重。铸"天命汗钱"。

万历四十五年　天命二年　丁巳　1617 年　三十四岁

· 正月，明以兵部左侍郎汪可受总督蓟、辽。

· 九月，明以杜松为新设山海关总兵。

· 是岁，后金灾荒严重。

万历四十六年　天命三年　戊午　1618 年　三十五岁

· 是年，袁崇焕自家赴京参加会试。《三乞给假疏》："臣自万历四十六年，以公车出，幸叨一第。"

·四月，十五日，明失陷抚顺，游击李永芳降。先是，十三日，努尔哈赤发布"七大恨"誓师。翌日，率师攻陷明抚顺所城。明儒生范文程降。二十一日，总兵张承胤率师援救抚顺败殁。明朝所称"辽事"，以此为始。二十八日，以李如柏为辽东总兵官。

·闰四月，明初设山海镇，辖蓟镇东协为四路。

·五月，明命杨镐为辽东经略兼巡抚（辽东巡抚李维翰回籍听勘）。

·六月，明革辽东巡抚李维翰职为民，派陈王庭巡按辽东兼监军事。

·七月，明失陷清河堡。

·八月，明以周永春为都察院右佥都御史、巡抚辽东。明开海运，通饷辽东。

·九月，明始加派辽饷，以兵部右侍郎文球总督蓟、辽。

万历四十七年　天命四年　己未　1619年　三十六岁

·正月，明兵部刊印榜文："能擒斩奴儿哈赤，赏银一万两，升都指挥，世袭。"

·二月，明经略杨镐于辽阳誓师，分兵四路，进攻赫图阿拉。

·三月，明杨镐四路之师兵败于萨尔浒。

·三月十八日，袁崇焕中庄际昌榜第三甲第四十名进士。后授福建邵武县知县。

·四月，明以李如桢为辽东总兵官。

·六月，明命熊廷弼为辽东经略。明失陷开原。

·七月，明失陷铁岭。

·八月，明逮问辽东经略杨镐。

·同月，后金灭叶赫。至是扈伦四部——哈达、辉发、乌拉、叶赫均亡于建州。

·九月，明从经略熊廷弼请，以李怀信代李如柏为辽东总兵官。明遣给事中姚宗文阅辽东士马。

·十一月，努尔哈赤与喀尔喀五部贝勒誓盟。

・十二月，明再加派辽饷。

万历四十八年　泰昌元年　天命五年　庚申　1620年　三十七岁

・正月，努尔哈赤遣使报蒙古林丹汗书。

・三月，明复加派辽饷。

・四月，明征石砫女土官秦良玉率兵援辽。

・六月，明辽东经略熊廷弼奏："奴贼招降榜文一纸内称后金国汗，自称曰朕。"

・七月，明总兵官李如桢罢。明万历帝死。

・八月，明泰昌帝立。李可灼进红丸，下月初一日泰昌帝死，由此引发"红丸案"。明以袁应泰为辽东巡抚。

・九月，明泰昌帝死，天启帝立。以移宫事，引发"移宫案"。明罢辽东经略熊廷弼，辽东总兵李如柏闻逮自缢，李如桢下刑部狱。

・同月，后金陷十三山寨。山有三万人，上有小城，固守八月，无援而破。

・十月，明以袁应泰为辽东经略，以薛国用为辽东巡抚。

・是年，袁崇焕任福建邵武知县。

・是岁，辽东大旱，赤地千里；后金尤甚，乞丐塞路。

天启元年　天命六年　辛酉　1621年　三十八岁

・是年，袁崇焕在邵武知县任上，勤于任事：救民水火、平反冤狱、关心辽事、会聚群英，并题"聚奎塔"额。

・三月，明失陷沈阳、辽阳，辽东经略袁应泰自焚死。明相继失陷辽河以东大小七十余城堡。京师戒严。

・四月，明以辽东巡抚薛国用为兵部侍郎、经略辽东，以王化贞为右佥都御史、巡抚广宁。明朝金、复卫军民及东山矿工多结寨自保，拒不剃发投降。

・同月，后金迁都辽阳。不久，努尔哈赤命筑辽阳新城，是为东京城。

·五月，辽阳、海州汉民向井中投毒，反抗金汗，遭到镇压。

·六月，明以熊廷弼为兵部尚书兼右副都御史、经略辽东，驻山海关，以兵部尚书王象乾总督蓟、辽军务。

·七月，明参将毛文龙聚众二百人，夜袭取后金镇江城。

·八月，明擢毛文龙为副总兵，驻镇江城。后，明朝封毛文龙为东江总兵，加左都督，挂将军印，赐尚方剑，设军镇于皮岛。

·十二月，援辽浙兵哗于玉田。

天启二年　天命七年　壬戌　1622 年　三十九岁

·正月二十四日，明失陷广宁。寻，明右屯卫粮食五十万石被后金劫运。京师戒严。天命汗命辽河以西汉民迁居辽河以东地区。

·二十八日，御史侯恂请破格提拔袁崇焕。

·时，袁崇焕单骑巡视关内外。不久还朝，具言关上形势，曰："予我军马钱谷，我一人足守此！"廷臣称其胆识。

·二月十六日，授袁崇焕兵部职方司主事。时熊廷弼听勘在京，袁崇焕谒访，相谈甚得。

·二十八日，升兵部主事袁崇焕为山东按察司佥事、山海监军。寻上《擢佥事监军奏方略疏》。

·同月，明以孙承宗为兵部尚书兼东阁大学士,预机务,兼理兵部事。逮王化贞，罢熊廷弼职，命解经邦为辽东经略。

·三月初二日，命户部发银给山海关监袁崇焕募兵。

·初六日，发帑金二十万给袁崇焕调募兵员。

·是月，明以王在晋为兵部尚书兼右副都御史，经略蓟辽、天津、登莱军务。王在晋题云:先是,兵部尚书张鹤鸣、蓟辽总督王象乾,将官兵分为三部,守护边城。中部属山海道，为副使阎鸣泰;南部属西路，为监军参议邢慎言;北部属辽东监军,为佥事袁崇焕。旋加袁崇焕为山东按察副使，备兵永平。

·四月初八日，袁崇焕欲调取广西狼兵五千，请林翔凤往；又欲调广西泗城、南丹二土司兵一万，调袁玉佩往。俱受广西巡抚何世晋阻。议再面商。

·同月，明前辽东经略熊廷弼、前辽东巡抚王化贞狱上，论死。

·五月，辽东经略王在晋提出关门守御方略。王在晋等主张：在山海关外八里地方即八里铺，再筑一座重城，御山海，卫京师。袁崇焕不同意王在晋方案，便将自己意见书呈首辅叶向高，叶不能臆决。

·六月，大学士管兵部事孙承宗自请行边，实地考察，再定大计。袁崇焕奉辽东经略王在晋命，移山海关外中前所，从十三山人请救。袁崇焕又受王在晋命，往前屯安置辽民流亡、失业者："崇焕即夜行荆棘虎豹中，以四鼓入城，将士莫不壮其胆。在晋深倚重之，题为宁前兵备佥事。"

·同月，十五日，孙承宗受命后，前往山海关巡视。二十六日，抵山海关。孙承宗召集将吏讨论防守山海关的策略。监军阎鸣泰主守觉华岛，佥事袁崇焕主守宁远卫，王在晋都反对。孙承宗便带着袁崇焕等策骑出关，察看形势。尔后，孙承宗支持袁崇焕建议。孙承宗就关城防御问题，同王在晋"推心告语，凡七昼夜"。孙承宗出示袁崇焕给朝廷的奏疏，王在晋坚持己见，终不悔悟。孙承宗知王在晋意不可夺，只能回京，别图良策。孙承宗回京后，上奏疏，主张重筑宁远城与守卫觉华岛，互为犄角，彼此应援。他面奏王在晋不足任，并奏王在晋"笔舌更自迅利，然沉雄博大之未能"。不久，天启帝命王在晋改任南京兵部尚书。八里铺修筑重城之议，随王在晋去职而作罢。

·七月，明辽东经略王在晋题补袁崇焕为监军道兵备副使。

·八月，孙承宗以原官督山海关及蓟、辽、天津、登、莱诸处军务。抵关，重用袁崇焕，整饬辽西边备，采纳袁崇焕等人建议，奏报关外防守方略——修宁远卫城，建关锦防线。

·八月十三日，孙承宗令山海道阎鸣泰、关外道袁崇焕，同抚官李增等出关，俾令钻刀歃血，立有盟词：愿助兵灭敌，并力恢复疆土，若敌兵到，憨（指林丹汗）兵不到，断革旧赏，倘敌人通赂，背盟阴合，当罹显罚，盖指天为证也。……计费不及二十万，敌闻憨之助我，足欲动而次且矣。

· 同月，阎鸣泰为辽东巡抚。袁崇焕受任副使，备兵永平。

· 九月初二日，孙承宗到山海关视事，后调整指挥系统，命将任职：以总兵官江应诏定兵制，监军袁崇焕修营房，总兵官李秉诚练火器，广宁道万有孚主采木，司务孙元化筑炮台，游击祖大寿驻觉华岛并负责粮饷与器械。

· 九月二十二日，天启帝封皇弟朱由检为信王。

· 十月，明运粟十万石饷毛文龙。

· 闰十月，孙承宗上奏修筑并驻守宁远城，获旨准。

· 十二月，孙承宗获准，任马世龙为平辽大将军，节制关内外各军。

天启三年　天命八年　癸亥　1623 年　四十岁

· 正月，明赐辽东总兵马世龙尚方剑。

· 二月，明赐辽总兵官毛文龙尚方剑。明遣太监刺边事。孙承宗率诸将出巡至宁远。

· 春，袁崇焕受命往抚蒙古喀喇沁部。明督饷郎中杨呈秀侵克军粮，副将徐涟激官兵哗变，围袁崇焕署，满桂与崇焕斩其首，兵变平。

· 四月，努尔哈赤派兵征喀尔喀扎鲁特部，斩贝勒昂安父子并获其妻子、军民、畜产。

· 五月，辽东巡抚阎鸣泰免官听勘。

· 六月，明以张凤翼代阎鸣泰为辽东巡抚。

· 同月，努尔哈赤始制作黄色火药，派兵镇压复州汉民反抗。

· 七月初三日，工科给事中方有度疏言："自辽左发难，军需驿骚，竭天下之物力，以供一隅。今且五年于兹，约费内帑金钱以千万计有奇，通五年约费二千余万。百姓敲骨剔髓，鬻子卖妻，以供诛求，年复一年。"

·是月，明辽东岫岩汉民反抗后金，遭到镇压，被俘虏人畜万余。

·九月，明孙承宗决守宁远。先命游击祖大寿兴工营筑，袁崇焕与满桂驻守。但祖大寿臆度朝廷不能远守，便草率从事，工程颇为疏薄，仅筑十分之一。《明史·袁崇焕传》记载："崇焕乃定规制：高三丈二尺，雉高六尺，址广三丈，上二丈四尺。大寿与参将高见、贺谦分督之。明年迄工，遂为关外重镇。……由是商旅辐辏，流移骈集，远近望为乐土。"

·是月，明辽东经略王在晋改任南京兵部尚书，乞归，不准。

·闰十月，督师、大学士孙承宗奏《守关大略疏》。

·十二月，明以魏忠贤提督东厂。

天启四年　天命九年　甲子　1624年　四十一岁

·正月，督师、大学士孙承宗言："今边方大计，不过曰守、曰款、曰恢复。以辽人守辽土、养辽人。"

·同月，努尔哈赤再命逐村逐户清查辽民粮食，并下令屠杀"无粮之人"。

·二月，蓟州、永平、山海地震，坏城郭、庐舍无算。明以喻安性为辽东巡抚。督师、大学士孙承宗言："臣愿用袁崇焕、刘诏之殚力瘁心以急公，不愿用腰缠十万之逋臣。"

·同月，努尔哈赤派库尔缠等与蒙古科尔沁台吉奥巴会盟修好。

·三月，明以吴用先总督蓟、辽，代王象乾。

·五月，明总兵毛文龙遣兵沿鸭绿江越长白山入辉发地方，被后金守将所击败。总兵毛文龙请饷百万，部议四十万，报可。

·六月，左副都御史杨涟疏劾魏忠贤二十四大罪。中官聚围首辅叶向高府第，后逐吏部尚书赵南星等，东林党首辅叶向高、次辅韩爌等先后去职。后阉党顾秉谦、魏广微柄政，魏忠贤夺取朝廷内外大权。

· 七月，初七日，袁崇焕父子鹏病故。八月二十二日，袁崇焕得报父丧讣函。后袁崇焕报督、抚，经抚院允准，回家治丧。十月初二日，袁崇焕离任奔丧，到丰润，奉圣旨："东事殷殷，宁前重地，袁崇焕不准守制，着照旧供职。"袁崇焕十一月十二日，上《初乞终制疏》，不允；十五日，又上《再乞守制疏》，还不准；再上《三乞给假疏》云："臣离家今七年矣。七年中，臣之嫡兄崇灿丧矣；嫡叔子腾丧矣；堂兄生员崇茂，育于臣父为犹子者，今亦丧矣。诸丧暴露，各有家口，俱待食于臣父。……如皇上封疆念重，不容臣守制，又不容臣给假，臣再敢有词哉！唯抱臣父之灵于通州，泣涕以死。"奉圣旨，仍不准。复上《遵旨回任兼陈时事疏》。

· 八月，进宁前道参政。

· 同月，毛文龙派兵入岛中屯田，后金遣将袭击毛文龙，斩五百级，尽焚岛中粮秣而还。

· 九月，袁崇焕筑宁远城工竣。孙承宗派总兵马世龙并偕袁崇焕、巡抚喻安性东巡广宁。水陆马步军一万二千人，历十三山，经右屯，又由水路抵三岔河，以都司杨朝文探盖州。

· 同月，袁崇焕晋升为兵备副使，再晋右参政，又被吏部列为预储（后备）巡抚。

· 十月，明左副都御史杨涟、左佥都御史左光斗削籍。明大学士孙承宗请入觐、奏机宜，受魏忠贤阻遏。

· 十二月，努尔哈赤派兵征东海瓦尔喀部。

· 是岁，荷兰侵占台湾南部。

·

天启五年　天命十年　乙丑　1625年　四十二岁

· 正月十九日，以袁崇焕为右参政。

· 同月，明失陷旅顺城。后金毁其城而还。

· 同月，朝鲜韩润、韩义来降后金，分别授予游击、备御之职。

・三月，明杨涟、左光斗下狱。

・同月，后金迁都沈阳，始建沈阳宫殿。

・四月，明以王之臣为兵部右侍郎，总督蓟、辽。

・同月，后金征东海瓦尔喀部，俘获甚众，至是军还。

・五月，高第为兵部尚书，阉党控制枢部。

・夏，孙承宗与袁崇焕计议，遣将分据锦州、松山、杏山、右屯及大、小凌河各城，修缮城郭，派军驻守。宁远至山海关二百里，宁远至锦州又二百里，共四百里，形成了以宁远为中心的关宁锦防御体系。明朝调集秦、晋、川、湖、齐、梁、燕、赵等军兵驻扎山海关，已达官兵十一万七千零八十六人，马五万九千五百匹。关外形势，顿为改观。

・六月，青加努和那代之妻，以败毛文龙夜袭耀州兵功，命授为女备御。

・七月，明副都御史杨涟、佥都御史左光斗死于狱。

・八月，明前经略熊廷弼被弃市，传首九边，年五十七。

・九月，明辽东总兵马世龙遣副将鲁之甲等谋袭耀州，败殁于柳河。关外士卒西奔，袁崇焕邀截使还。

・十月，明大学士、督师孙承宗以忤魏忠贤罢。兵部尚书高第佩尚方剑、经略辽东，驻山海关。高第到关后，借柳河兵败为由，下檄山海总兵马世龙，令弃关外城堡，尽撤关外戍兵。宁前道袁崇焕力争：兵不可撤，城不可弃，民不可移，田不可荒。高第坚意撤守，袁崇焕表示：宁前道当与宁、前为存亡！如撤宁、前兵，宁前道必不入，独卧孤城，以当虏耳！高第无奈，只撤锦州、右屯、大凌河及松山、杏山、塔山守具，尽驱屯兵、屯民入关，弃粮谷十余万石。

・十一月二十九日，明吏部覆预备堪任冲边巡抚六员，其中第三员为袁崇焕。

・同月，蒙古科尔沁台吉奥巴，以察哈尔林丹汗举兵来侵，遣使告急请援，努尔哈赤命将派兵往援。林丹汗围科尔沁奥巴城已数日，后金国援兵至，林丹汗仓皇夜遁。

・十二月二十一日，广西道御史王珙奏荐袁崇焕："当东事旁午之秋，挺然以外吏请缨。今防边四载，清操伟略，宜加以卿秩，使得独当一面。"

・同月二十八日，晋山东布政使司右参政、宁前道袁崇焕为本省按察使，仍管宁前道。

・十二月，袁崇焕进按察使。

天启六年　天命十一年　丙寅　1626年　四十三岁

正月

・十四日，努尔哈赤亲率诸王大臣，统领六万大军，号称二十万，往攻宁远。

・十七日，明连陷右屯、大凌河、锦州、小凌河、松山、杏山、塔山、连山等八座城堡，后金兵直奔宁远而来。时袁崇焕驻守孤城宁远，城中士卒不满两万人。他上奏疏："本道身在前冲，奋其智力，自料可以当奴。"

・二十二日，努尔哈赤率军至首山，离宁远十里。

・二十三日，八旗军兵薄宁远城郊驻营。努尔哈赤劝降，袁崇焕严拒，命家人罗立等向城北后金军大营，施放西洋大炮，"遂一炮歼虏数百"。

・二十四日，后金兵攻城。袁崇焕率军坚守，用矢石、铁铳和西洋大炮下击。后金军攻城，自清晨至深夜，尸积城下，几乎陷城。

・二十五日，后金兵再倾力攻城。城上施放炮火，"炮过处，打死北骑无算"。是夜，后金一面派军队彻夜攻城，一面将主力转移到城西南五里龙宫寺一带扎营。时值隆冬，海面冰封，从岸边履冰，可直达觉华岛。姚抚民等守军，为加强防御，沿岛海面凿开一道长达十五里的冰濠，以阻挡后金骑兵的突入。然而，天气严寒，冰濠凿开，旋即冻合。

・二十六日，后金一面派少部分兵力继续攻打宁远城，一面命大部分骑兵突然进攻觉华岛。觉华岛上明军七千余员和商民七千余丁口都被后金军杀戮，粮料八万余石和船二千余艘都被后金军焚烧。

二月

·初二日，明兵部尚书王永光赞袁崇焕功绩奏言："辽左发难，各城望风奔溃，八年来贼始一挫，乃知中国有人矣！盖缘道臣袁崇焕平日之恩威有以慑之维之也！不然，何宁远独无夺门之叛民、内应之奸细乎？本官智勇兼全，宜优其职级，一切关外事权，悉以委之。"

·同日，袁崇焕为佥都御史，专理军务，仍驻宁远。

·初九日，努尔哈赤回到沈阳。《清太祖高皇帝实录》记载："上自二十五岁起兵以来，征讨诸处，战无不捷，攻无不克，惟宁远一城不下，不怿而归。"

·二十五日，先是，朝廷要派内臣太监前往关外监军；至是，宁远参政袁崇焕疏辞升职，并请终制。

·是月，袁崇焕祭奠觉华岛死亡官兵，作《祭觉华岛阵亡兵将文》。

三月

·初三日，辽东经略、兵部尚书高第免职。

·初四日，明廷特命内臣镇守：设立镇守山海关等处太监一员，司礼监秉笔太监、总督忠勇营兼掌御马监印务刘应坤；左右镇守太监二员，乾清宫管事提督、忠勇营御马监太监陶文、纪用；分守中军太监三员，乾清宫打卯牌子、忠勇营中军、御马监太监孙茂霖、武俊、王莅朝，仍俱在山海关驻扎。

·初九日，明廷升袁崇焕为右佥都御史、巡抚辽东、山海等处，铸巡抚辽东、山海等处提督军务官防。明以王之臣代高第为兵部尚书、经略，以阎鸣泰总督蓟、辽。

·十六日，袁崇焕请饷银四十五万两，不报。

·二十日，辽东巡抚袁崇焕疏言："兵，阴谋而诡道也，从来无数人谈兵之理。臣故疏裁总兵，心苦矣。战守之总兵且恐其多，况内臣而六员乎！"

·二十六日，明廷明确蓟辽总督王之臣与辽东巡抚袁崇焕的分责：袁崇焕在关外，王之臣在关内。

四月

·初五日，辽东巡抚袁崇焕上《谢守城有功赏赐疏》。

·十五日，辽东巡抚袁崇焕疏言：画分信地，逐步而前，战则一城援一城，守则一节顶一节。

·十六日，叙宁远功，袁崇焕进兵部侍郎。

·十七日，明礼部派官祭宁远退敌的西洋大炮即红夷大炮。

·十九日，明赏赐宁远大捷袁崇焕等有功官兵等共三百八十四人。

·二十七日，辽东巡抚袁崇焕疏言防备后金进攻军事部署。

五月

·初八日，辽东巡抚袁崇焕疏言：毛文龙宜近辽西、不宜近朝鲜。袁崇焕奏请移镇满桂。明毛文龙派兵袭鞍山驿，又袭萨尔浒，被后金守将击退。

·初十日，辽东巡抚袁崇焕疏言：请修城班军再延期两个月。

·十九日，辽东巡抚袁崇焕疏言：赵率教与满桂不和。命暂准满桂回府，赵率教调度关门内外。

六月

·初十日，袁崇焕上《谢升荫疏》。

·十七日，辽东巡抚袁崇焕疏言："西款不坏，我得一意防奴。"

·同日，袁崇焕上疏，称"病弱多病，乞允臣养病终制"。得旨："倚任方殷，何得引疾求去！"

·是月，袁崇焕三次上疏，请辞升荫。天启帝"优旨褒答"。毛文龙派兵偷袭后金耀州的官屯寨，又败归。

闰六月

·初六日，兵部尚书王永光齐集九卿科道中府会议，面议辽东督、抚二臣王之臣与袁崇焕的去留。得旨："即着关内、关外，分任责成。"

·二十四日，先是，督师王之臣上疏："宁远有宁远之事，关门有关门之事。

抚臣竞竞以掣肘为虑，则不可不分"，建议中前所以东归抚臣，中前所至关门归督臣。至是袁崇焕疏言："臣与督臣持论或左，原心则一，臣敢不恪遵画地之明旨。"

七月

· 初一日，先是，王之臣请满桂驻山海关，袁崇焕不同意。至是，袁崇焕疏言："今各捐去成心，随督臣之后。"所以，朝廷命满桂为征虏将军，驻山海关，兼管四路。后调总兵赵率教由前屯移驻宁远，副总兵左辅先代居前屯。袁崇焕则驻守宁远，并率总兵满桂（后移镇关门），副总兵王牧民、左辅、刘永昌、朱梅，参将祖大寿，中军何可纲等分信协守。于锦州，由太监纪用和总兵赵率教（后移镇于此）镇守。后袁崇焕奏准祖大寿为前锋总兵官，"挂征辽前锋将军印，驻锦州"。

· 十七日，辽东巡抚袁崇焕疏报：阴雨为灾，山海关内外城垣倒塌，兵马压伤。

八月

· 初五日，朝鲜备边司启文称：明辽东巡抚袁崇焕就毛文龙移镇事宜咨文朝鲜。

· 十一日，努尔哈赤在由清河返回沈阳途中，至瑗鸡堡而死。在位凡十一年，享年六十八岁。大妃及二庶妃殉之。

· 十六日，蓟辽总督阎鸣泰陈奏："宁远一捷，俾奴舆尸弃甲狼狈而奔。查宁远之城堞虽坍，而人心殊壮，则抚臣袁崇焕与镇臣赵率教实鼓舞而职结之。"

· 十八日，辽东巡抚袁崇焕疏言："以辽人守辽土……且守且战，且筑且屯……坚壁清野以为体，乘间击惰以为用。"又疏言："凡勇猛图敌，敌必仇；振刷立功，众必忌。况任劳之必任怨，蒙罪始可有功；怨不深，劳不厚；罪不大，功不成。谤书盈箧，毁言日至，从来如此。惟皇上与廷臣始终之。"

九月

· 初一日，天聪汗皇太极在沈阳即位，改明年为天聪元年。皇太极时年三十五。

· 二十八日，辽东巡抚袁崇焕等疏报："奴酋哈赤死于沈阳，四子与长子争继未定。"

・二十九日，辽东巡抚袁崇焕奏报："适内臣刘应坤、纪用至宁远，遂与镇臣赵率教四人，并马历锦（州）、右（屯）、义（州）、广（宁）而东。其诸城堡，向臣经灰烬之余尚见颓垣剩栋，今止白骨累累、残冢依稀而已。"

十月

・初一日，辽东巡抚袁崇焕疏报："修完关内外坍塌冲城。"

・初十日，辽东巡抚袁崇焕疏奏请发马价银。

・同日，明廷加辽东巡抚袁崇焕嗣男原荫锦衣卫千户袁兆基世袭指挥佥事。

・十三日，辽东巡抚袁崇焕遣喇嘛僧锁南等入沈阳，侦探后金情形事，上闻。"上嘉其忠献。"

・此事，袁崇焕派遣李喇嘛及都司傅有爵、田成等三十四人，前往沈阳，进行吊丧，兼贺皇太极继位；同时打探后金内部的虚实，十七日到达沈阳。这是明朝官员第一次正式到后金都城进行政治活动。皇太极派官接待袁崇焕的来使，又派使臣前往宁远。明朝与后金，使节往来，书信传递，这在明朝与后金关系史上，打破隔绝，实属首次。

十一月

・十五日，辽东巡抚袁崇焕题称：自东事以来，所调之兵，不但不能用，且为辽扰。题请破除成议，撤回调兵，招募辽人，加以补充。

・十六日，皇太极遣明使李喇嘛还，令方吉纳、温塔石并七人偕往。因遗书曰："大满洲国皇帝致书于大明国袁巡抚：尔停息干戈，遣李喇嘛等来吊丧，并贺新君即位。尔循聘问之常，我亦岂有他意？既以礼来，当以礼往，故遣官致谢。至两国和好之事，前皇考往宁远时，曾致玺书与尔，令汝转达，至今尚未回答。汝主如答前书，欲两国和好，我当览书词以复之。两国通好，诚信为先。尔须实吐衷情，勿事支饰也。"

・二十六日，辽东巡抚袁崇焕疏请屯田有"七便"，否则有"七不便"。

・是月，信王朱由检（崇祯）就外邸，年十六岁。

十二月

· 初九日，辽东巡抚袁崇焕疏言："调冲边之惫卒、羸马、窳（yǔ）器、敝甲，以出戍数千里之外，兵非贪猾者不应，将非废闲者不就。辽饷日耗，边备日单，识者掩口而切齿久矣。"提出"选辽兵、实辽伍、养辽人、守辽地"的建议。

· 十三日，袁崇焕派人到沈阳，至是还宁远，奏报一往一还情形。得旨："朕甚嘉焉。"

· 二十二日，辽东巡抚袁崇焕疏言："虏利野战，惟有凭坚城以用大炮一着。"

· 同日，辽东巡抚袁崇焕又疏言："奴遣方金纳、温台什二夷奉书至臣，恭敬和顺，三步一叩，如辽东受赏时。书封称大人，而犹书大金字面，一踵老酋故智，臣即封还之。"

· 二十七日，从袁崇焕之请，敕监臣纪用等移巡山海关外。

· 二十八日，皇太极使臣方吉纳、温塔石等，自宁远回到沈阳，赍回后金原书，述袁崇焕辞曰："大明国、大满洲国字样并写，不便奏闻，故不遣使，亦无回书。"

天启七年　天聪元年　丁卯　1627 年　四十四岁

正月

· 初八日，天聪汗遣方吉纳、温塔石致书辽东巡抚袁崇焕以修好。

· 同日，皇太极命大贝勒阿敏等统大军往征朝鲜。

· 初十日，兵部题覆袁崇焕疏：山海四城，业已鼎新。其他各城，并力修举。得旨：即行各该衙门遵行。

· 十一日，明御史智铤奏："辽东督、抚王之臣、袁崇焕，以喇嘛一行，执意各忤，国家不堪再误。不若调王之臣于密云，专御西房；调阎鸣泰于关门，责之御东。"事下部议。寻，明命王之臣回部，以袁崇焕尽掌关内外。

· 二十六日，辽东巡抚袁崇焕奏报："建虏使金方纳（方吉纳）、温台什九人来款。"让其回话："易去年号，遵奉正朔。"

二月

·初二日，辽东巡抚袁崇焕题言："米粮久缺，军士告饥，乞速赐接济。"

·同日，以王之臣与袁崇焕意见异同，遂成水火，调王之臣回兵部，管部事。

·同日，辽东巡抚袁崇焕又题"奴酋求款事"。

·初五日，辽东巡抚袁崇焕上《乞归终制襄葬疏》，不允。

·初六日，吏部、兵部会议，因关、宁督、抚议论相掣事。会议作出相应决定，并得到旨准：督臣王之臣加衔回部，督臣阎鸣泰驻蓟镇，抚臣袁崇焕、内镇臣纪用、总兵赵率教、道臣毕自肃驻宁远。

·初七日，山海城濠工程告竣，袁崇焕进从二品服、俸。

·初九日，宁远城修缮工竣，叙功不及袁崇焕。

·十七日，宁远缺粮，军士枵腹待哺，情实急迫。

·二十四日，辽东巡抚袁崇焕疏辞重任。得旨："袁崇焕兼辖关内外，已有前旨，着遵旨行，不必逊辞。疏称：守为正著，战为奇著，款为旁著。具见井井区画。"

三月

·初三日，辽东巡抚袁崇焕疏言："东房既围铁山，复同朝鲜旧国王往王京，臣发水兵应援东江。"寻，后金同朝鲜订"兄弟之盟"。后金分兵攻打铁山，毛文龙兵败，退居岛中。

·初四日，先是，自高第尽撤锦州等城防，宁远外无城障。袁崇焕奏请："修松山等处扼要城池，以四百里金汤，为千万年屏翰，所用班军四万，缺一不可。"明廷决定调派去年秋班与今年春班，共合四万班军，修缮中左、锦州、大凌河诸城。四万班军，分班筑城，合计工时，按期责成。督令班军，期限一年，"并力修举，通期竣工"。后锦州城工刚竣，后金骑兵进围；其他二城，未及完工。

·初五日，后金方吉纳、温塔石，偕明宁远使臣杜明忠等，赍明辽东巡抚袁崇焕致天聪汗书、李喇嘛书各一函，回到沈阳。

·初六日，明熹宗实行分责抚赏蒙古诸部：袁崇焕任关外，阎鸣泰任关内。

·初九日，朝鲜冬至圣节使金尚宪在北京呈文兵部，请求速发偏师，乘虚捣巢，进行牵制，可以复辽。奉圣旨："着马上差人说与宁远抚臣（袁崇焕），乘奴远掠巢虚之时，挑选关、宁精锐，择智勇之将，轻兵直捣，大兵过河，相机续济，以牵奴后，而纾属国之急。"

·初十日，进辽东总兵赵率教为左都督。

·十八日，后金阿敏等同朝鲜订"兄弟之盟"后，回军。

·二十一日，陕西澄城民变，杀知县张斗耀。

·二十四日，袁崇焕为"接解江东官丁"事疏报。

四月

·初六日，"蓟辽总督阎鸣泰以袁崇焕颂厂臣魏忠贤，请建祠于宁前，赐曰：'元坊'，一作'懋德'"。

·初八日，明辽东巡抚袁崇焕使人杜明忠还，天聪汗遣使责袁崇焕修锦州诸城。

·同日，天聪汗复袁崇焕及李喇嘛书，其内容为"两国媾和事宜"。

·十八日，阿敏等率领出征朝鲜之师回到沈阳。

·二十一日，袁崇焕奏言："闻虏十万掠朝鲜，十万居守，何所见而妄揣夷穴之虚乎！我纵倾伍捣之，无论悬军不能深入，即深入，奚损于逸待之夷？"

·是月，天聪汗致袁崇焕书，为明修筑锦州城之事。

·同月，后金发生饥荒，谷一斗，银八两，甚至有食人肉者。

五月

·初三日，辽东巡抚袁崇焕疏言："东夷不逞，凡可以制胜雪耻，臣与同事之人敢遗余力？无奈夹河沮洳，夏水方积，未可深入……"

·初六日，皇太极以"明人于锦州、大凌河、小凌河筑城屯田"，没有议和诚意为借口，亲率数万军队，谒堂子，出沈阳，举兵向西，进攻宁（远）锦（州）。

·初七日，后金军西渡辽河。

·初九日，皇太极率兵至广宁旧边。

- 初十日，皇太极至广宁，命乘夜进军。
- 十一日，后金军分三路：中路直趋大凌河城，右翼直趋锦州城，左翼直取右屯卫。后金军轻取大凌河、右屯卫两城后，三路大军，会师锦州，距城一里，四面扎营。
- 时明太监纪用、总兵赵率教驻锦州，统兵三万，负责筑城、守城。
- 十二日，明纪太监和赵总兵派官到后金军大营，商谈议和，拖延时间，以待援兵。信带回后，迟不见复，皇太极下令攻城。是日，后金军攻城不下，受到重大损失，后退五里扎营。
- 十三日，凌晨，后金以骑兵围城，环城而行，却不敢近城。赵率教拒皇太极三次派遣使者到城下说降，皇太极再令攻城。皇太极攻城无所获，再发劝降书，用箭射到城里，连射数封信，城里无反响。
- 十四日，明命祖大寿移山海关、满桂移前屯、赵率教和纪用移锦州（时赵率教已驻锦州）、黑云龙移一片石、袁崇焕移宁远。
- 同日，袁崇焕致锦州纪太监信。
- 十五日，皇太极"遣使至明锦州太监纪用处，往返议和者三"。太监纪用亦遣使随往，提出后金派使臣到城中面议。皇太极命绥占、刘兴治往议，但锦州城闭门不纳。
- 同日，辽东巡抚袁崇焕疏奏宁锦防守之法："守为正著，战为奇著，款为旁著；以实不以虚，以渐不以骤。"又疏辩："若臣向以侦谕用间，何尝许一'款'字，前后章疏，俱在御前，有谓'以款误'，臣不受也！"
- 十六日，明太监纪用遣官又到皇太极帐下，言"昨因夜晦，未便开城延入，今日可于日间来议"。皇太极或求和心切，再遣前二人随明使臣回锦州城，但明军仍闭城不纳。
- 同日，明辽东巡抚袁崇焕派人送纪用、赵率教书信，被后金兵截获，内称："调集水师援兵六七万，将至山海关，蓟州、宣府兵亦至前屯，沙河、中后所兵俱至宁远。

各处蒙古兵已至台楼山。"皇太极信以为真。

·同日，明山海总兵满桂率援兵往锦州，过连山，到笊篱山，同后金护卫运粮偏师相遇于柘浦。两军交锋，各有死伤。明援军回到宁远，后金军回到塔山。

·十七日，皇太极收缩对锦州的包围，聚兵于城西二里处结营，以防明军来援。

·十八日，皇太极"命系书于矢，射入锦州城中"。锦州城中的纪太监和赵总兵，对其劝降，不予理睬。

·十九日，袁崇焕一面疏奏："十年以来，站立不定。今仅能办一守字，责之赴战，力所未能"；一面派出奇兵，进逼扰敌。他说："且宁远四城，为山海藩篱，若宁远不固，则山海必震，此天下安危所系，故不敢撤四城之守卒而远救，只发奇兵逼之。"袁崇焕设奇兵支援锦州，但未见实效。

·后金军自十一日至二十五日，以军事手段攻城，不克；以政治手段议和，不议；诱其出城野战，不出；布局奇兵打援，不获。时值初暑，后金官兵，暴露荒野，粮料奇缺，援兵未到，士气低落。

·二十一日，明满桂遣兵攻塔山。

·二十五日，后金军已围城十五日。从沈阳来的援兵来到锦州行营。

·同日，明总督镇守辽东太监刘应坤提兵三千出关增援锦州。

·二十七日，后金军分兵为两部：一部继续留围驻锦州，另一部由皇太极率领往攻宁远。

·二十八日，黎明，后金兵出现在宁远城北岗，于灰山、窟窿山、首山、连山一带，分为九营，形成对宁远包围态势。袁崇焕军出宁远城与后金军激战，并发红夷大炮。

·同日，锦州的明兵趁后金军势单力弱之机，突然大开城门，蜂拥冲杀出来，攻向后金大营，予敌一定杀伤。略获小胜之后，迅即撤退回城。

·同日，蓟辽总督、兵部尚书阎鸣泰疏言："今天下以榆关为安危，榆关以宁远为安危，宁远又依抚臣为安危，抚臣必不可离宁远一步，而解围之役，宜专责成大帅。解围制胜，当在旦暮间。"

・二十九日，皇太极率军撤离宁远，又转攻锦州。

六月

・初四日，皇太极督军攻锦州城。明军从城上用火炮、火罐与矢石下击，后金军无法靠近城墙，死伤众多。傍晚，皇太极经过一天激战，见明军凭依高城深堑，施放强大火力，气候炎热，士气低落，攻城不下，遂撤回营。

・初五日，皇太极开始从锦州撤军。

・初六日，辽东巡抚袁崇焕上《锦州报捷疏》。

・初八日，辽东巡抚袁崇焕再上《锦州报捷疏》。

・十六日，明天启帝以"一月三捷，大悦"。

・是月，监生陆万龄请魏忠贤生祠于太学旁，许之。

七月

・初一日，辽东巡抚袁崇焕上《乞休疏》，以病为由，请辞归里。旨批：袁崇焕"疏称抱病，情词恳切，准其回籍调理"。

・初二日，御史李应荐讦奏："袁崇焕假吊修款，设策太奇。顷因狯虏东西交讧，不急援锦州"云云。旨批："近日宁锦危急，赖厂臣调度，以奏奇功。说得是。袁崇焕暮气难鼓，物议滋至，已准其引疾求去。"

・初三日，明以兵部尚书王之臣为蓟辽督师，兼辽东巡抚。

・十一日，锦州守卫全城后，每人每日赏银一两，共计银五十八万四千五百七十二两。

・十二日，天聪汗率军回到沈阳。

・十三日，叙锦州功，自魏忠贤以下等各有升赏，而没有原辽东巡抚袁崇焕。

・二十二日，袁崇焕上《乞休疏》，后南还乡里。

八月

・初二日，兵部叙宁锦大捷功并获准，自厂臣魏忠贤以下共列五千九百五十七人，袁崇焕仅"加衔一级，赏银三十两，大红纻丝二表里"。

・初九日，兵部署部事霍维华奏："抚臣袁崇焕，置身危疆，六载于兹，老母、妻子，委为孤注，劳苦功高，应照例荫录。前枢臣王之臣出都之日，面语微臣，从优拟叙。臣仅照往例酌之。与督臣、镇臣一体拟升荫赏，以听圣裁。"并提出："以畀微臣之世荫，量加一级，以还崇焕。"得旨："霍维华何得移荫市德，好生不谙事体！"

· 二十二日，天启皇帝朱由校病死于紫禁城乾清宫，年二十三岁。

· 二十四日，信王朱由检嗣皇帝位，年十八岁，改明年为崇祯元年。

十月

· 初七日，山海关外前屯大火，烧毁民居六千三百余间，烧死平民二百四十九人，火药器械，荡然一空。

· 二十七日，命镇守锦州太监纪用私家闲住。

· 二十九日，督师王之臣疏言："关、宁咫尺之地，俨然设四大将矣，又置三督师"云云。

十一月

· 初一日，谪魏忠贤于安徽凤阳祖陵司香，谕示魏忠贤罪状，籍没其家产。寻，赐魏忠贤死，并惩治阉党。

· 初五日，撤各镇内臣，命其迅速驰驿回京。

· 十六日，起用已被贬黜的东林党人钱龙锡、李标、刘鸿训等为大学士、尚书等要职。袁崇焕先前在朝中的奥援者，得到官职的恢复或晋升。

· 十九日，起升袁崇焕为都察院右都御史、管兵部添注右侍郎事。时袁崇焕正回籍在乡。

· 二十八日，袁崇焕受荫锦衣卫指挥佥事。

十二月

· 十一日，皇太极致书辽镇督、抚，总兵满桂报闻。

· 十六日，兵部尚书阎鸣泰疏言：宁锦之战，袁崇焕功最大，仅加一级，请补给升荫。下部议。

- 二十五日，升宁远副总兵祖大寿为总兵官。
- 是月，钱龙锡、李标等入阁。
- 是冬，袁崇焕撰《重建三界庙疏文》。

崇祯元年　天聪二年　戊辰　1628年　四十五岁

正月

- 初二日，皇太极借给天启帝吊丧、贺崇祯帝继位之机，派俘获祖大寿部下银柱往宁远，赍书总兵祖大寿，曰："夫构兵则均受苦难，而太平则共享安逸。我愿太平，欲通两国和好之路。拟遣员同白喇嘛致祭尔先帝，并贺新君即位。"祖大寿于十七日报闻。
- 十七日，明以毕自肃为辽东巡抚。

二月

- 十七日，天聪汗皇太极征蒙古，获敖木伦之捷。

三月

- 十一日，从刑科都给事中薛国观言，督师王之臣回籍待用。
- 二十一日，后金小股军队袭扰大安口，寻退。

四月

- 初三日，明命袁崇焕为兵部尚书兼右副都御史，总督蓟、辽、登、莱、天津等处军务，移驻山海关。罢蓟辽督师王之臣职。
- 初九日，辽东巡抚毕自肃请发银二十万两。
- 十一日，皇太极兵至大凌河贻书议和，不报。
- 十五日，廷臣以袁崇焕前事疏言："以强敌压境，人方疾呼而望援兵，而崇焕乃置母妻于军中"云云。
- 是月，袁崇焕在离粤赴京时，受到粤东名士、高僧的饯别，留下《袁崇焕督辽饯别图咏卷》。

五月

·十一日，皇太极闻明兵弃锦州，撤往宁远，命贝勒阿巴泰等率兵三千人隳锦州城。

·同日，辽东巡抚毕自肃报闻皇太极贻书议和事。

·二十三日，明锦州、杏山、高桥三城被后金军隳毁，并十三站以东墩台 21 处亦被毁。

六月

·初二日，原任辽东巡抚袁崇焕疏辞宁锦加衔及世荫锦衣卫指挥佥事，不允。

·十四日，新升督师袁崇焕疏辞重任，不允。

·二十一日，辽东巡抚毕自肃奏报："辽饷缺至三月，几四十余万，乞立赐主持，毋将此饷别用。"

七月

·初五日，袁崇焕离京前，再上疏："请速发关内外积欠七十四万金"云云。

·十四日，崇祯帝在紫禁城平台召对朝廷大臣和蓟辽督师袁崇焕。崇祯帝先对袁崇焕表示慰劳，并咨询辽东方略。袁崇焕奏对曰："方略已具疏中。臣受陛下特眷，愿假以便宜，计五年，全辽可复。"

·十六日，袁崇焕再上言："（辽事）恢复之计，不外臣昔年以辽人守辽土，以辽土养辽人，守为正著，战为奇著，和为旁著之说。法在渐不在骤，在实不在虚。此臣与诸边臣所能为。至用人之人，与为人用之人，皆至尊司其钥。何以任而勿贰，信而勿疑？盖驭边臣与廷臣异，军中可惊可疑者殊多，但当论成败之大局，不必摘一言一行之微瑕。"并请求兵部、户部、工部、吏部给予支持。崇祯帝应允，优诏慰答袁崇焕，并赐他蟒玉、银币。袁崇焕疏辞蟒玉，谦不接受。

·十九日，蒙古喀喇沁部喇嘛率五百三十人到沈阳议和。寻，举行议和盟誓。

·二十四日，赐蓟辽督师袁崇焕尚方剑并蟒玉、金币。

·同日，锦州城修缮工程完成。

·二十五日，辽东宁远军因拖欠官兵四个月粮饷而发生兵变。士兵绑缚辽东巡抚毕自肃、总兵朱梅、推官苏涵淳等于谯楼上，棰击交下，自肃伤重。衙署里面的敕书、旗牌、文卷、符验等，散碎狼藉，荡然无存。袁崇焕急驰至宁远，有其倡首，诱捕其党，斩十六人，借银分发，事平。后自肃自尽。

·二十六日，准给袁崇焕十万金资鼓铸，仍发饷银二十万。

八月

·初二日，督师袁崇焕奏报宁远兵变事。

·初三日，以赵率教为总兵官，镇守永平、蓟州等。

·初六日，袁崇焕到山海关。次日，单骑出关，驰往宁远，未进衙署，直入兵营。他进行安抚，宣讲政策，骚动官兵，各回营伍。惩办为首者，其余均不问。宁远兵变，得以平息。

·初七日，督师袁崇焕详奏宁远兵变经过、原因、处理及善后事宜。

·初八日，袁崇焕报与郭广密谋取杀兵变首倡者等十六人。

·同日，毕自肃走中左所，自经死。

·十五日，敕新督师袁崇焕"悉心筹画，一洗积弊，以宁边患，纾朕宵旰之忧"。

·二十八日，袁崇焕奏请赵率教挂平辽将军印驻关门、祖大寿加都督同知挂征辽前锋将军印驻锦州、何可纲加都督金事衔兼署中军驻宁远，"此三臣当与臣始而终之"。从之。

九月

·初五日，袁崇焕请发关内外积欠银等七十八万两。俱从之。

·初六日，袁崇焕请辞蟒玉，允之。

·十四日，命督师王象乾与袁崇焕共计抚赏蒙古事宜。

·十九日，袁督师宣谕喀喇沁三十六家首领。

·二十日，皇太极率满、蒙军队西征察哈尔，追逐至兴安岭。

·二十六日，兵部职方司郎中余大成调外。

十月

・初一日，明锦州兵哗变。

・初五日，袁崇焕疏言对喀喇沁三十六家等策略事，从之。

・二十九日，总兵官朱梅落职。

十一月

・初五日，袁崇焕上《谢御前发饷并陈兵马饷数疏》。

・初十日，督师袁崇焕请裁山海中协副将一员。

十二月

・初十日，复以韩爌入阁，为首辅。

・十九日，袁崇焕上《请更补将领祖大寿等五十员疏》，从之。

・二十八日，升工部右侍郎王洽为兵部尚书。

崇祯二年　天聪三年　己巳　1629 年　四十六岁

正月

・十二日，明遣白喇嘛送致天聪汗皇太极书。

・十三日，天聪汗皇太极致袁崇焕书。此信由明军从锦州捕获秀才郑申、哨探捕获百总任得良拿着送来。皇太极的信由于有金国之印而被退回。

・是月，韩爌致仕。

二月

・初二日，袁崇焕上《请偕爱塔同来对面商榷疏》，从之。

・二十七日，袁崇焕"题因无穿食投奔南朝"和"犯抢高丽"夷情事，即后金民因没有衣食而投奔明朝和后金抢掠朝鲜事。

・二十八日，天聪汗皇太极《致明执政诸大臣书》，云："天冀我两国罢兵修好，共享太平，在此时耳！我愿和好，共享太平。是以诚心遣使，如何议和，听尔等之言。"

三月

·初一日，时蒙古朵颜三卫大饥，袁崇焕许蒙古束不的开粜粮于前屯的南台堡。

·初二日，袁崇焕题报"夷地荒旱，粮食无资，人俱相食，且将为变"。

·初三日，毛文龙见袁崇焕《策画东江事宜疏》。疏中"议仍登、莱之海禁，东江钱粮、器用俱从关门起运至觉华岛登舟。即津运粮料，俱由静海、滦（州）、乐（亭）以及觉华，必经臣衙门挂号，始许往东。自兹一禁，不许一船私自往来，即往东官船，不许迫近南岸登、莱。自协营水兵之外，不许一舟出海等"。

·十一日，袁崇焕"题为乘机先发制奴事"。

·十九日，袁崇焕又"题为乘机先发制奴事"。

四月

·十九日，毛文龙上《辨驳〈策画东江事宜疏〉》，下所司。

闰四月

·初一日，袁崇焕疏言：三厂所造盔甲、器械不堪用。

·初二日，袁督师复天聪汗皇太极书称："议和有议和之道，非一言能定之者也。"

·十四日，袁崇焕邀毛文龙到旅顺口外议事的奏报，得到崇祯帝允准。

·二十一日，袁崇焕请给皮岛饷银，获准发四万金。

·二十三日，袁崇焕"题为妖案有名不敢隐匿事"。

·二十五日，天聪汗皇太极致袁崇焕书。

·二十七日，叙拒敌东渡功，升袁崇焕一级，赏银四十两，赐蟒衣等，荫锦衣卫正千户。

五月

·十一日，袁崇焕"题乞汰冗官以纾国用等事"。

·十二日，督师袁崇焕巡视东江，寻至双岛。时平辽将军毛文龙在登州，闻讯驰还。

·十五日，袁崇焕上《为通审边情早图制胜事疏》。

- 十六日，袁崇焕以葬父请归。得旨："封疆重寄，自难图归。着卿弟奉卿母归里襄事，准给与勘合祭葬。"
- 二十五日，袁督师从宁远海上扬帆起行，着手整顿东江事务。
- 二十六日，袁督师船泊中岛。
- 二十八日，袁督师等一行，乘船抵达双岛。岛在旅顺口外，离旅顺水路四十里。旅顺游击毛永义叩见袁督师。
- 二十九日，袁崇焕赏岛上官兵酒食。是夕，毛文龙至，因夜未见。

六月

- 初一日，毛文龙拜谒袁督师，进礼帖，设茶饭。袁崇焕拒收礼帖，共同进餐。餐后，袁崇焕到毛文龙帐中，一起茶叙。夜，帐内饮酒，二更方散。
- 初二日，毛文龙请袁崇焕登岛。袁崇焕上岛后，接受东江将官行礼毕，赏部分兵丁每人银一两、米一石、布一匹。二人密语，三更方散。
- 初三日，毛文龙请袁督师登双岛赴宴。是夜，袁崇焕传副将汪翥密语，二更方出。
- 初四日，袁督师颁赏东江兵三千五百七十员，官每员三两至五两、兵每名一钱，又将饷银十万两交卸东江。并出行文：旅顺以东行毛帅印信，以西行督师印信。毛文龙俱未遵依。
- 初五日，袁督师历数毛文龙十二大罪状后，朝西叩头请旨，命将毛文龙拿下，取尚方剑，令旗牌官斩毛文龙于帐前。然后，安抚东江各官、任用毛的部下、分赏东江官兵、埋葬文龙遗体、安抚各岛军民、释放狱中无辜。
- 初六日，袁崇焕到毛文龙柩前拜祭，云："昨日斩尔，乃朝廷大法；今日祭尔，乃我辈私情。"遂下泪，各将官俱下泪感叹。
- 初九日，袁督师往旅顺，官军迎接。后扬帆回航宁远。
- 十八日，袁崇焕上"题恭报：岛帅逆形昭著，机不容失，便宜正法，谨席藁待罪，仰听圣裁事"。

- 十九日，崇祯帝谕："具疏待罪，已奉明喻，仍着安心用事。"
- 二十日，天聪汗皇太极致袁崇焕书。
- 二十一日，袁崇焕疏言副总兵陈继盛暂摄东江事。从之。
- 二十七日，天聪汗皇太极致袁崇焕书。

七月

- 初三日，袁崇焕致天聪汗皇太极书。时因白喇嘛回沈阳，袁崇焕复致皇太极书曰："铸印之语，皆非一言可尽也！"
- 同日，袁崇焕又回书天聪汗皇太极，解释后金使臣迟返沈阳的原因："使臣来时我出海，是以久留，别无他事。"
- 初十日，天聪汗皇太极致袁崇焕书。同日，天聪汗皇太极复致袁崇焕书。
- 十六日，明兵部尚书袁崇焕致天聪汗皇太极书。
- 十八日，天聪汗皇太极致明诸大臣书。
- 二十八日，明蓟辽督师袁崇焕送帖于朝鲜国王，通报毛文龙之事："特请皇命，东巡阅海，以问毛文龙之罪。于本年六月初五日，驻师双岛，集诸将吏，庭数文龙大罪当斩者十二条。询之于众，佥曰宜死，遂枭示军前。"

八月

- 初三日，袁崇焕请给步兵绵甲，许之。
- 初八日，袁崇焕咨文朝鲜曰："兵部咨奉圣谕：'朕以东事付督师袁崇焕，固圉恢疆，控御犄角，一切阃外军机，听以便宜从事'"等等。
- 十八日，袁崇焕上《东江马步营分协统领疏》。
- 二十三日，袁崇焕上《定关宁营伍疏》。
- 二十九日，后金军出大、小凌河，毁右屯卫城而去。

九月

- 初六日，朝鲜国王回帖给袁督师，对发来的惠书与公咨，于杀毛文龙之事，实为"在中国为先去腹心之疾，在辽民为脱虎口归慈母，在三韩为决痈溃疽而延命回生"云云。

・二十九日，前辽东经略杨镐八十二岁，以四路丧师之罪弃市。

十月

・初二日，后金天聪汗皇太极，以蒙古喀喇沁部台吉布尔噶都作为向导，亲率大军，绕道蒙古，破墙入塞，进攻北京。

・初六日，加袁崇焕太子太保。

・二十六日，八旗军东西两路，分别进攻永平府属龙井关和遵化县属大安口。后金军队自大安口以东，喜峰口以西，发起进攻，时仅三日，诸多隘口，均被攻破。

・凌晨，后金军左翼大军攻入龙井关；右翼大军攻克大安口，毁其水门，参将周镇战死。天明，两营明兵占据山头，后金贝勒岳託领一半兵待战，另一贝勒济尔哈朗领一半兵往击，明军两营被歼。寻，明军来自遵化的两营骑兵，又被岳託击败。

・二十九日，蓟辽督师袁崇焕在从宁远往山海关途中经中后所，得报后金军破大安口，立即部署：令赵率教急点四千兵马，驰救遵化；翌日，又调参将郑一麟、王承胤、刘应国及总兵祖大寿接应。

・三十日，皇太极领兵到了遵化，派总兵官扬古利率护军百名，至遵化城外驻营。

十一月

・初一日，后金军入龙井关，京师戒严。

・初三日，兵部尚书、蓟辽督师袁崇焕调祖大寿领援兵抵达山海关。袁崇焕遂准备同祖大寿统率骑兵，疾驰入援。

・初四日，后金军进攻遵化城。明巡抚王元雅凭城固守。翌日，遵化人"内应纵火"，城陷。王元雅自缢死。

・同日，赵率教率援兵至遵化。先是，赵率教急驰三昼夜，行三百五十里，到三屯营。但三屯营总兵朱国彦不容入城，赵率教遂纵马驰向遵化。至是，赵率教同后金兵相遇，误入埋伏，中箭而亡，一军尽殁。

・同日，督师袁崇焕亲率骑兵入援，并亲督总兵祖大寿、副将何可纲等带兵由山海关出发。

·初五日，袁崇焕至抚宁。

·初六日，大同总兵满桂率五千人入援京师。

·初七日，袁崇焕疏报入援机宜，并率援军至沙河驿。皇太极统军，自遵化起行，向北京进发。

·初九日，袁崇焕率铁骑驰入蓟州。崇祯帝令袁崇焕不得越蓟州一步。

·初十日，明以成基命为礼部尚书兼东阁大学士。以孙承宗为兵部尚书兼中极殿大学士，总理兵马钱粮，驻扎通州。

·十一日，给袁崇焕劳师三万金。

·十二日，袁崇焕率援军至蓟州。

·十五日，袁崇焕至河西务，议趋京师。副总兵周文郁建议：不宜入京，后金兵在通州，明兵屯张家湾，相距十五里，就食河西务，寻机进兵，这是万全之策。袁崇焕心肠颇热，没有纳谏。同日，袁崇焕《揭帖》到兵部。

·十六日，袁崇焕率领骑兵九千，以两昼夜，行三百里，由间道急驰至北京左安门外。寒冬饥馁，露宿扎营。

·十七日，袁崇焕上疏引咎，得旨："务收全胜，不必引咎。"

·十八日，督师袁崇焕上《分守方略疏》。袁崇焕受赐玉带、彩币。

·十九日，袁军士马冻馁两日，为严肃军纪，一兵士"擅取民家饼，当即枭示"。

·二十日，皇太极军扎营于北京城北土城关之东。皇太极亲率大贝勒代善等进攻德胜门明守军。明大同总兵满桂、宣府总兵侯世禄以援兵卫守德胜门。城上明兵发炮误伤满桂官兵。满桂负伤，带败兵百余，卧关帝庙中。

·同日，蓟辽督师袁崇焕、锦州总兵祖大寿率骑兵在广渠门（沙窝门），迎击后金军的进犯。后金大贝勒莽古尔泰等数万人，向广渠门袁崇焕军扑来。袁督师令祖大寿在南，王承胤在西北，自率兵在西，结成"品"字阵，严阵待敌。袁崇焕在广渠门外中箭"两肋如猬，赖有重甲不透"。后金骑兵"刀及崇焕，材官袁升高格之，获免"。袁督师率军自午至酉，鏖战十数合，至于中箭，获胜。朝鲜史籍记载:"贼之不得攻陷京城者,盖因两将力战之功也。"

·二十一日,开德胜门瓮城,屯驻满桂余兵。

·二十二日,有旨:促袁督师进兵。皇太极遣被俘王太监带书致明崇祯帝,再次提出议和。

·二十三日,崇祯帝召见督师、尚书袁崇焕等于紫禁城平台。袁督师穿青衣、戴玄帽入朝,请所部官兵进到城内,稍事休整,补充给养。严词不许。

·同日,明兵部尚书王洽下狱。两日后,明工部尚书张凤翔下狱。

·二十五日,袁崇焕请求如满桂例在外城屯兵,并请辅臣出援。不许。

·二十七日,袁崇焕军与皇太极军又激战于左安门外。后金军冲锋,明辽军抵御,明军获捷,后金兵败。

·二十八日,皇太极牧马于南海子(南苑)。

·二十九日,皇太极设反间计。高鸿中、鲍承先受命故意放纵了杨太监、王太监。杨太监等回到紫禁城,将窃听到高鸿中、鲍承先的密谈,奏报了崇祯皇帝。

十二月

·初一日,崇祯帝下兵部尚书、蓟辽督师袁崇焕于锦衣卫狱。先是,杨太监被后金捉获并放回明宫后,将在后金监所中窃听到的秘闻,"详奏明主"。崇祯帝决定在平台召见袁崇焕"议饷"。督师袁崇焕、总兵满桂、黑云龙、祖大寿等入见,袁崇焕当即被逮下狱。时东阁大学士兼礼部尚书成基命,年七十,"独叩头,请慎重者再"。崇祯帝不听。成基命又叩头曰:"敌在城下,非他时比。"仍不听。命总兵满桂总理关、宁兵马,又命祖大寿、黑云龙会同马世龙等抗敌立功。袁崇焕被拿,"宣读圣谕,三军放声大哭"。后关外将士吏民"日诣督辅孙承宗,号哭代雪"。

·初二日,明将工部郎中许观吉等四人因守城器物未备,命廷杖,下锦衣卫狱。后三人创重而死。

·初三日,祖大寿率入援辽军东下。

·初五日,御史高捷疏劾大学士钱龙锡同袁崇焕"奸逆相倚"。

・十一日，皇太极遣官祭北京房山金朝皇帝陵。

・十四日，兵部差人持从狱中取得的袁崇焕手书，孙承宗命立即送给祖大寿。使臣追到山海关外，出示袁崇焕手书。祖大寿下马捧泣，一军尽哭，即回兵入关。

・十六日，皇太极亲统大军，回师北京卢沟桥。时永定门驻有满桂、黑云龙、麻登云、孙祖寿四总兵，领马步兵四万，结栅为垣，四面环列，枪炮数重。皇太极遂令诸将士，以三鼓列阵进兵，永定门外，发生激战。

・十七日，明军与后金军战于永定门外。皇太极率领八旗军"大噪齐进，毁栅而入"。满桂与孙祖寿及参将、游击等三十余人战死。明军四位总兵——满桂、孙祖寿阵亡，黑云龙、麻登云被擒。后金军也伤亡惨重。

・二十三日，先是，十七日钱龙锡上疏自辩；至是，再上疏自辩。

崇祯三年　天聪四年　庚午　1630年　四十七岁

正月

・初四日，明失陷永平府。先是，袁崇焕留杨春率千人守永平，寡不敌众，至是失守。

・初八日，明失陷滦州，遵化、迁安也前后相继失守。

・初十日，明蓟辽总督刘策、总兵张士显以失机罪，下狱论死。

・十二日，山西巡抚耿如杞、总兵张鸿功以援兵溃散罪，下狱。

二月

・初二日，明加祖大寿为太子太保。

・十四日，自上年十月天聪汗皇太极攻明，明失陷遵化、永平、滦州、迁安诸地；至是皇太极回师，留军驻守永平等四城。

三月

・初二日，皇太极回到沈阳。

四月

・十四日，明原兵部尚书王洽死于监狱，仍命按律论罪。

五月

·初十日，总兵祖大寿率军攻滦州。

·十一日，夜，明收复滦州。明总督马世龙，总兵尤世禄、吴自勉、杨肇基、杨麟、王永恩等统军俱至滦州，分地合攻；总兵宋伟等攻遵化以阻后金援兵。是夜登城，复滦州。

·十三日，明收复迁安。

·十四日，明收复永平。

·十五日，明收复遵化。

·二十九日，明督师孙承宗以收复四路，上奏告捷。

六月

·初七日，天聪汗皇太极以大贝勒阿敏失守永平等四城，定其十六大罪，加以严厉惩处。

七月

·初八日，明进祖大寿为少傅，荫指挥同知。

八月

·初五日，崇祯帝谓"崇焕擅杀，逗私谋款，致敌欺藐君父，失误封疆"，限刑部五日内具奏。

·初八日，明以袁崇焕原部下谢尚政为统领南兵总兵官。

·十六日，未刻，崇祯帝御紫禁城平台，召辅臣等谕："以袁崇焕付托不效，专恃欺隐，以市米则资盗，以谋款则斩师（帅），纵敌长驱，顿兵不战，援兵四集，尽行遣散，及兵薄城下，又潜携喇嘛，坚请入城。种种罪恶，命刑部会官磔示。依律：家属十六以上处斩，十五以下给功臣家为奴。今止流其妻妾子女及同产兄弟于二千里外，余俱释不问。"

·同日（9月22日），明兵部尚书、蓟辽督师袁崇焕，在北京西市遭磔刑而死。年四十七。

参考书目

［1］《明神宗实录》，台湾"中研院"历史语言研究所校勘本，1962年，台北。

［2］《明熹宗实录》，台湾"中研院"历史语言研究所校勘本，1962年，台北。

［3］《明崇祯长编》，台湾"中研院"历史语言研究所校勘本，1962年，台北。

［4］《明崇祯长编》，《痛史》两卷本，商务印书馆，1914年，上海。

［5］《万历起居注》，北京大学出版社影印本，1988年，北京。

［6］《万历邸钞》，江苏广陵古籍刻印社影印本，1991年，扬州。

［7］《三朝辽事实录》，王在晋撰，江苏省立国学图书馆藏，南京。

［8］《按辽御珰疏稿》，何尔健著，何兹全、郭良玉编校，中州书画社，1982年，郑州。

［9］《明代辽东档案汇编》，辽宁省档案馆、辽宁社会科学院历史研究所编，辽沈书社，1985年，沈阳。

［10］《明清史料》甲编，第八本等，中央研究院历史语言研究所刊印，民国二十年（1931年），北平。

［11］《〈明实录〉中的女真史料选编》，辽宁大学历史系编，辽宁大学历史系刊印，1983年，沈阳。

［12］《万历武功录》，瞿九思著，中华书局影印本，1962年，北京。

［13］《边事小纪》，周文郁著，《玄览堂丛书续集》本，国立中央图书馆影印本，民国三十六年（1947年）铅印本，南京。

［14］《明会典》，万历朝重修本，申时行等修，中华书局影印本，1989年，北京。

［15］《李成梁传》，钞本，辽宁大学图书馆藏，沈阳。

［16］《盟水斋存牍》，颜俊彦著，中国政法大学出版社，2002年，北京。

［17］《明史》，张廷玉等撰，中华书局校点本，1974年，北京。

［18］《明经世文编》，陈子龙等选辑，中华书局影印本，1962年，北京。

［19］《明清进士题名碑录索引》，朱保炯、谢沛霖编著，上海古籍出版社，1980年，上海。

［20］《全边略记》，方孔炤著，钞本，国家图书馆善本部藏。

［21］《高阳集》，孙承宗著，清嘉庆年间刻本。

［22］《建州私志》，海滨野史辑，钞本，中国科学院图书馆藏。

［23］《国榷》，谈迁著，中华书局，1958年，北京。

［24］《明季北略》，计六奇撰，中华书局，1984年，北京。

［25］《今史》，佚名，《玄览堂丛书》本，民国二十九年（1940年）。

［26］《徐光启集》，徐光启著，上海古籍出版社，1984年，上海。

［27］《两朝从信录》，沈国元撰，明崇祯刻本，国家图书馆善本部藏。

［28］《东林本末》，吴应箕著，《楼山堂集》本，刘氏刊本，上海书店印行，1982年，上海。

［29］《东江始末》，佚名，海盐朱氏钞本。

［30］《袁督师计斩毛文龙始末记》，《荆驼逸史》，《明季史料十种》本，国家图书馆藏。

［31］《东江疏揭塘报节抄》，毛承斗辑，崇祯二年（1629年）刊本，浙江古籍出版社，1986年，杭州。

---

［32］《清太祖武皇帝实录》，台北故宫博物院藏，广文书局影印本，1970年，台北。

［33］《清太祖高皇帝实录》，中华书局影印本，1986年，北京。

［34］《满洲实录》，中华书局影印本，1986年，北京。

［35］《满洲实录》，辽宁通志馆影印本，1930年，沈阳。

［36］《旧满洲档》（1—10册），台北故宫博物院影印本，1969年，台北。

［37］《满文原档》（1—10册），冯明珠主编，台北故宫博物院藏，沉香亭企业社影印本，2006年，台北。

［38］《满文老档》，中华书局译注本，1990年，北京。

［39］《内阁藏本满文老档》（1—20册），辽宁民族出版社，2009年，沈阳。

〔40〕《满洲老档秘录》，金梁辑，自刊本，民国七年（1918年），北京。

〔41〕《清太宗文皇帝实录》，中华书局影印本，1985年，北京。

〔42〕《清世祖章皇帝实录》，中华书局影印本，1985年，北京。

〔43〕《钦定满洲源流考》，商务印书馆《四库全书》影印本，2005年，北京。

〔44〕《东华录》，蒋良骐撰，清三十二卷木刻本。

〔45〕《辽左见闻录》，王一元著，不分卷，钞本。

〔46〕《袁督师事迹》，道光三十年（1850年）伍氏刻本。

〔47〕《八旗通志初集》，东北师范大学出版社，1985年，长春。

〔48〕《皇朝开国方略》，乾隆五十一年（1786年）刻本，北京。

〔49〕《御制己未岁我太祖大破明师于萨尔浒山之战书事》，清乾隆内府刊本，北京。

〔50〕《广东通志》，雍正元年（1723年）刻本，广州。

〔51〕《康熙广州府志》，康熙十二年（1673年）修，广州。

〔52〕《康熙东莞县志》，康熙二十八年（1689年）刊本。

〔53〕《乾隆平南县志》，乾隆二十一年（1756年）刻本。

〔54〕《乾隆邵武府志》，乾隆三十五年（1770年）刻本。

〔55〕《道光浔州府志》，道光六年（1826年）刻本。

〔56〕《道光平南县志》，道光十五年（1835年）刻本。

〔57〕《同治藤县志》，同治六年（1867年）刻本。

〔58〕《光绪藤县志》，光绪三十四年（1908年）刻本。

〔59〕《钦定盛京通志》，乾隆四十四年（1779年）刻本。

〔60〕《大清一统志》，《四部丛刊》本，商务印书馆影印本，民国二十三年（1934年），上海。

〔61〕《燕京杂记》，光绪十七年（1891年）刻本，北京。

〔62〕《罪惟录》，查继佐著，商务印书馆影印本，民国二十五年（1936年），上海。

〔63〕《石匮书后集》，张岱著，中华书局，1959年，北京。

〔64〕《明史纪事本末》，谷应泰撰，中华书局，1977年，北京。

〔65〕《天聪朝臣工奏议》，辽宁大学历史系编，铅印本，1980年，沈阳。

〔66〕《清代碑传全集》，钱仪吉、缪荃孙、闵尔昌、汪光镛编，上海古籍出版社影印本，1987年，上海。

〔67〕《清初内国史院满文档案译编》，中国第一历史档案馆编，光明日报出版社，1989年，北京。

〔68〕《圣武记》，魏源撰，中华书局，1984年，北京。

〔69〕《春明梦余录》，孙承泽著，江苏广陵古籍刻印社影印本，1990年，扬州。

〔70〕《畿辅人物志》，孙承泽著，清刻本，北京。

〔71〕《三管英灵集》，梁章钜辑，清道光刻本，南宁。

〔72〕《光绪顺天府志》，北京古籍出版社，1987年，北京。

〔73〕《明季第一重要人物袁崇焕传》，梁启超著，《饮冰室合集》，中华书局，1989年，北京。

〔74〕《明元清系通纪》（1—4册），孟森著，中华书局，2006年，北京。

〔75〕《明清史论著集刊》，孟森著，中华书局，1959年，北京。

〔76〕《明季东莞五忠传》，陈伯陶著，养和书局印本，民国十二年（1923年），东莞。

〔77〕《民国东莞县志》，民国十六年（1927年），东莞。

〔78〕《民国藤县志》，稿本，藤县。

〔79〕《袁崇焕传》，不分卷，稿本，藤县。

〔80〕《袁督师遗集》，张伯桢辑，民国二十一年（1932年），北平。

〔81〕《袁督师遗稿遗事汇辑》，张江裁编，拜袁堂铅印本，民国三十年（1941年），北平。

〔82〕《清太祖朝老满文原档》，广禄、李学智译注，台湾"中研院"历史语言研究所专刊，1970年，台北。

〔83〕《明清史论集》，李光涛著，台湾商务印书馆，1971年，台北。

〔84〕《旧满洲档译注》，台北故宫博物院刊印本，1977年，台北。

〔85〕《努尔哈赤传》，阎崇年著，北京出版社，1983年，北京。

〔86〕《清入关前史料选辑》（1—3辑），潘喆、李鸿彬、孙方明编，中国人民大学出版社，1984年，北京。

〔87〕《袁崇焕资料集录》，阎崇年、俞三乐编，广西民族出版社，1984年，南宁。

〔88〕《袁崇焕研究论文集》，莫乃群主编，广西民族出版社，1984年，南宁。

〔89〕《明清档案论文集》，李光涛著，联经出版事业公司，1983年，台北。

〔90〕《袁崇焕学术论文集》，阎崇年、吕孟禧主编，广西人民出版社，1989年，南宁。

〔91〕《明末清初华南地区历史人物功业研讨会论文集》，罗炳绵、刘健明主编，香港中文大学出版，1993年，香港。

〔92〕《袁崇焕研究论集》，阎崇年著，文史哲出版社，1994年，台北。

〔93〕《红夷大炮与明清战争——以火炮测准技术之演变为例》，黄一农著，《清华学报》新二十六卷第一期，1996年，台北。

〔94〕《袁崇焕评传》，金庸著，载《碧血剑》，生活·读书·新知三联书店，1999年，北京。

〔95〕《孙承宗传》，余三乐著，北京燕山出版社，2000年，北京。

〔96〕《清入关前与朝鲜往来国书汇编（1619—1643）》，张存武、叶泉宏编，国史馆印行，2000年，台北。

〔97〕《清朝太祖太宗世祖朝实录蒙古史史料抄》，齐木德道尔吉、巴根那编，内蒙古大学出版社，2001年，呼和浩特。

〔98〕《袁崇焕》，阎崇年著，吉林文史出版社，2003年，长春。

〔99〕《欧洲沉船与明末传华的西洋大炮》，黄一农著，台湾"中研院"历史语言研究所集刊，第七十五本，第三分，2004年，台北。

〔100〕《袁崇焕传》（修订本），阎崇年著，中华书局，2016年，北京。

〔101〕《袁崇焕研究论文选集》，东莞市政协编，广东人民出版社，2005年，广州。

〔102〕《明亡清兴六十年》，阎崇年著，中华书局，2006年，北京。

〔103〕《袁崇焕诗赏析》，石瑞良编注，中国书籍出版社，2006年，北京。

〔104〕《袁崇焕传》，张磊著，华业出版社，2008年，北京。

〔105〕《袁崇焕》，梧州人文丛书编委会编，广西人民出版社，2009年，南宁。

〔106〕《清朝开国史》，阎崇年著，中华书局，2014年，北京。

〔107〕《森林帝国》，阎崇年著，生活·读书·新知三联书店，2018年，北京。

---

〔108〕《李朝宣祖大王实录》，日本学习院东洋文化研究所影印本，1959年，东京。

〔109〕《李朝宣祖修正实录》，日本学习院东洋文化研究所，1959年，东京。

〔110〕《李朝光海君日记》，日本学习院东洋文化研究所影印本，1959年，东京。

〔111〕《李朝仁祖大王实录》，日本学习院东洋文化研究所影印本，1959年，东京。

〔112〕《建州闻见录》，〔朝〕李民寏著，日本天理图书馆藏玉版书屋本，京都。

〔113〕《栅中日录》，〔朝〕李民寏著，日本天理图书馆藏玉版书屋本，京都。

〔114〕《沈馆录》，《辽海丛书》影印本，辽沈书社，1985年，沈阳。

---

〔115〕《满文老档邦文译稿》，〔日〕鸳渊一、户田茂喜译，1937年，东京。

〔116〕《满文老档译稿》，〔日〕藤冈胜二译，岩波书店胶印本，1939年，东京。

〔117〕《兴京二道河子旧老城》（日文本），建国大学刊印，1939年，长春。

〔118〕《满和蒙和对译〈满洲实录〉》，〔日〕今西春秋译，刀水书房，1992年，东京。

〔119〕《满文老档》第Ⅰ册，太祖一，满文老档研究会译注，东洋文库译注本，1955年，东京。

〔120〕《满文老档》第Ⅱ册，太祖二，满文老档研究会译注，东洋文库译注本，1956年，东京。

〔121〕《满文老档》第Ⅲ册，太祖三，满文老档研究会译注，东洋文库译注本，

　　　　1958年，东京。

〔122〕《满文老档》第Ⅳ册，太宗一，满文老档研究会译注，东洋文库译注本，
　　　　1959年，东京。

〔123〕《满文老档》第Ⅴ册，太宗二，满文老档研究会译注，东洋文库译注本，
　　　　1961年，东京。

〔124〕《满文老档》第Ⅵ册，太宗三，满文老档研究会译注，东洋文库译注本，
　　　　1962年，东京。

〔125〕《满文老档》第Ⅶ册，太宗四，满文老档研究会译注，东洋文库译注本，
　　　　1963年，东京。

〔126〕《明代满蒙史料——李朝实录抄》(1—15册)，〔日〕池内宏辑录，东京大
　　　　学文学部出版，1953—1959年，东京。

〔127〕《明代满蒙史料——明实录抄》，〔日〕河内良弘辑录，京都大学文学部出版，
　　　　1954—1959年，京都。

〔128〕《对校〈清太祖实录〉》，〔日〕今西春秋编，国会刊行会，1974年，东京。

〔129〕《清初军事史论考》，〔日〕阿南惟敬著，甲阳书房，1980年，东京。

〔130〕《满学五十年》，〔日〕神田信夫著，刀水书房，1992年，东京。

〔131〕《明代女真史の研究》，〔日〕河内良弘著，同朋舍出版，1992年，京都。

〔132〕《明代清初の女直史研究》，〔日〕江嶋寿雄著，中国书店，1999年，福冈。

〔133〕《清太祖实录の研究》，〔日〕松村润著，东北亚文献研究会，2001年，东京。

原版后记

拙著《袁崇焕传》于 2005 年由中华书局出版，至今已经十一年。十一年来，我在中央电视台《百家讲坛》讲《明亡清兴六十年》，并以同名由中华书局出书。

有一件事情，鲜为人知，我在这里，做个交代。"清十二帝疑案"热播和《正说清朝十二帝》热销之后，时任《百家讲坛》制片人的万卫先生约我讲《袁崇焕》。他提出讲 100 集，我说袁崇焕在辽东军事舞台上只有八年；他说：那就打对折，讲 50 集。随之，设计为 48 讲。这 48 讲每一讲的片头，都是"袁崇焕"三个红色大字。

《袁崇焕》录播片已经制好、审查、入库、待播。在正式播出前 10 余天，万卫先生突然打电话来说：片名"袁崇焕"不行，因为我们做问卷调查，有的观众不知道"袁崇焕"是谁，这会影响收视率。我说：这不可能，上过学的都知道"袁崇焕"。他说：农村有没上过学的家庭妇女，她们不知道"袁崇焕"！我无言以对。万卫先生说：我们经过商量，片名就叫《明亡清兴六十年》，因为不管上过学的还是没上过学的，说"明清"、说"兴亡"、说"六十年"都能懂。我说因为书已排版，要征求中华书局的意见，书局李岩、宋志军先生反馈的信息是："可以！"这样，我们就把原定电视历史系列讲座的题目，由《袁崇焕》改为《明亡清兴六十年》。

在准备、讲述的过程中，对袁崇焕的时代、文化、史料，其性格、业绩、精神，重新梳理，剪裁资料，全面思考，加深认识。

所以，在《袁崇焕传》问世以来的十年间，积累资料，反复思考，调整架构，订正疏误，补充内容，设计图片，编辑加工，仔细雕琢，而以《袁崇焕传》（修订本）新版问世。

本书增加《平息兵变》一章，抽掉《论袁崇焕》长文，附录《参考书目》，全书十五章，约 25 万字。

书中《袁崇焕年谱》是由北京古代建筑博物馆解立红馆长编写，谨致谢意。

阎崇年

2015 年 12 月 12 日